崇徳院怨霊の研究

山田雄司著

思文閣出版

はじめに

瀬をはやみ岩にせかるる滝川のわれても末にあはむとぞ思ふ　　崇徳院

この『小倉百人一首』にも収められている有名な和歌を思い起こすとき、讃岐に流された崇徳院の数奇な運命に思いを馳せずにはいられない。同母弟の後白河天皇との戦いに敗れ、一敗地にまみれた崇徳院の望郷への思いは果たされることなく、あたかも蓮の上の滴が地に落つるがごとく、崇徳院の命は京から遠く離れた地ではかなくも消えていった。

敗れし者の歴史。それはいつも哀愁を誘い、さまざまな物語が造りあげられる。保元の乱によって讃岐に流され、自らの舌を嚙み切った血をもって「日本国の大魔縁となり、皇を取て民となし、民を皇となさん」と五部大乗経の奥に誓状を書き付けて亡くなっていったとされる崇徳院の姿は、『保元物語』に描かれて以降さまざまな作品に取り上げられ、現在に至るまで広く人口に膾炙している。室町・江戸時代には、謡曲『松山天狗』、狂言『讃岐院』、上田秋成『雨月物語』、滝沢馬琴『椿説弓張月』などが著され、国芳の画にも描かれるその怒りに荒れ狂う姿は、人々の恐怖心をかき立てていった。

そして、江戸後期になると、保元の乱によって崇徳院が讃岐に流されて以降、世は武者の世に転換したとの認識が拡大していった。正徳六年（一七一六）に刊行された、水戸彰考館総裁栗山潜鋒の『保建大記』によると、保元の乱、平治の乱、源平の内乱を経て鎌倉幕府設立に至ったのであり、そうした天皇から武家への政権の移り変わりの端緒が保元の乱にあるとしている。こうした見方は幕末になるとさらに明確となり、保元の乱以降武家に政権が渡り、いまだに天皇のもとに戻ってこないのは、保元の乱で流された崇徳天皇の怨霊が原因であるという説が神道家の中から唱えられた。

江戸後期の代表的国学者である平田篤胤の『玉襷』には、

倩つら〳〵中ッ世の乱れたりし其ノ根本を按るに、枉神の荒びは元よりなれど、最も畏き、崇徳天皇の大御怒りより発れるにや、と所思ゆる由あり、其ノ説こゝに書き尽すべくも非ざれば、別に記せるを見るべし、穴かしこ、

と、中つ世の乱れの根本は、崇徳天皇の怨霊にあるということを明言している。これをさらに展開した『玉襷総論追加』では、種々の記録を引用して、崇徳天皇の怨霊の発生から現在に至る経緯をまとめている。その中で注目すべきは、以下の箇所である。

其ノ本たる粟田ノ宮は、既く御跡さへ知られぬばかりに成果たるは、いかに慨く悲き事の極みならずや、然れば朝廷の御稜威衰へさせ給ひて、権威の武家に移りしも、其ノ根本は此ノ天皇の大御怒より起れるならむと云へるも、杜撰には非ず、(中略)抑々世の腐儒俗学の徒など、朝廷より御祭なき社をば淫祠など云ひ、或は己が狭き心より幽冥に渉れる事は、奇怪なりとして、かにかくに神をば不礼げに云ひなし奉り、幽より御罰を蒙るべき事をし弁へ知らざるは、実に憐むべき事ならずや、斯る輩、皇国の御道しらぬは云までもなく、己レ等が諂らふ外国の学をさへに、得知らぬは、癡心の極みなりけり、然るは漢学の上にても、彼ノ国の古き世には、王たる者の、天神地祇を祭るは更なり、諸侯士庶人といへども祭祀の事は、いと厳なるを、殊更皇国にては、古く御大事または世の乱れたる時などには、天神地祇を厚く御祭ありしかば、御世は最安

く大御稜威は天塞神と称して、人民畏み尊み仕へ奉りき、朝廷の権威が衰えて武家の世に移ったのは、崇徳天皇の怨霊のためと言ってもよいくらいで、神霊を祀る粟田宮が、現在ではその場所もわからなくなってしまっていることを嘆いている。そして、世の乱れている今だからこそ祭祀を復興すべきことを説いている。篤胤のこの言説は、崇徳天皇神霊還遷につながる原点として注目すべきものである。篤胤はその代表的著作『霊の真柱』で、幽冥《カミゴト》の世界を重視し、死後の安心について説いた。幽冥界にある霊は大国主神の下で、現世の君親または子孫に幸福をもたらし、多様な神々は、究極的には皇統の神々と祖先神を中心に安定的な秩序を構成するようにまとめあげられており、枉神《マガカミ》の荒びを鎮めなければ世の秩序を維持することができないと篤胤は考えた。ゆえに、幽冥界に御す崇徳天皇は、天皇家ひいては日本の命運を左右する存在であり、保元の乱以後の禍は、悪事をなす枉神の頂点に立つ崇徳天皇の怨霊に起因するとみなされ、篤胤は『玉襷』に加えて全編崇徳天皇についてまとめた『玉襷総論追加』を著すことにより、みたまの鎮魂を説いていったのである。

　武家のもとに渡った政権を天皇のもとに取り戻し、倒幕を行い国の混乱した事態を鎮めていくためには、保元の乱によって讃岐に流され、この世に恨みをもって亡くなっていったとされる崇徳院の怨霊を鎮魂することが必須の儀礼であった。鎮魂は極めて政治的な儀礼であり、崇徳院讃岐配流が武家政治への転換と関連づけられていたからには、神霊を呼び戻すことによって武家政治の終焉を迎えさせねばならなかったのである。そのため幕末になると、神武天皇を中心とした山陵が整備され、諸祭礼が復興されて、新たな神社が続々と創建されていく中で、再び崇徳天皇の問題が俎上に上り、崇徳天皇を祀る神社を京都に新たに建立し、みたまを鎮魂しようとする動きが出てきたのであった。

このように、日本史上長きに渡って影響を与えてきた重大な事項であるにもかかわらず、確実な史料に基づいて崇徳院怨霊を正面から取り上げた研究はほとんど見られないと言ってよい。戦前には、天皇への崇敬の念から、崇徳院の生涯についてまとめられた書がいくつかあるが、戦後は崇徳院を正面から扱った書は見られない。また、『保元物語』の崇徳院怨霊譚については、国文学の方面から検討されているが、部分的扱いにとどまり、『保元物語』の崇徳院像自体に疑問が呈されていることもない。まして歴史学の方面からは断片的に扱われているにすぎない。しかし、崇徳院怨霊は、社会の転換期に出現しており、政治・経済・宗教と多岐にわたる重要な問題を含んでいる。本書においては、そうした崇徳院怨霊を時代の中に位置づけ、そのとき生きた人々の心に潜む社会に対する意識を解明することを試みた。そして、その前史として貞観御霊会などを考察することにより、日本人の怨霊観を概観し、崇徳院怨霊の登場に至る過程を検討した。これは、日本社会における怨霊の占める位置を解明するための第一歩にすぎないが、これをもとにさまざまな信仰のありようを探っていきたい。

なお、幕末・維新期の崇徳天皇神霊還遷の問題とそれにともなう社会転換については、「崇徳天皇神霊の還遷」（大濱徹也編『近代日本の歴史的位相―国家・民族・文化―』刀水書房、一九九九年）で言及したので、参照していただければ幸いである。

崇徳院怨霊の研究　目次

崇徳院怨霊の研究

序章　怨霊研究序説

――崇徳院怨霊の占める位置――

一　怨霊と御霊

怨霊という人間の観念に属する事象は、実体のない存在であり、ややもすると迷信として一蹴されてしまい、歴史の裏面としてとりあげられるのにとどまってしまっている場合が多い。また、信仰の面を重視しようとする観点から、仏教・神道・陰陽道・修験道といった教団として確立していく宗教については、現代的要望もあり、個別教団史の研究が深化されているが、それに比して怨霊に関する研究は、諸宗教が混雑し、教理が存在するわけでもないので、その研究は困難にならざるを得ない。

怨霊に関する研究は「御霊信仰」として、肥後和男・桜井徳太郎らの現在まで残る信仰から過去にさかのぼって考察する方法や、高取正男・柴田實・村山修一・井上満郎・西山良平など、歴史史料に基づいて研究を行っていく方法など、いくつもの特筆すべき論考があるが、ほとんどが貞観御霊会に関する研究であり、その前・後の「御霊信仰」がいかなるものであったのかという考察はあまり深められていないというのが現状である。(1)

また、この「御霊信仰」という言葉自体、再考する必要があると思われる。近年では、御霊が地域を紐帯とする人間の結合を発生の基盤に据えていたのに対して、怨霊の方は地域性を持たずに、単なる人脈関係のあやの中から出てきたもの、とする意見も出されているが、(2)にわかに賛同しがたい。このような考え方は、貞観御霊会と他の御霊会との相違を考慮せずに導き出された結果であって、両者の本質的相違ではない。御霊とは怨霊に包摂される概念であり、「御」という敬称を霊魂に与えることによって荒魂から和魂への転換を加えようとする鎮魂の方法であり、これによって和魂への転換がはかられ、社として祀られることにより神格化された怨霊のことを指している。そのため、「御霊」は信仰になっても、「怨霊」は信仰にならないのである。

また、一般に怨霊から御霊への転換が考えられており、古代の荒ぶる怨霊は恐ろしい存在であって、怨念がはらされるために回向供養が行われるものとされ、それが中世以降になると怨霊の力によって民衆に禍厄災害をもたらす原因のことごとくを祓除してくれる存在に転換し、その背景には現世利益的な民衆の生き方が死霊観を変化させたことがあったとされている。(3)しかし、古代においても貞観御霊会が行われていることからもわかるとおり、「御霊」と呼ばれることはあるのであり、用語上の「怨霊」から「御霊」への転換が見られるわけではない。桜井徳太郎が主張しようとしたのは、おそらく用語の問題ではなく、「御霊」の内実について、荒ぶる怨念であった状態から現世利益等の祈願の対象となる神への転換が見られるということであろうが、それは各地に残る民俗事例から帰納させた結果であり、歴史史料を用いて証明することができるのか再考の余地がある。さらに、「中世」という時期に転換を求めることには、その原因とともに深く考察を加えなくてはならない。

ところで、怨霊とそれとしばしば混同して用いられるモノノケとはどのような違いがあるのであろうか。その前に、モノノサトシとモノノケとの違いについて整理しておく。モノノサトシを漢字で表記すると「物恠（物怪）」であり、その意味は、森正人によると、「神仏、その他正体の明らかでない超自然的存在が人間の振る舞いに怒りや不快を覚えていることを告げ知らせる、あるいは後に大きな災いが起きるであろう事を予告するための変異」[4]であった。

　モノノサトシの初見は、『日本紀略』天長七年（八三〇）閏十二月甲午（二十四日）条の、

　請二僧五口一、奉レ読二金剛般若経一、兼令下二神祇官一解除上、謝二物恠一也、

という記事である。また、『続日本後紀』承和七年（八四〇）六月己酉（五日）条の

　物恠見二于内裏一、柏原《(桓武)》等山陵為レ祟、遣下二中納言正三位藤原朝臣愛発等於山陵一祈禱上焉、

という記事からは、何か原因がわからず日常と違う奇怪な現象が起こっているときに、それをモノノサトシとして、原因を探るためにおそらくは卜占が行われ、原因を桓武天皇山陵の祟りであるとしている。[5]このころはモノノサトシは天皇陵における天皇霊の祟りであるとすることが頻繁に行われていたため、『続日本後紀』承和十一年八月乙酉（五日）条に見られるように、それを諫めている。

　先帝《(嵯峨)》遺誡曰、世間之事、毎レ有二物恠一、寄二祟先霊一、是甚無レ謂也者、今随レ有二物恠一、令下二所司一卜筮上、先霊之祟明二于卦兆一、臣等擬レ信、即忤二遺誥之旨一、不レ用即忍二当代之咎一、進退惟谷、未レ知二何従一、若遺誡後有レ可レ改、臣子商量、改レ之耶以否、

こうしたモノノサトシは怪異となって現れるが、個人に憑依して現出する場合もあった。すなわち、『九暦』[6]天暦四年（九五〇）六月十日条では、

　近者陣中并后宮《(藤原穏子)》頻示二物恠一、不慮之妖非レ可二測知一、

と記されている。これらの事例から、モノノサトシとは何か大きな不慮の現象が巻き起こる前の予兆であるとと

らえられていたというように結論づけることができる。

一方、モノノケは「物気」と記され、「邪気」「霊気」などとともに、モノの作用であり、病についてのみ意味していたわけではないが、(7)個人に対しては病気として現れるものであって、「本来、人間の近くに存在する霊的存在の悪しき影響力を表現する語」であったが、「十世紀中葉以降の貴族社会において、固有の概念を有し、特定の人物、あるいは家筋にとりつき悩ませる存在」であったとされている。(8)『枕草子』(9)一八一段に、

やまひは　胸。物の怪。脚の気。はてはたゞそこはかとなくて物くはれぬ心ち。

とあるように、モノノケは平安時代に最も多く登場する病名であり病因でもあった。(10)『栄華物語』(11)巻第十二「たまのむらぎく」では、藤原頼通の気分がすぐれず苦しんでいたために、湯治をしたり、朴をたべさせたり、僧たちに読経させたりしたが、一向によくならなかった。そこで、陰陽師である賀茂光栄と安倍吉平を召して占わせた結果が以下の記事である。

光栄・吉平など召して、物問はせ給ふ。御物のけや、又畏き神の気や、人の呪詛など様〳〵に申せば、「神の気とあらば、御修法などあるべきにあらず。又御物ゝけなどあるに、まかせたらんもいと恐し」など、様〳〵おぼし乱るる程に、たゞ御祭・祓などぞ頻なる。

すなわち、両者は原因をモノノケや神気や人の呪詛の場合があることを述べたが、どれか一つに決定しなかった。原因が神気だったら御修法をしてはならないし、モノノケだったら祓いだけにまかせておくことは恐ろしいということで、祭・祓が行われることとなった。しかし病気が平癒しなかったため、五壇の御修法が行われた。けれどもモノノケの正体が何であるかなかなかわからないため、さらに僧たちが集まって御祈り・御読経・御修法を続けると、女房にモノノケが乗り移り、故中務宮（具平親王）の「御けはひ」であると告げたので、具平親王の

怨霊に対して具体的に謝意を示したところ、頼通の病気は平癒していった。

このように、モノノケが病気の原因であると判断された場合、僧が加持を行ってモノノケをヨリマシに移し、調伏するという対応がとられた。(12) こうしたことから考えると、モノノケはまだ何の「気」が原因かわからない初期段階に使われる語であって、その原因が求められたとき、怨霊が原因である場合もあるし、そうでない場合もあると結論づけることができる。(13)

二　怨霊の誕生

貞観御霊会が行われる以前においては、天皇の不予や災異の発生は、一般に神の意志の示現である「祟り」によるものだとされていた。(14) そして、七世紀後半までの神の祟りは個人に対して現れるものであり、災異として社会全体に危害が及ぶ性格のものではなかった。

『日本書紀』(15) 允恭天皇十四年秋九月甲子（十二日）条には、天皇が淡路島で狩をしたが、一日かかっても獲物が一匹も捕れなかったので占ったところ、島の神が祟って言うことには、獣が獲れないのは自分の心のためであって、明石の海底にある真珠を供えれば獣を獲ることができるであろうと述べ、その通りにすると獣を獲ることができたとする話を載せている。この例からも明らかなように、「祟り」とは神の意志の示現であって、それは個々の人物に関わってくる問題であった。

それが七世紀末になると、律令の導入と並行して、災異を国家が集中的に管理・対応し、徳政的対応をする一方で、民間での勝手な災異解釈とそれに基づく政治批判を厳しく禁圧し、災異に対して国家により具体的施策が施されるようになった。また、儒教的徳治主義の導入により、災異の発生が天皇の不徳の致すところによるものとし、大赦などの善政を施すことによって、天に対して災異の終息を願うという思想が中国から導入された。そして八世紀初頭になると、災異の発生に対し、神祇の力が期待されるようになった。これは、災異が神の祟りであるという思想とは異なり、神社に奉幣して災異を鎮めてもらおうとするものであった。仏教・陰陽道にもその力が期待された。

それが、八世紀後半になると、神の祟りの記事が再び頻出するようになる。『続日本紀』天平宝字七年（七六三）九月庚子朔日条には、

勅曰、疫死多レ数、水旱不レ時、神火屢至、徒損二官物一、此者、国郡司等不レ恭二於国神一之咎也、

とあり、国郡司が「国神」を恭敬しないため、神の祟りによって火災が生じたとしている。以降「神火」とみなされたものには、出雲伊波比神の祟りとされた神護景雲三年（七六九）九月の例や、貞元元年（九七六）正月の例があげられる。[16] そして、天平神護元年（七六五）正月己亥（七日）条の年号を天平神護と改元した勅では、

疫癘荐臻、頻年不レ稔、傷レ物失レ所、如レ納二深隍一、其賊臣仲麻呂、外戚近臣、先朝所レ用、収二勘委寄一、更不二猜疑一、何期、苞二蔵禍逆之意一、而鴆毒潜二行於天下一、犯二怒人神之心一、而怨気感二動於上玄一、

とあるように、恵美押勝の乱に対して、人々や神の心は怒り、その怨気が天の心を動かし、押勝を鎮圧させている。ここでは、神が「人格」をもち、理にかなわないときには、その意思を表現する存在であると認識されていたことがわかる。

そして、宝亀年間になると、災異に対してそれが神の祟りにより発生したものだとする記事が頻出する。[17]『続日本紀』宝亀元年（七七〇）二月戊申（十五日）条では、東大寺の東の飯盛山の石を切り出して西大寺東塔の心礎としたために、巫覡は石の祟りがあるだろうと予言した。そのため、柴を積んで石を焼き、酒を注いでからバ

ラバラに割って道路に捨てた。するとしばらくして称徳天皇が不予となり、卜したところ、割られた石が祟りをしていると出た。そのため石をまた拾って浄地に置いて、人馬に踏ませないようにしたが、それが現在西大寺の東南隅にある数十片の石であるという。また、宝亀三年四月己卯（二十八日）条では、西大寺西塔に落雷したため、これを卜したところ、近江国滋賀郡小野社の木を伐採して塔を造ったための祟りだと出たため、滋賀郡の戸二烟を充てたという。

このように災異を神の祟りとすることは、「人々をして一体何を意味しているのかわからない不安なものから転じて、実はそれがさらなる大事を予告するための前兆として現れたもの」と理解させ、「人々が災異に対して抱いていた例えようのない不安は、むしろ一時的な安心へ転じ」させるシステムであると考えられている。[(18)]

祟る主体としては、石・木のほか、諸神、聖徳太子の髪[(19)]などがあげられるが、これらの「モノ」にも霊魂が宿って祟るのであるから、神の祟りの範疇に含めてよい。それでは、人が祟ることはないのだろうか。記紀には死後に人が祟るはっきりとした例は見られないが、これは祟ることがなかったからではなく、記紀の編纂方針によるものであろう。『日本書紀』崇峻天皇即位前紀では、物部守屋が蘇我馬子に滅ぼされたとき、物部守屋の資人捕鳥部万は最後まで奮闘したが、一衛士が放った矢が万の膝に刺さり、万はもうこれまでと自害し、朝廷は万を八段に斬って八国にばらまいて梟の刑にすることを命じた。そして、河内国司が斬ろうとしたときに雷鳴が轟き、大雨が降ったことを記している。ここであえて天候の急変を記しているのは、万の霊魂の祟りが意識されていたからと思われる。

また、『扶桑略記』[(20)]斉明天皇七年（六六一）夏条には、「群臣卒尔多死、時人云、豊浦大臣霊魂之所レ為也」のように、群臣多数が死んだのを乙巳の変によって自殺に追い込まれた蘇我蝦夷の霊魂の祟りのためであるとしている。これを『日本書紀』斉明天皇七年（六六一）五月癸卯朔日条では、「見二宮中鬼火一、由レ是、大舎人及諸近侍、病死者衆」と、同じく宮中周辺の人物の病死を記すが、そのとき「鬼火」が現れたと、何かの霊魂の出現を暗示している。そして同年七月、朝倉宮で斉明天皇は急死したがそのときにも、「於二朝倉山上一、有レ鬼、着二大笠一、臨二視喪儀一」と、不思議な現象があったことを記している。『扶桑略記』は後世の史料だが、個人の怨霊は奈良時代以前から意識されていたことは明らかである。[21] さらには、遺体の埋葬方法とその際の儀礼からは、古来より霊魂の復活が恐れられていたことが読みとれる。

このように、人の霊魂の祟りは古くから存在していたものの、それは広い範囲には拡大せず、当事者間で問題とされるにとどまった。しかし、それが村落から切り離された形で宮廷社会が成立してくると、霊魂に関する意識も変化していった。『万葉集』の挽歌は異常死への鎮魂として始まったとされており、その初見は七世紀の有間皇子の歌であって、この背景には、異常死の死者の固有性が問題となった宮廷社会の成立があったとされている。[22]『万葉集』[23]巻第三・四二六の、

柿本朝臣人麻呂が香具山の屍を見て悲慟して作る歌一首

草枕旅の宿りに誰が夫か国忘れたる家待たまくに

という挽歌は、行路死人の鎮魂のために詠まれたもので、自らの家を離れて旅の途中で亡くなった人の霊魂は安らかに鎮まることがないため、それを歌の呪力によって鎮めたのであった。[24] こうした挽歌による異常死の人々に対する鎮魂は、奈良時代になるとさらに違った様相を見せる。

『続日本紀』養老六年（七二二）七月丙子（七日）条で、旱魃が収まらないことに対して、元正天皇は詔で、「宜下赦二天下一、令中国郡司審録二冤獄一、掩レ骼埋レ胔、禁レ酒断上レ屠」と、放置されている白骨や遺骸があれば埋葬

するように命じている。「掩レ骼埋レ胔」とは『礼記』月令孟春に基づく記述であることが指摘されているが、無縁の死者の祟りが原因となって災異が起こるという考え方があったことがわかる。また、天平二年（七三〇）九月庚辰（二十九日）の勅で、「安芸・周防国人等妄説二禍福一、多集二人衆一、妖二祠死魂一」という行為を禁じている。「妖祠死魂」とは、死者の霊魂を利用して、禍福を予言する行為であり、霊魂がこの世に影響を与える存在だとみなされていたことがうかがえる。そして、天平十八年（七四六）六月己亥（十八日）条では、玄昉が亡くなったことに対して、「世相伝云、為二藤原広嗣霊一所レ害[25]」と、藤原広嗣の霊魂の仕業であるとの風聞があったことが記されている[26]。また、天平宝字元年（七五七）七月甲寅（八日）の勅では、橘奈良麻呂の乱で奈良麻呂に与同して獄死した者に託して「民間或有下仮二託亡魂一、浮言紛紜、擾二乱郷邑一者上、不レ論二軽重一、皆与同罪」と、浮言を禁じている。高取正男はこれらの記事を、「この時の広嗣の怨霊は玄昉個人に祟ったのであり、政治的失脚者の怨霊がのちの御霊のように社会的恐怖の対象となり始めた最初の例は、橘奈良麻呂の変に関するもの[27]」であると位置づけている。

しかし、すでにこれらの事件の前の長屋王のときに、国家を傾けようとしていると密告されて、藤原氏によって自殺に追い込まれた長屋王の霊魂は、社会的恐怖となっているのであり、橘奈良麻呂の変をもって怨霊の画期とするこれまでの研究には賛同しがたい。しばしば問題とされる、『日本霊異記[28]』中巻「恃二己高徳一刑二賤形沙弥一以現得二悪死一縁第一」では、「長屋親王」らの屍を城外に捨てて、焼き砕いて河に投げ散らし、海に捨てたところ、親王の骨は土佐国に流れつき、土佐国では多くの人々が死んだ。そこで人々は「依二親王気一、国内百姓可二皆死亡一」と報告したという。

『日本霊異記』の記述は、平安前期の知識によって書かれており、長屋王と同時期の事象をその通りに表現したものとは言えないとされている。[29] 実際には、長屋王の屍は、妻の吉備内親王の屍とともに生駒山に葬られており、[30] また砕いた長屋王の骨がはるばる土佐国に流れ着くはずはないし、たとえ骨が流れ着いたとしても長屋王の骨であると断定するすべはない。[31] それならば、なぜ『日本霊異記』の記事が記されるようになったのか、その原因を考えなければならない。そこで注目されるのが、『続日本紀』天平元年二月己卯（十八日）条の、「長屋王昆弟・姉妹・子孫及妾等合二縁坐一者、不レ問二男女一、咸皆赦除」という長屋王事件の縁坐者を赦す旨の勅の後に記される、「是日、百官大祓」という記事である。

大祓祝詞では、祓戸四柱神である瀬織津比咩神、速開都比咩神、伊吹戸主神、速佐須良比咩神が分かちもって、罪穢を川から海、海から海のはてに、そして海のはてから、さらに根の国、底の国というように、順々に神が受け取ってまったく消え去るようにしてくれることを述べている。[32] 長屋王の死はその当初から怨霊の存在が予見されていた。そのため大祓を行って怨念に包まれた王の気を祓い流そうとしたのであろう。そしてその気は難波津から瀬戸内海を通り、土佐国に流れ着いてそこで祟りを起こしたと考えられ、『日本霊異記』のような記事が生まれたものと思われる。土佐国は日本の南端とみなされており、その境界の地から中央を脅かしかねない祟りが巻き起こったとされている点も興味深い。『日本霊異記』の著者である景戒をはじめとする仏教者は、伝統的手法である大祓によっては怨霊は鎮魂し得ないことを主張したかったのではないだろうか。

『日本霊異記』の編纂された奈良時代末から平安時代初頭にかけては、早良親王の怨霊が問題となっていたときであり、疫病が起こって祟りが恐れられたため、淡路に葬られた親王の骨を大和国八嶋陵に迎えて改葬が行われた。[33] そして淡路に寺が建立されたり、八嶋寺が建立されたり、一切経の書写が行われるなどして鎮魂が行われた。これらはすべて仏教的手法で行われており、こうしたことを背景に、伝統的手法では鎮魂し得ないことを景戒は長屋王の例をあげることによって述べようとしたのではないだろうか。『日本霊異記』で長屋王の骨を土佐国から都に近い紀伊国海部郡椒枡奥嶋に置くようにしたと記すのも、早良親王の骨の淡路から大和への移送をもとに考え出されたのであろう(34)。

このようにして、『日本霊異記』の長屋王怨霊説話は、早良親王の例を参考に創造されたのであろうが、あながち無視すべきものではなく、長屋王の祟りは恐ろしいものとして、意識されていたものと思われる。長屋王が亡くなった後、「授㆓従五位下安宿王従四位下、无位黄文王従五位下、円方女王・紀女王・忍海部女王並従四位下㆒」(35)のように、長屋王の子女だけが特別扱いされて急に位階が上昇している。その背景には、天平七年から九年にかけての天然痘の流行により、藤原房前・宇合・武智麻呂・麻呂の四兄弟が相次いで没したということがあった。それに対して聖武天皇は自らの不徳を認め、諸社への奉幣や護国経の転読などを行わせているが、功を奏さず、最終手段として長屋王の子女の位階昇叙がなされたのであった。長屋王の変の当事者であった藤原四兄弟が相次いで亡くなったことは、長屋王の祟りを想起させるのに十分であった(36)。また、旧長屋王邸に設けられた皇后宮と関係の深い二条大路木簡とともに出土した、油を燃やした痕跡のある大量の土器は、燃燈供養に用いられたと推測されている(37)。この場所には光明皇后が居住しており、おそらく光明皇后によって長屋王の菩提を弔う儀式が行われていたと思われる。光明皇后発願の「五月一日経」書写も、長屋王に対する罪滅ぼしといった意味合いが込められていた可能性が高いとされている(38)。

そして、天平十年（七三八）七月丙子（十日）には、長屋王につかえて大変恩遇を蒙った左兵庫少属従八位下大伴宿禰子虫が、右兵庫頭外従五位下中臣宮処東人を斬り殺すという事件があった。両人が政事の合間に碁を打っていたところ、「語㆓及長屋王㆒、憤発而罵、遂引㆑剣斫而殺之、東人、即誣㆓告長屋王事㆒之人也」のように、長屋王は東人の誣告によって殺されたことが明らかとなったのであった。こうしたことが『続日本紀』に掲載されるということは、朝廷は災異の原因を長屋王の祟りであるとみなし、さらには長屋王は冤罪であることを確認し、復権をはかったと言ってよいだろう。

また、『万葉集』の挽歌についても、長屋王の変以降は大伴氏関係のものだけになり、鎮魂する呪力を失っていったとされている。[39] それは、挽歌では鎮めえない怨霊が現れたからであった。平城京という都市の成立によって、外部と遮断された閉鎖された空間が形成され、そこで巻き起こる種々の現象は瞬時に京中に居住する人々の知るところとなり、共通した意識が形づくられる。整序された都市においては、わずかなほころびでも秩序崩壊の危機と結びつけられる。そこに共同体構成員の共通認識としての怨霊が登場してくる余地が生じるのであった。

さらには、井上満郎は「唐祠令」第一条に「在レ天称レ祀、在レ地為レ祭、宗廟名レ享」とあることや、「祠部郎中員外郎条」に「凡祀之名有レ四、一曰レ祀二天神一、二曰レ祭二地祇一、三曰レ享二人鬼一、四曰レ釈二奠于先聖先師一」とあるのに対し、日本の「神祇令」では「凡天神地祇者、神祇官皆依二常典一祭レ之」とだけあって、宗廟（人鬼）については継受を拒否していることを指摘した。そして、この理由については、唐令継受時の日本では、宗廟（人鬼）が現実の政治的・社会的課題となっていなかったからであり、律令制以前では個人の政治活動は個人のものとして完結せずに、氏族団体の中に吸収・埋没してしまっていたから、唐令が継受される時点ではいまだ宗廟（人鬼）信仰の対象になるような個人霊は存在しておらず、律令が制定・施行され、律令社会が通有のものになってから個人霊が発生し、御霊も成立しうる可能性がでてくると指摘している。[40] 宗廟（人鬼）が信仰の対象になっていないからといって「個人霊」が成立していないことにはならないが、少なくとも、朝廷に勤仕する貴族や、地域共同体に属する人々の共通認識として、個人の霊魂が取りざたされることはなかったということは言えよう。

それでは、都市においてどのような怨霊が現れたのか、順を追ってみていきたい。まず淳仁天皇（大炊王・淡路廃帝）についてみてみる。淳仁天皇は藤原仲麻呂によって擁立されたので、孝謙上皇に取り入る道鏡の排除をねらった恵美押勝の乱が平定され、押勝が処刑されると、天平宝字八年（七六四）十月九日に天皇は廃帝とされ、母の山城とともに淡路に幽閉された。また、兄の船親王・池田親王も共謀したとして、王とされてそれぞれ隠岐国・土佐国に流された。

その後、水旱が起こり、『続日本紀』天平宝字八年十月己卯（十六日）の勅では、「頃年水旱、荐失㆓豊稔㆒、民或飢乏、仍以軍興」と記されているが、その原因については『続日本紀』では記されていない。一方、『水鏡』称徳天皇の項によると、

同（天平宝字）九年に淡路廃帝国土を呪ひ給ふによりて、日てり、大風吹きて世の中わろくて、飢ゑ死ぬる人おほかりきと申し合ひたりき。

のように、淡路親王が呪ったことにより災異が起きたという噂があったことを記している。おそらくそのようなことを語る人物もいたであろうが、称徳天皇はこの段階では意に介さなかったのではないだろうか。淡路廃帝を「配流彼国罪人」(41)「淡路仁侍坐須人」(42)と呼ぶ姿勢がそのことを如実に表している。

称徳天皇は十月十一日に、諸国に対して鷹・狗・鵜を養って狩りをすることや、贄として鳥獣の肉や魚を献上することを停止する旨の詔を出している。また十六日には天下に大赦を行っている。これらの行為は、称徳天皇に徳があることを自らが顕示し、天下が平穏であることを祈念する行為であると言えよう。天平宝字九年正月七日に天平神護と改元した詔においてそれがよく表れている。

勅曰、朕以㆓眇身㆒、忝承㆓宝祚㆒、無㆑聞㆓徳化㆒、屢見㆓奸回㆒、又疫癘荐臻、頻年不㆑稔、傷㆑物失㆑所、如㆑納㆓深隍㆒、其賊臣仲麻呂、外戚近臣、先朝所㆑用、収㆓勘委寄㆒、更不㆓猜疑㆒、何期、苞㆓蔵禍逆之意㆒、而鴆毒潜㆓行於天下㆒、犯㆓怒人神之心㆒、而怨気感㆓動於上玄㆒、幸頼㆓神霊護㆑国、風雨助㆑軍、不㆑盈㆓旬日㆒、咸伏㆓誅戮㆒、今元悪已除、同帰㆓遷善㆒、洗㆓滌旧穢㆒、与㆑物更新、宜㆘改㆓年号㆒、以㆓天平宝字九年㆒為㆗天平神護元年㆖、

賊臣藤原仲麻呂らの一連の行為は「元悪」「旧穢」であるから、それを一掃するために改元されたのであった。ここからも称徳天皇は自己の正当性を誇示していることが読みとれる。

その一方、淡路廃帝が逃亡を企てているとの噂や、再び皇位につけようとする動きがあることが発覚し、称徳天皇はそれに対して警戒していた。称徳天皇は天平神護元年（七六五）十月十三日から紀伊方面に行幸し、十九日には淡路島の見える玉津嶋に至った。そして二十二日には、

淡路公、不㆑勝㆓幽憤㆒、踰㆑垣而逃、守佐伯宿禰助・掾高屋連並木等、率㆑兵邀㆑之、公還明日、薨㆓於院中㆒、

のように、淡路廃帝は幽憤に堪えきれず、垣を越えて逃れようとするがとらえられ、翌日没した。称徳天皇は淡路島を目にして、いつ徒党を組んで反旗を翻すかわからない淡路廃帝のことが脳裏をかすめ、廃帝を亡き者にする命を下したと推測できる。それを裏づける事象として、翌年三月二十六日には、淡路国守であった佐伯宿禰助は山背介に、掾であった高屋連並木は遠江大掾に栄転している。

一方、天平神護元年十月甲申（二十六日）条では、

到㆓和泉国日根郡深日行宮㆒、于㆑時、西方暗瞑、異㆑常風雨、

のように、淡路廃帝が亡くなったあと、淡路島の上空が暗くなり、尋常ならざる風雨が巻き起こったことを記しているが、これらの異変は淡路廃帝の憤死に関わる現象であると認識されていたに違いない。

【天皇家系図】

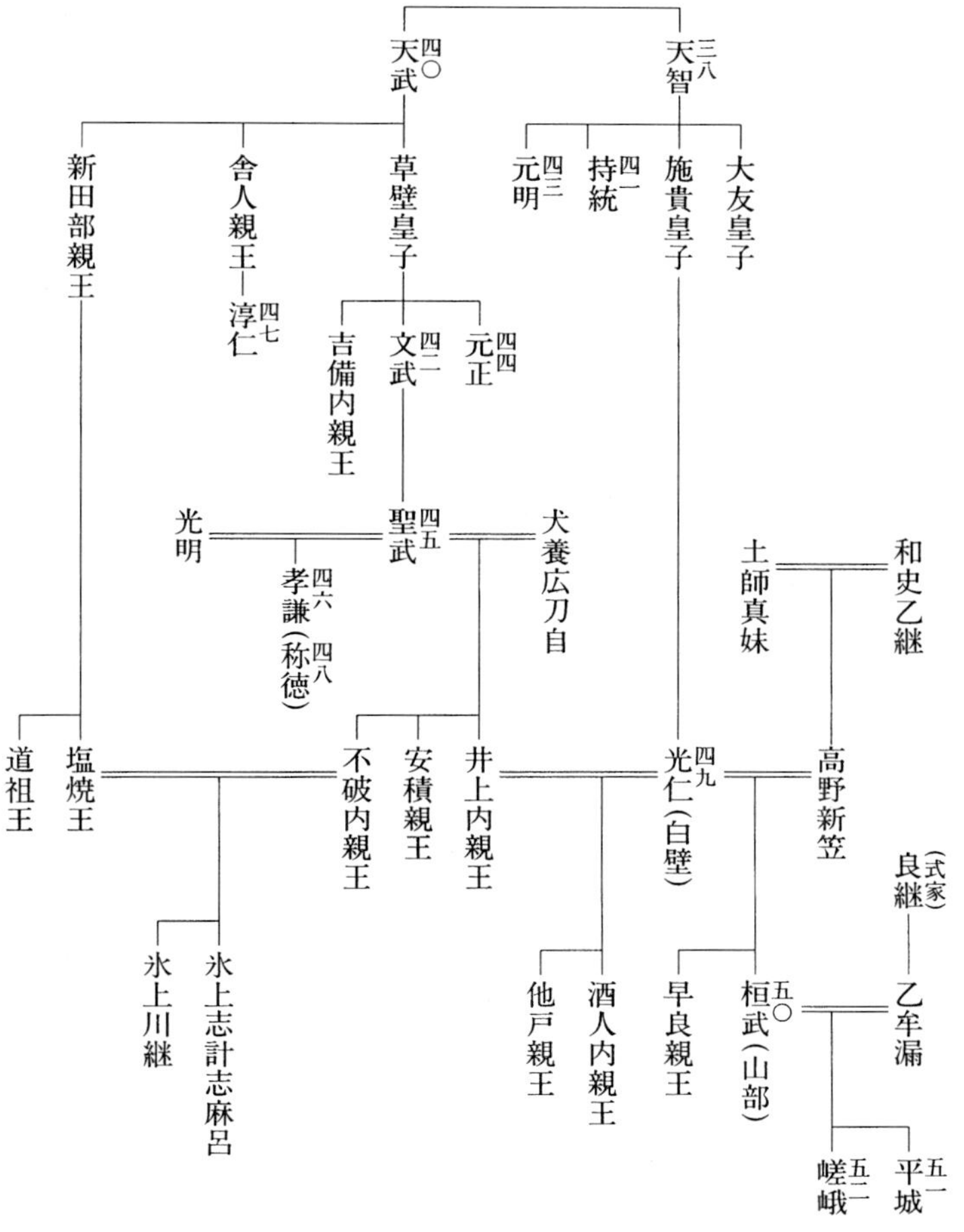
三八 天智
四〇 天武
大友皇子
施貴皇子
四一 持統
四三 元明
草壁皇子
舎人親王
新田部親王
四四 元正
四二 文武
吉備内親王
四七 淳仁
四五 聖武
犬養広刀自
光明
四六 孝謙（四八 称徳）
和史乙継
土師真妹
高野新笠
四九 光仁（白壁）
井上内親王
安積親王
不破内親王
塩焼王
道祖王
（式家）良継
乙牟漏
五〇 桓武（山部）
早良親王
酒人内親王
他戸親王
氷上志計志麻呂
氷上川継
五一 平城
五二 嵯峨

淡路廃帝を亡き者にした称徳天皇は、宝亀元年（七七〇）八月四日に亡くなるが、その前において、疫病がはやったことに対して、疫神祭や大般若経の転読などは行われているが、『続日本紀』においては、それが淡路廃帝の怨霊の仕業であるとする記述は見られない。淡路廃帝の怨霊の存在が問題になっていったのは宝亀三年であり、これは井上内親王の怨霊と重なって登場してくるので、その背景については後に述べることとし、事実の確認だけしておく。

宝亀三年八月丙寅（十八日）条では、

遣二従五位下三方王・外従五位下土師宿禰和麻呂及六位已下三人一、改二葬廃帝於淡路一、乃屈二当界衆僧六十口一、設斎行道、又度下当処年少稍有二浄行一者二人上、常廬二墓側一、令レ脩二功徳一、

のように、淡路廃帝の墓が改葬され、淡路国の僧六十人を招いて供養をし、年少の浄行者二人を常に墓のそばに住まわせて読経等をさせることになった。さらに、宝亀九年三月己巳（二十三日）条では、

勅、淡路親王墓宜下称二山陵一、其先妣当麻氏墓称中御墓上、充二随近百姓一戸一守之、

とあるように、これまで廃帝と呼んでいたのを淡路親王とし、さらには墓を天皇陵に列して「山陵」と呼び、その母親である当麻山城の墓を「御墓」と呼び、名誉を回復することによって霊魂を鎮撫している。(43)

光仁天皇は、現世に怨みを持って亡くなっていったと想像される淡路廃帝とその母の霊魂を鎮撫することにより、病気平癒を祈願したのであった。このとき、大祓や伊勢大神宮をはじめとする天下諸神にも奉幣が行われたほか、畿内諸界で疫神を祭らせていることから、次第に怨霊の祟りと疫神とが関連あるものとみなされていったことがうかがえると同時に、まだ両者は別個の存在であったことが確認できる。

次に亡くなった人物の霊魂が祟る例で注目されるのが、井上内親王の場合である。(44) 井上内親王は、白壁王（光

仁）の妃となり、宝亀元年には皇后となったが、三年三月二日に「巫蠱」に坐せられて廃后された。五月二十七日には実子他戸親王も廃太子され、四年十月十九日に難波内親王を厭魅したとの理由で他戸親王とともに大和国宇智郡の没官宅に幽閉された。宇智郡には藤原武智麻呂創建の栄山寺があることから、両者を藤原氏の勢力下に置こうとしたのではないだろうか。そして、宝亀六年四月二十七日に両者ともに没している。このとき二人同時に亡くなっていることから、暗殺されたものと思われる。

その後『続日本紀』宝亀八年（七七七）十二月乙巳（二十八日）条に「改二葬井上内親王一、其墳称二御墓一置二守冢一烟一」とあるように、改葬され、墳墓を「御墓」と称するようにし、墓の管理を手厚くするようにしている。また、九年正月二十日にも改葬している。宝亀七年から八年にかけてはさまざまな災異が起こっており、二十日間以上にわたって、夜毎に京中に瓦・石・塊が降ってきたり[45]、宮中に妖怪が現れたりした[46]。その上、光仁天皇・山部親王の病気が重なり、大般若経転読や諸社への奉幣を行っても、鎮まることはなかった。藤原百川によって、廃后、他戸親王廃太子から山部親王立太子が画策され、光仁天皇に働きかけられたことから[47]、光仁・山部にしてみれば、自分たちの病気は、「巫蠱」を行ったとして死に追いやられた井上・他戸の祟りであると感じたに違いない[48]。宝亀十年六月辛酉（二十三日）条では、「周防国周防郡人外従五位上周防凡直葦原之賤男公自称二他戸皇子一、誑二惑百姓一、配二伊豆国一」と見え、それにつけ込んで世を惑わす人物が処罰されていることから、他戸親王の非業の死を悼む人々が少なからず存在し、それにともない社会の動揺を招きかねない状況にあった。

これらのことから、ある人物によって死に追いやられ、この世に怨みを残して死んでいったに違いないと推測される人物の霊魂は、その当事者に祟るという考え方は確固たるものとなっていることがわかる。そして、そうした場合でも、怨霊の存在が意識されるのは、災異や病気が、神仏への祈願や大赦などの儒教的徳治政策を行っても鎮まることがないときに、最終手段として怨霊への対応がとられたのであった。それは、怨霊の存在を認めることは、自らの過ちを認めることにつながるからである。

『類聚国史』山陵、延暦十九年（八〇〇）七月己未（二十三日）条に、

詔曰、朕有レ所レ思、宜下故皇太子早良親王追二称崇道天皇一、故廃皇后井上内親王追復称二皇后一、其墓並称中山陵上、令下二従五位上守近衛少将兼春宮亮丹波守大伴宿禰是成一、率二陰陽師衆僧一、鎮中謝在二淡路国一崇道天皇山陵上、

とあるように、早良親王に崇道天皇という天皇号を与え、井上内親王は皇后であったという名誉を回復し、埋葬されている墳墓を「御墓」さらには「山陵」と呼び、霊魂を鎮撫しようとする姿勢が現れている。しかし、これでも祟りはおさまらなかったと思われたらしく、『日本紀略』大同四年（八〇九）七月丁未（三日）条に、「遣下二使於吉野山陵（井上内親王）一、掃二除陵内一、并読経上、以下亢旱累レ旬山陵為上レ祟也」と見えたり、『日本後紀』弘仁元年（八一〇）十二月甲申（十八日）条に「遣下二僧七口一読中経於吉野陵上」と見えたりする。ここで注意しなければならないことは、大同四年七月丁未条の記載において、旱魃の原因が山陵の祟りに求められている点である。(49) 死者の霊魂が、死に追い込んだ当事者に祟るばかりでなく、社会にも害を及ぼす存在であると認識されているのである。

後の記録であるが、『水鏡』光仁天皇の項には、

同（宝亀）六年四月廿五日井上皇后うせ給ひにき、現身に龍になり給ひにき、佗戸親王もうせ給ひにきといふ事、世に聞え侍りき。同七年九月に、二十日ばかり夜毎に瓦、石、塊降りき、つとめて見しかば、屋の上にふり積れりき。同八年冬雨も降らずして、世の中の井の水みな絶えて、宇治川の水既に絶えなんとする事侍りき。十二月に百川が夢に、甲冑を着たる者百余人来りて、我を求むとたびたび見えき。又帝、東宮の御

夢にも、かやうに見えさせ給ひて、悩ましく思されき。これ皆井上の后、佗戸の親王の霊とおぼして、帝深く憂へ給ひて、諸国の国分寺にて、金剛般若経を読ましめさせ給へりき。同九年二月に佗戸親王いまだ世におはすといふ事を、或人帝に申しき。

と記されている。

死者の霊魂が祟る例は、その後散見される。次に早良親王について見てみる。『日本紀略』延暦十一年（七九二）六月癸巳（十日）条には、「皇太子久病、卜之、崇道天皇為レ祟、遣二諸陵頭調使王等於淡路国一、奉レ謝二其霊一」とあり、桓武天皇の皇子である安殿親王（平城天皇）の病の原因が崇道天皇＝早良親王の祟りであると認識されている。(50)『日本紀略』延暦四年九月庚申（二十八日）条によると、中納言大伴家持らが桓武天皇の信頼の厚い藤原種継を暗殺し、光仁天皇の皇子で山部親王（桓武天皇）の同母弟である早良親王を天皇に擁立しようとしていたことが発覚し、早良親王は乙訓寺に幽閉された。そして、早良親王は朝廷により飲食を停止されるものの、その強い精神力で十八日間近くも耐え、船で淡路に移送される途中、高瀬橋のあたりで没し、屍は淡路に葬られた。そのような背景があって、安殿親王が病気となり、畿内名神に奉幣しても治癒しないのを、早良親王の祟りに帰結させるに至ったのである。

『日本紀略』延暦十一年（七九二）六月庚子（十七日）条によると、

勅去延暦九年、令下二淡路国一宛二其〔某〕親王崇道天皇、守冢一烟一、兼随近郡司専中当其事上、而不レ存二警衛一、致レ令レ有レ祟、自今以後、冢下置レ隍、勿レ使二濫穢一

のように、延暦九年に親王の墓に守冢一烟を置き、随近の郡司にも守らせていることがわかる。延暦九年九月三日には皇太子安殿親王が病気のため、京下七大寺で誦経が行われていることから、それと関係して早良親王の霊

魂にも対応がとられたのであろう。また、「親王」とあることから、延暦九年閏三月十六日の皇后乙牟漏薨去にともなう大赦によって、親王号を復されたものと思われる。

延暦九年秋冬には、京畿の男女三十歳以下の者にことごとく豌豆瘡（裳瘡）が流行し、死亡する者が多かった。これをうけて、疫病退散のために民衆は牛を殺して漢神を祭り、怨霊を慰めようとした。『続日本紀』延暦十年九月甲戌（十六日）条では、伊勢・尾張・近江・美濃・若狭・越前・紀伊等の国の百姓が牛を殺して漢神を祭ることを禁じている。佐伯有清はこの殺牛祭神信仰を、中国古代の怨霊である伍子胥神や項羽神をまつる殺牛信仰にその本源を求め、延暦期に行われた牛を殺して祭る漢神は、項羽神的怨霊神であると述べ、怨霊の祟りを祓い鎮めるために、この時期殺牛祭祀が行われたことを明らかにした(51)。民衆の間で怨霊の祟りを鎮める祭が行われ、国家はそれに対して、国家の安寧を損ねる行為につながることを恐れ、禁圧を加えているのである。人々の間で具体的に何が祭られていたのかは不明だが、京の東の諸国が北から南に渡って一時期に漢神が祭られていることから、西から広がってきた疱瘡をくい止めようと各地で祭られたのではないだろうか。ここにおいて怨霊と疫病とが結びついていったと言えよう。

桓武天皇は、安殿親王の病気が早良親王の祟りだと認識し、延暦十一年六月二十二日には暴風雨により長岡京の式部省南門が倒壊し、八月には大雨洪水が起こった頃から長岡京廃止を決意した。それは早良親王の怨霊から逃れるためであった。怨霊の渦巻く長岡京を捨て、平安たることを望んで建設した平安京であったが、桓武天皇は怨霊から逃れることはできなかった。遷都直前の延暦十三年五月二十八日には、皇太子安殿親王妃帯子が頓逝し、延暦十六年五月十九日には、恠異があったため、禁中と東宮で金剛般若経の転読が行われているが、その翌日には崇道天皇の霊に謝するために僧二人が淡路国に派遣され、転読悔過が行われているので(52)、恠異の原因も崇

道天皇の霊の祟りに帰着させていたものと思われる。『水鏡』桓武天皇の項では、

同（延暦）十七年三月に勅使を淡路の国へつかはして、早良の親王の骨を迎へ奉りて、大和の国八嶋の陵にをさめ給ひき。この親王流され給ひて後、世の中疫病おこりて、人多く死にうせしかば、帝驚き給ひて、御むかへに、二度まで人を奉り給ひし、みな海に入り、浪にただよひて、命を失ひてき。第三度に親王の御甥の宰相五百枝を遣はしき。殊に祈りこひて、平らかに行きつきて、わたし奉りしなり。七月二日田村の将軍清水の観音をつくり奉り、又わが家を毀ちわたして、堂に建てき。同十九年七月己未の日、帝おぼす所ありとのたまひて、前東宮早良親王を崇道天皇と申し、又井上内親王を皇太后とすべき由仰せられき。各々おはしまさぬあとにも、恨の御心をしづめ奉らん、と思しめしけるにこそ侍るめれ。

と、早良親王の霊の祟りと疫病の流行とを関連づけている。『水鏡』の記事を額面通り信頼することはできないにしても、天皇の周辺の人物が病気に悩まされ、さらには災異が相次ぎ、有効な対策が施されない中で、その原因を政争で無実の罪を着せられていった者の霊の祟りに求めることは、人間の心理上当然のことであろう。しかしそれを正史に記載することは、天皇の非を認めることであり、さらには律令国家を動揺させることにもつながる。ゆえに特に桓武天皇が自己の治世の半ばまでを編纂させた『続日本紀』では、早良親王の廃太子に関する記事を削除させ、ましてや怨霊の祟りについては全く触れていない。(53)

その後、延暦十八年二月十五日には、安殿親王の平癒を願って春宮亮大伴宿禰是成、伝燈大法師位泰信等が淡路へ派遣されて、早良親王の霊に奉幣されて謝せられている。(54) そして延暦十九年七月二十三日には、井上内親王に皇后が追復されるのと同時に、早良親王に崇道天皇の号が奉られ、墓は山陵と称され、陰陽師や僧が派遣されて鎮謝された。(55)

桓武天皇の病気が重くなった延暦二十四年には早良親王に対する措置が次々と講じられていく。淡路国に寺（常隆寺）が建立されたり、諸国の諸寺塔を修理したり、[56]『日本後紀』延暦二十四年四月甲辰（五日）条に、

令下二諸国一奉二為崇道天皇一、建二小倉一納二正税卌束一、并預中国忌及奉幣之例上、謝二怨霊一也、

とあるように、諸国に命じて小倉を建てて、正税四十束を納め、国忌と奉幣の列に加えて怨霊に謝っている。このとき諸国に設けられた小倉は、郡ごとに設けられたようで、『権記』[57]長保三年（一〇〇一）三月十八日条には、

又崇道天皇大安寺御在所、平超可二修理一由、并阿波《淡路》国御在所焼亡後未レ作、同仰二国司一、又諸国崇道天皇御稲倉等修墳由、同可レ仰、不レ可二懈怠一之由、仰二左大臣《顕光》奉親《小槻》宿禰一、

と見られ、崇道天皇御倉を修墳すべきであると議論されている。御倉は後には崇道社として神社化し、西国に分布し、現存する社も少なくない。[58]「怨霊」という言葉の初見は、この『日本後紀』延暦二十四年四月甲辰条であるが、崇道天皇御倉が各地に建立されたことは、怨霊の存在を各地に広げ、民衆にまで知らしめるのに大きな影響を与えたと推測される。

この後、早良親王のために一切経の書写や諸国国分寺僧に命じて金剛般若経の読経や、種継暗殺に関わったとされる五百枝王・氷上川継・藤原清岡などの復位がされるなどされたが、桓武天皇の病気は回復することなく、大同元年（八〇六）三月十七日に亡くなった。このときにも、『日本後紀』には「是日有レ血、灑二東宮寝殿上一」のように、安殿親王にも早良親王の怨霊が降りかかっていると思われる記述がされている。そのため、十一月には、早良親王の遺骨を持ち帰って納められた大和国添上郡八嶋陵に伽藍が建立され、八嶋寺と称され、国家による手厚い保護がなされた。[59]この八嶋陵は、天皇陵の中でも重視された存在で、延暦二十四年七月二十七日には、山科（天智）・後田原陵（光仁）と並んで、唐物が献じられ、[60]承和六年（八三九）十二月十三日にも後田原（光

仁）・楊梅（平城）・柏原（桓武）・長岡山陵（藤原乙牟漏）と並んで唐物が奉られている。[61] そして、天安二年（八五八）十二月九日に定められた十陵四墓の内に入り、[62] 後にまでわたって変わらず重視されていた。[63]

ところで、このころ霊魂はどのように考えられていたのだろうか。九世紀の霊魂観について知りうる重要な記録は、『続日本後紀』承和七年（八四〇）五月辛巳（六日）条の、淳和天皇が皇太子恒貞親王に残した遺言である。[64]

予聞、人殁精魂皈レ天、而空存二冢墓一、鬼物憑焉、終乃為レ祟、長貽二後累一、今宜三砕レ骨為レ粉、散二之山中一、

淳和天皇は、人が亡くなると魂は天に帰るのであるから、むなしく冢墓を作ったならば、鬼物が憑依してついには祟りをなし、後生の人をわずらわせるだけであるから、山中に散骨してほしいと遺言した。天皇が山陵を築かないということはこれ以前にはなかったため、散骨は躊躇されたが、最終的には山城国乙訓郡物集村の大原野西山嶺上に散骨することとなった。霊魂が宿る「肉体」が存在していたならば、再び祟ることがあるかもしれないと考えられていたのである。[65] 事実山陵の祟りはしばしば見られる。『続日本後紀』承和七年六月己酉（五日）条には、

物恠見二于内裏一、柏原山陵為レ祟、遣下二中納言正三位藤原朝臣愛発等於山陵一祈禱上焉、

と、内裏のモノノサトシの出現を桓武天皇の祟りだとみている。この場合は穢により祟りを起こしたものとみなされたのであるが、こうなると何か災いが起こると、天皇の霊魂の祟りと結びつけようとする動きも起こってくる。

『続日本後紀』承和十一年八月乙酉（五日）条には、

先帝（嵯峨）遺誡曰、世間之事、毎レ有二物恠一、寄二祟先霊一、是甚無レ謂也者、今随レ有二物恠一、令下二所司一卜筮上、先霊之祟明二于卦兆一、

のように、嵯峨天皇は遺誡で、祟りの原因を先霊に求めてはならないことを述べたが、藤原良房は卜筮によって占わせて、先霊の祟りであるという結果を出している。こうして、霊魂の祟りということが違和感なく受け入れられていったのである。これが貞観の御霊会につながっていくのである。

三　疫神の形成

『日本三代実録』貞観五年（八六三）五月二十日条にのせる御霊会では、神泉苑において、崇道天皇（早良親王）・伊予親王・藤原夫人（吉子）・観察使（藤原仲成）・橘逸勢・文室宮田麻呂を御霊と規定し、疫病が頻発するのを「御霊之所レ生也」とはっきりと御霊の所為であると明言している。これはそれまで別個に考えられていた疫病の流行と、特定個人の怨霊とが国家によって明確に結びつけられたことで注目される。それでは、疫病はそれまでどのように認識されていたのか、概観しておく。

天皇の不予や災異の発生は、神の祟りによるものだとされていたことは先に述べたが、それが、七世紀末になると、疫病の流行に対して国家により具体的施策がとられるようになってくる。これは律令制の導入と並行して、災異を国家が集中的に管理・対応し、徳政的対応をする一方で、民間での勝手な災異解釈とそれに基づく政治批判を厳しく禁圧するものであった(66)。

救済のための具体的政策としては、『続日本紀』文武天皇二年（六九八）四月壬申（三日）条の、「近江・紀伊二国疫、給二医・薬一療之」という記事をはじめ、薬が頒布されたり賑恤が施されたりする記事が頻出する。

さらには儒教的徳治主義の導入により、災異の発生が天皇の不徳の致すところによるものとし、大赦などの善政を施すことによって、天に対して災異の終息を願うという思想が中国から導入された。その典型的例は、聖武天皇の天平九年（七三七）五月壬辰（十九日）条や八月甲寅（十三日）条に見られるもので、この年は春以来「災気」がにわかに起こり、百姓が相次いで死亡した。その理由を聖武は「朕以二不徳一実致二茲災一」と、自らの徳の欠如に求め、田租や賦役を免除し、高年者や鰥寡惸独の者に対する賑給や大赦が行われている。

また、八世紀初頭からは、疫病の流行に対し、神祇の力が期待されるようになった。『続日本紀』慶雲三年（七〇六）閏正月庚戌（五日）条では、京畿および紀伊・因幡・参河・駿河等の国で疫病が頻発したことに対して、「令レ掃二浄仏寺并神社一」と寺社を清浄にするように命じられ、同月乙丑（二十日）条では、天下疫病により「令レ祈二禱神祇一」との勅が出されている。ここで注意しなければならないのは、災異が神の祟りであるとする思想とは異なり、神にすがって疫病流行を鎮めてもらうという思想に転化しているという点である。以降、災異の発生に対しては神社への奉幣が行われるようになるが、(67)『続日本紀』神亀二年（七二五）七月戊戌（十七日）条では、

勅二七道諸国一、除レ冤祈レ祥、必憑二幽冥一、敬レ神尊レ仏、清浄為レ先、今聞、諸国神祇社内、多有二穢臭一、及放二雑畜一、敬神之礼、豈如レ是乎、宜下国司長官自執二幣帛一、慎致二清掃一、常為中歳事上、又諸寺院限、勤加二掃浄一、仍令三僧尼読二金光明経一、若無二此経一者、便転二最勝王経一、令二国家平安一也、

のように、「敬神之礼」を施すことによって「除冤祈祥」することが可能になると説かれている。(68)ここでは、特定の神の祟りを鎮撫することによって災異が終息されるという段階から脱して、神の力によって疫病の鎮圧が確信されるようになっている。この変化の背景には、国家による神社の統括が必要であった。

また、史料の後半にあるように、仏教の力も期待された。『続日本紀』慶雲四年四月丙申（二十九日）条では、天下疫飢に対して、賑恤が施され、丹波・出雲・石見では特に被害が大きかったので、諸社に奉幣されるのとともに、京畿および諸国の寺に読経させている。(69)疫病流行の際には、金剛般若経・金光明最勝王経・大般若経の転

読や薬師悔過が行われている。

さらには、陰陽道による祭祀も行われた。『続日本紀』慶雲三年是年条では、天下諸国の疫疾により、百姓が多く死んだため、土牛を作って大儺がはじめて行われたことを記している。大儺は追儺へと記載が変化していくが、その儀式は『内裏式』『西宮記』『北山抄』『延喜式』などによると、疫鬼を追い払うためのもので、十二月晦日に行うように固定されていく。(70) このときの祭祀はどこで行われたのか不明だが、後に土牛祭祀は大内裏諸門において、大儺は内裏諸門において祭祀が行われている。翌慶雲四年二月乙亥（六日）条では、諸国の疫により、大祓が行われている。大祓自体は、『古事記』仲哀天皇段に、天皇が崩御したのち、国の大祓をした記事が見えるのをはじめとし、毎年六月・十二月晦日に行われるほか、大嘗祭や斎宮・斎院の卜定・群行に先だって行われたり、災異の際に行われる。慶雲四年の場合には、疫病のために行われたものであり、前年の大儺と合わせて考えると、疫病は何か「気」のようなものによってもたらされるものだと考えられていたとみなしてよいであろう。そのために、門を閉ざしたり祓ったりする手段が有効になってくるのである。

これら、さまざまな手段をとって疫病対策がとられているように、古代においては多岐にわたる災異の中でも、とりわけ疫病対策に心血が注がれた。それは、地震や落雷など単発で発生するものとは異なり、一定期間継続して流行するものであり、理由がわからないまま、目に見える形で身体に症状が現れ、それが地域全体に広まっていくものであるため、人々は迫り来る病に対して、底知れぬ不安感を抱いたに違いない。(71) そのため、国家はあらゆる手段をとって疫病を鎮め、人心を安定させ、統治基盤を確固たる状態にしておく必要があった。こうして、律令の導入とともに、諸政策が遂行されていくのである。

天平七年から九年にかけて疫病が大流行したが、(72) このときの疫病流行への対応として注目されるのが、天平七年（七三五）八月丙午（二十三日）条に記されている道饗祭である。同日は神祇に対して奉幣され、観世音寺と大宰府管内諸国の寺院に金剛般若経を読ませ、疫民に賑給され、湯薬が与えられるのと同時に、「長門以還諸国守、若介、専斎戒、道饗祭祀」と、長門から平城京に通じる諸国で道饗祭が行われた。

道饗祭については、『令義解』[73]神祇令季夏条に、「卜部等於二京城四隅道上一而祭之、言欲レ令四鬼魅自レ外来者、不三敢入二京師一、故預迎二於道一而饗遏也」とあり、さらに『令集解』[74]神祇令季夏条の令釈には「京四方大路最極、卜部等祭、牛皮并鹿猪皮用也、此為二鬼魅自レ外莫レ来二宮内一祭之、左右京職相預」と記される祭祀である。道饗祭は季冬条にも記されるので、六月と十二月の晦日に都城の四隅で牛皮や鹿・猪皮を用いて「鬼魅」が城内に入らないように「饗遏」する祭祀であったことがわかる。[75]これに対して、『延喜式』[76]神祇八道饗祭祝詞からは、道饗祭は「八衢比古・八衢比売・久那斗」に奉幣して「根国底国与里麁備疎備来物」から守る祭祀であったことがわかる。『延喜式』祝詞を詳細に分析した三宅和朗によると、義解・令釈にいう道饗祭から「道饗祭」祝詞へ転じたのは、義解・令釈の成立した天長十年（八三三）以降であって、祭の変化にともない、祝詞も変化したものとしている。[77]外からやってくる疫病を疫神による仕業であるとの認識が生まれたことによって、それを防ぐための神も境界の地にイメージされていったのではないだろうか。

『日本霊異記』中巻「閻羅王使鬼受二所レ召人之饗一而報レ恩縁第廿五」では、聖武天皇の御代のこととして、讃岐国山田郡の布敷臣衣女がにわかに病にかかったとき、「時偉備二百味一、祭二門左右一、賂二於疫神一而饗之也」と、家の門に珍味を並べて疫神をもてなし、閻羅王の使である鬼はその饗を受けたために、恩に報いようと衣女を救った話を載せ、景戒は「備レ饗賂レ鬼、此非二功虚一、凡有レ物者、猶可二賂饗一」と締めくくっている。この場合は、民間における疫神祭であり、疫神が家の中に侵入してこないように、門において疫神に饗を施している。一方、国家儀礼としての道饗祭の場合は、道路上の境界の地において祭祀が行われるというように、条件が異なっているが、疫神に饗を提供し、退散願ってもらうという点では共通している。

以上から、和田萃の述べるような、「元来はチマタにいるクナド、後にはヤチマタヒコ・ヤチマタヒメをも加えた三神に対し、饗応・奉幣して、外部から侵入してくる鬼魅を退散してほしいと願う祭祀であった」のが、「『令義解』の段階では、本来の意義が薄れ、道饗祭の字義に引きずられ、鬼魅を饗応するという風に解釈されるに至った(78)」とする説は採らない。より古い段階においては鬼魅を饗応する祭祀であり、そしてついにはそれが行われる場所＝境界に神を具象化し、外部からの鬼魅の退散を願う祭祀へと転換していったものと思われる。そのため、時代が下るほど境界の神への祭礼という側面が強くなっていく(79)。民間での疫神祭祀の方が古形を残しているのではないだろうか。

ただ、先に掲げた『日本霊異記』所収の説話が聖武天皇のときのこととしていても、疫病を「疫神」の仕業とみなす考え方は、天平段階ではまだなかったと思われる。なぜなら、「疫気」「災気」のように、目に見えない「気」が疫病を起こす原因だとみなされていたからである。『日本霊異記』の成立は八世紀末から九世紀初頭にかけてであり、そのときの疫病に対する観念を反映し、「疫神」という記述を行っているのであろう。

また、後の記録ではあるが、承久元年（一二一九）成立の『続古事談(80)』第五諸道では、

モガサト云病ハ新羅国ヨリオコリタリ、筑紫ノ人ウヲカヒケル船、ハナレテ彼国ニツキテ、ソノ人ウツリヤミテキタレリケルトゾ、天平《聖武》九年官符ニ、コノ病痢ニナラン時ニラキヲ煮テ多ククフベシトアリ、

とあるように、新羅から疫病がもたらされたとみなしていることは注目される(81)。そして、鎌倉期には疫病は疫神の仕業であるとする考え方はなくなり、伝染するものと考えられていたこともここからわかる。

もう一度『続日本紀』に戻って考えてみると、北九州から徐々に広がっていく疫病に対して、道饗祭を行って都へ近づかないようにさせることは、疫病流行の初期の段階では有効であった。そのため、天平七年から九年にかけて疫病が蔓延したときも、一番初期の段階で道饗祭が行われているのであり、都で疫病が広まってから道饗祭を行っても意味をなさない。これは、究極的には天皇に収斂される都城を、疫病が広まる前に結界を行って守っていこうという思想から生まれたものであろう。道を通じて直線的に上京してくる疫病に対して、観念的に道を切り、疫病の侵入をくい止めるために道饗祭が行われたのであった。疫病が広まってからでは、実害を被るし、神仏に祈禱して鎮まるのを願うことしか策はなかった。

八世紀後半になると、それまでは「疫気」「災気」のように「気」とされていた病原が、実体をもって表現されてくる。『続日本紀』天平宝字二年（七五八）八月丁巳（十八日）条では、

勅、大史奏云、案㆓九宮経㆒、来年己亥、当㆑会㆓三合㆒、其経云、三合之歳、有㆓水旱疾疫之災㆒、如㆑聞、摩訶般若波羅蜜多者、是諸仏之母也、四句偈等、受持読誦、得㆓福徳聚㆒、不㆑可㆓思量㆒、是以、天子念、則兵革災害、不㆑入㆓国裏㆒、庶人念、則疾疫癘鬼、不㆑入㆓家中㆒、

とあり、摩訶般若波羅蜜経の四句の偈を、天子が念じたならば兵革災害が国の中に入ってこず、庶人が念じたならば「疾疫癘鬼」は家の中に入ってこないとしている。宝亀五年（七七四）四月己卯（十一日）条の勅でも、摩訶般若波羅蜜経を庶人が念じたならば「疾疫癘鬼」は家の中に入ってこないとしている。これらの史料について、酒向伸行は『春秋左氏伝』に見られる「癘鬼」の例を引き、中国では癘鬼は、人に病をもたらす霊的存在とされ、わが国でもこの癘鬼という語に表象される霊的存在が家の中に侵入することにより、病がもたらされ、八世紀から九世紀にかけては、本来実体を有さない霊的存在であった「もの」が、「鬼」というイメージをもって具体化

されていく過渡的な時代と位置づけている。[82]

こうして疫病の原因が具体化されていくが、八世紀後半には疫病は「疫神」のなす仕業であると解釈されるようになる。疫神の初見は、『続日本紀』宝亀元年（七七〇）六月甲寅（二十三日）条の「祭二疫神於京師四隅、畿内十堺一」であり、この後は「令三天下諸国祭二疫神一」（二年三月壬戌〈五日〉条）、「祭二疫神於天下諸国一」（四年七月癸未〈十日〉条）、「遣使、祭二疫神於畿内諸国一」（六年六月甲申〈二十二日〉条）、「祭二疫神於五畿内一」（八月癸未〈二十二日〉条）、「遣使、祭二疫神於五畿内一」（八年二月庚戌〈二十八日〉条）、「大祓、遣使、奉二幣於伊勢大神宮及天下諸神一、以二皇太子不平一也、又於二畿内諸界一祭二疫神一」（九年三月癸酉〈二十七日〉条）と宝亀年間に疫神を祀った記事が頻出する。

疫神は具体的には「鬼」としてイメージされていた。『続日本後紀』承和二年（八三五）四月丁丑（三日）条には、「如レ聞、諸国疫癘流行、病苦者衆、其病従二鬼神一来」とあり、承和十二年（八四五）五月乙卯（九日）条には、山城国綴喜郡・相楽郡で虻が大量発生し、牛馬が咬まれて次々と斃れた。そこで亀筮により卜したところ、「綴喜郡樺井社及道路鬼更為レ祟」との結果が出たため、使を遣わして祈謝したとある。先に掲げた『日本霊異記』の記述でも、疫神は閻羅王の使の鬼として描かれている。これらの史料から、疫病は鬼神の仕業であるとの観念が確立していったことがわかる。[83]

しかし、この時期の鬼は、現在節分の時に見られるような角を持った姿とは異なる。オニがオン（隠）から出たとする説もあるが、鬼神とは、異界から漠然としたとらえどころのない疫病をもたらす「気」が、邪悪な神の所為であると帰結させたときの表現形式である。[84]『日本書紀』景行天皇四十年七月戊戌（十六日）条には、「山有二邪神一、郊有二姦鬼一、遮レ衢塞レ径」とあり、山にいる邪神と対応させて鬼が表現されている。ここにも固有の鬼像は見られない。

以上のことから考えて、疫神とは異界の地からおとずれて疫病をもたらす「気」を邪神の仕業とみなしたときに概念化された神であったことが明らかであろう。そしてこれは、神が祟ることによって災異が起こるとする思想とは本質的に異なっていることに注意しなければならない。

先に宝亀年間（七七〇～七八一）の疫神祭祀の例をあげたが、これは『延喜式』神祇三臨時祭条に載せる「宮城四隅疫神祭」「京城四隅疫神祭」「畿内堺十処疫神祭」のことを指すものと思われる。「京城四隅疫神祭」と、『延喜式』四時祭に「於二京城四隅一祭」とする道饗祭との関わりについては、道饗祭が季夏・季冬恒例の祭祀となったため、新しく臨時祭として「京城四隅疫神祭」が設定されたものと思われる。先に述べた大儺や大祓にも共通することであるが、災異が発生すると、それを鎮めるための諸策が講じられ、その有効性が確認されて、恒例の行事となる。そこにさらに災異が発生すると、また新しい臨時祭が創造されてくるというのが、国家の災異対応の基本的パターンである。そのため、祭祀は元のものと比較して複雑になっていく。道饗祭と京城四隅疫神祭の供献物を比較すると、牛皮・熊皮・鹿皮などは共通するものであるが、米・雑海菜・藁・楉棚・杁は後者にのみ見られるものである。また、同一品目であっても、前者より後者の方が量が増している。これはより強い効力が求められているからである。したがって、前田晴人の説くような「両祭祀は元来一つの祭式として存在したはずであり、神祇令がそれを四時祭の一環に組み込んだために祭式が二つに分離されることとなった[85]」わけではない。

畿内堺十処疫神祭に関しては、京城四隅疫神祭と比べて、供献物に金鉄人像各一枚・滑海藻・輿籠が加えられているが、量自体は少なくなっている。祭祀の行われた場所は関口靖之の論に詳しいが[86]、山城と近江、山城と丹波、山城と摂津、山城と河内、山城と大和、山城と伊賀、大和と伊賀、大和と紀伊、和泉と紀伊、摂津と播磨のそれぞれの国境で行われた祭祀で、疫神が道を通じて都へ向かってくるのを、まずは畿内と畿外の境でくい止め、それが突破されると次は都城の境でくい止め、最終段階としては宮城の境でくい止めようとするシステムとなっている。そのため、畿内堺十処疫神祭よりも京城四隅疫神祭や宮城四隅疫神祭の方が供献物の量を増やして、より強固な防御態勢がとられているのである。『続日本後紀』承和四年（八三七）六月癸丑（二十二日）条には「遣下二使山城・大和・河内・摂津・近江・伊賀・丹波等七国一、鎮二祭彼疆界一、以禦中時気上」とあり、畿内の堺で実際に疫神祭が行われていたことがわかる。

畿内制の成立については、改新詔第二条の、

凡畿内、東自二名墾横河一以来、南自二紀伊兄山一以来、兄、此云制、西自二赤石櫛淵一以来、北自二近江狭々波合坂山一以来、為二畿内国一

という記述をめぐって、その成立時期や実態についての論争があるが、天子を中心とした同心円的な世界観に基づく中国の制にならったものと考えられている。(87) 畿内と畿外の差異は、庸調などの負担体系の違いという実態面での差異があるほか、疫神祭祀という観念的面でも意識的に区別されていた。中村英重は、畿内制のもつ宗教的性格に着眼し、境界祭祀が行われていた下地の上に、中国より移入した畿内制が成立したと考えている。(88)

宮城―京城―畿内という疫神祭祀地の設定は、国家の王土認識と密接な関わりがある。畿内堺での疫神祭が最も古い段階に行われ、都城の成立とともに、京城四隅・宮城四隅でも行われるようになった。そして、九世紀後半の『貞観儀式』(89) 巻十「十二月大儺儀」にのせる追儺祭文に見られるように、日本の四至がはじめて定式化された。

穢久悪伎疫鬼能、所所村村爾、蔵里隠布留平波、千里之外、四方之堺、東方陸奥、西方遠値嘉、南方土左、北方佐渡与里乎知能所乎、奈牟多知疫鬼之住加登定賜比行賜氐、

ここでは天皇の支配する日本国内からきたなくあしき疫鬼を駆逐し、四至の外に追いやるということを示している。これは、日本国家の領域が、ケガレをその内から追却すべき広がりとして登場し、日本の支配層の意識のなかで、境界観念にかぎらず生活のあらゆる場面において、ケガレの観念がグロテスクなほど肥大化し、それにともない、新羅に対する対応も、排斥という方向に転化したと指摘されている。[90]

同種の祭祀として、『延喜式』臨時祭には、八衢祭・唐客入京路次神祭・蕃客送堺神祭・障神祭、祝詞には遷却祟神祭が記載されている。八衢祭の詳細は不明だが、先に道饗祭のところで、「外からやってくる疫病を疫神による仕業であるとの認識が生まれたことによって、それを防ぐための神も境界の地にイメージされていった」と述べたように、八衢祭はチマタでの「防御」という色彩が濃い。供献物には、大刀八口・弓八張・箭八具・鞆八枚が付け加えられている。これは京城四隅のチマタにいる八衢比古・八衢比売に対してそれぞれ一種ずつ武具を提供し、疫神を退散させようとする祭祀であろう。

蕃客送堺神祭は、『延喜式』に「右蕃客入朝、迎二畿内堺一、祭二却送神一、其客徒等、比レ至二京城一、給二祓麻一、令レ除乃入」とあるように、新羅使がやってきたときに、畿内の境において新羅使を送ってきた神を祭却し、京城においては祓麻を給わり祓えを行ってから入京させている。このように重ねて祭祀が行われるのは、疫神は新羅からやってくると考えられていたので、厳重に祭祀が行われる必要があった。供献物は疫神祭とほとんど重なっている。それに比べ、唐から使者がやってくるときには、唐客入京路次神祭が行われるが、疫神祭に共通してみられる、牛皮・熊皮・鹿皮・猪皮といった供献物は見られない。

新羅との関係で注目されるのは、『延喜式』玄蕃寮諸蕃条の記事である。

凡新羅客入朝者、給二神酒一、其醸酒料稲、大和国賀茂・意富・纒向・倭文四社、河内国恩智一社、和泉国安那志一社、摂津国住道・伊佐具二社各卅束、合二百卌束送二住道社一、大和国片岡一社、摂津国広田・生田・長田三社各五十束、合二百束送二生田社一、並令二神部造一、差二中臣一人一、充レ給レ酒使一、醸二生田社一酒者、於二敏売崎一給之、醸二住道社一酒者、於二難波館一給之、若従二筑紫一還者、応レ給二酒肴一

ここでは、新羅からの客が入朝する際に、敏売崎と難波館で酒を給うことが規定されている。このことは、慰労や神の加護が及ぶように祈念することと同時に、入境儀礼の一環として、蕃神や蕃使のケガレを祓う意味があったと理解されている(91)。

酒を給わっていたのは新羅使だけでなく、『日本書紀』舒明天皇四年（六三二）十月甲寅（四日）条には、唐国の使者が難波津にやって来た際に、「引二客等一入二於館一、即日、給二神酒一」と、酒を給わっている記事が見られる。しかし、『延喜式』でこれが新羅使のみに限定されているのは、特に新羅から疫神がやってくると考えられ、酒の霊力によってその侵入を防ごうという意味合いが強かったからではないだろうか(92)。敏売崎・難波館という場所についても、外国からの使者が畿内へ入ってくる境界に位置しており、給酒は蕃客送堺神祭の際に行われたのであろう(93)。

障神祭は、「右客等入京、前二日、京城四隅為二障神一祭」とあり、「客」が入京する場合に京城四隅で行われる祭祀である。供献物に熊皮・牛皮・鹿皮・猪皮が見られることから、これも疫神祭の一種であることがわかる。この祭祀に関し前田晴人は、「「京城四隅」は衢の神の「塞坐」す所であり、衢は宗教的に閉塞されたままの状態」であるため、「衢に「障《さへ》（塞）」る神の祭りを挙行して閉塞されたままの衢を予め観念的に開放しておき、しかる

後に客徒を京内に導き入れ」「外国使節の入京に際会しては、一つには客徒の身辺を清めるための邪霊祓除が、二つには宗教的に閉塞された都城の衢の開放という祭祀が絶対に不可欠」であると述べている。(94) しかし、境界を守護する神に結界を解いてもらう祭祀は論理的には存在してもよいが、実例が見あたらない。そしてこの場合、結界を解くことによって客とともに疫神が内部に侵入してしまうことが問題になろう。また、供献物から疫神祭の一種と考えていくべきであり、『延喜式』の記述から前田のような祭祀の転換を読みとることはできない。垂水稔は「「右客等」というのが蕃客一行を指していることはいうまでもない」とし、障神祭は「蕃客一行に混じって入りこんでくる作障者を祭却するための祭祀」であると規定している。(95) しかし、いうまでもないとした「右客等」の解釈に問題がある。『延喜式』の記述を見ると、「唐客」「蕃客」に対する「客等」であることがわかる。すなわち、障神祭とは、唐・新羅・渤海以外の外国からの客などが入京するのを想定した際の疫神祭なのである。そして、頻発する疫病に対応して、その対処方法は個別分散化していく傾向を読みとることができる。

遷却祟神祭に関しては、和田萃は遷却祟神祭の祭料と八衢祭のそれとを比較した上で、両者は同一の祭であるとし、後者が内部に侵入しようとする鬼魅を退散させようとした祭祀であるのに対し、前者は「内部に侵入してきた麁び疎び来る物、あるいは都城の内部で発生したタタリ神（精霊的なものであろう）を都城の四隅のチマタでマツリを行ない、都城外へ退散させるための祭祀であった(96)」としている。しかし、四隅における他の祭祀には、結界の内側で起こった疫病を疫神のなせるわざと規定してそれを都城外へ退散させるという機能はみられない。

遷却祟神の祝詞を詳細に分析した寺川真知夫によると、祟る神とされる皇神は、災いをもたらすことのみを本性とする疫病の鬼神ではなく、官幣を受け、不満があれば祟る神であるとされている。そして、宮中において天皇にかかわる災いを起こし、宮中から神が送り出される祭儀の際に奏せられたのが遷却祟神祝詞であり、こうした祭儀はまれであったため、臨時祭においても詳細を取り決めていないではないかと推測している。(97) 遷却祟神祝詞は、疫鬼などの侵入を防ぐ際の祭に奏せられることはなかったのである。「祟神」のあり方からしてみても、寺川のように考えるのが妥当であろう。

四　平安時代の怨霊―御霊会の意味―

右のような疫神に関する意識が展開する中、それが怨霊の仕業であると意識されていったのである。『今昔物語集』巻第二十七「或所膳部、見二善雄伴大納言霊一語第十一」にはこのことを示す興味深い説話を載せている。

今昔、□ノ比、天下ニ咳病盛リニ発テ、不病ヌ人無ク、上中下ノ人病臥タル比有ケリ。其レニ、或ル所ニ膳部シケル男、家内ノ事共皆ナシ畢テケレバ、亥ノ時許ニ、人皆静マリテ後、家へ出ケルニ、門ニ、赤キ表ノ衣ヲ着、冠シタル人ノ極ク気高ク怖シ気ナル、指合タリ。見ルニ、人ノ体ノ気高ケレバ、誰トハ不知ネドモ、下臈ニハ非ザメリト思テ、突居ルニ、此ノ人ノ云ク、「汝ヂ、我レヲバ知タリヤ」ト。膳部、「不知奉ズ」ト答フレバ、此ノ人亦云ク、「我レハ此レ、古へ此ノ国ニ有リシ大納言伴ノ善雄ト云シ人也。伊豆ノ国ニ被配流テ、早ク死ニキ。其レガ行疫流行神ト成テ有ル也。我レハ、心ヨリ外ニ公ノ御為ニ犯ヲ成シテ、重キ罪ヲ蒙レリキト云ヘドモ、公ニ仕ヘテ有シ間、我ガ国ノ恩多カリキ。此レニ依テ、今年天下ニ疾疫発テ国ノ人皆可病死カリツルヲ、我レ、咳病ニ申行ツル也。然レバ、世ニ咳病隙無キ也。我レ、其ノ事ヲ云聞カセムトテ、此ニ立タリツル也。汝ヂ不可怖ズ」ト云テ、掻消ツ様ニ失ニケリ。
膳部、此レヲ聞テ、恐々家ニ返テ語リ伝ヘタル也。其ノ後ヨリナム、伴大納言ハ行疫流行神ニテ有ケリトハ、人知ケル。但シ、世ニ人多カレドモ、何ゾ此ノ膳部ニシモ此ノ事ヲ告ケム。其モ様コソハ有ラメ。此ナム語リ伝ヘタルトヤ。

伴善雄は左大臣源信と対立し、応天門の変では犯人として伊豆に配流され、貞観十年（八六八）亡くなった。そうしたときに、流行病が起こり、人々が次から次へと倒れていったが、ある膳部が赤い衣を着て冠をかぶった身分は高そうだが恐ろしげな人物を見かけた。するとその人物は伴善雄だと名乗り、伊豆に配流され早世したため、行疫流行神となり、天下に疾疫を起こしたのだという。ここからは、疫病の原因が非業の死を遂げた人物の怨霊にあるということが、はっきりと見てとれる。また、赤い衣を着ていることも、のちの疱瘡神が赤色で表現されるのと関連して、興味深い。[98]

なぜこのような結びつきが生まれてきたのかというならば、すでに井上満郎も指摘しているとおり、[99]疫病は異界からやってきて京都に住んでいる人々を恐怖に陥れる存在であり、それが京から遠く離れた国へ放逐され、怨みの中で亡くなっていった人物の霊と重ねあわされたのであった。

こうしたことを念頭において、以下貞観五年五月二十日の御霊会について考察していく。

於二神泉苑一修二御霊会一、勅遣下二左近衛中将従四位下藤原朝臣基経・右近衛権中将従四位下兼行内蔵頭藤原朝臣常行等一、監中会事上、王公卿士赴集共観、霊座六前設二施几筵一、盛二陳花果一、恭敬薫修、延二律師慧達一為二講師一、演二説金光明経一部・般若心経六巻一、命二雅楽寮伶人一作レ楽、以二帝近侍児童及良家稚子一為二舞人一、大唐高麗更出而舞、雑伎散楽競尽二其能一、此日宣旨、開二苑四門一、聴二都邑人出入縦観一、所謂御霊者、崇道天皇・伊予親王・藤原夫人（吉子）・及観察使（藤原仲成）・橘逸勢・文室宮田麻呂等是也、並坐レ事被レ誅、冤魂成レ厲、近代以来、疫病繁発、死亡甚衆、天下以為、此災、御霊之所レ生也、始レ自二京畿一、爰及二外国一、毎レ至二夏天秋節一、修㆓御霊会㆒、往々不㆑断、或礼㆑仏説㆑経、或歌且舞、令㆘㆓童貫之子㆒靚粧馳射、膂力之士袒裼相撲、騎射呈㆑芸、走馬争㆑勝、倡優嫚戯、逓相誇競㆖、聚而観者莫㆑不㆓塡咽㆒、遐邇因循、漸成㆓風俗㆒、今茲春初咳逆成㆑疫、百姓多斃、朝廷為祈、至㆑是乃修㆓此会㆒、以賽㆓宿禱㆒也、

この年は五穀が不作であり、百姓は疲弊して疫病も頻発していたため、大祓、七道諸国名神への奉幣、伊勢神宮への奉幣、護国経の転読および書写等が立て続けに行われたにもかかわらず、いっこうに鎮まる気配がなかった。そこで最終手段として催されたのが御霊会であった。畿外から畿内へ、さらには平安京へと伝わってくる疫病が、流罪となって流刑地で亡くなっていった朝廷にとっての反逆者の冤魂と重ね合わされた結果、冤魂が疫病をもたらすとみなされ、御霊会が行われたのである。

この御霊会の発生については、地方より都市に持ち込まれ展開したものであって、地方村落に本来の基礎をもった疫神祓除に関する伝来の信仰と祭儀のうえに、貴族文化を受け入れた華麗な都市的様相をもつ新しい祭礼形態が生み出されたのであり、崇道天皇以下六人の怨霊こそ疫病流行の原因であるとの説が、いつしか平安京の住民の間に行われるにいたったという考え方が通説となっている。[100]

藤原良房が、孫惟仁親王（清和天皇）が即位し、自分が実質的摂政となり、おのれの政治権力がほぼ完成されたとき、北家繁栄の礎にされた人々の霊をすべて慰撫しようとしたのが貞観の御霊会であった。[101] 怨霊の存在を認めることは自らの政策の非を認めることになるので、最後まで認めたくないはずであり、そのため、当初は神社への奉幣や経の転読という伝統的手段により災異が鎮まることを願った。しかし、それではおさまらなかったため、最終的に怨霊の所為とせざるをえなくなった。ここには、怨霊の存在と災異との関係を密接に説く人物の存在があったはずである。このとき、怨霊を御霊と呼んで、霊魂を丁重に扱い、鎮魂してくれることを願ったため、

以後「御霊」と呼ばれるのが一般化されるのであるが、全体としては怨霊の一形態と言える。あからさまに怨霊とも言えず、敬祀するために「御霊会」と称されたのであった。[102]

また、この史料の読み方に関しては、研究者によって違いを見せている。柴田實は「所謂御霊者」で前半と後半に区切れ、後半は実録編者の注解ともみるべき記事で、御霊と呼ばれたのは厲《たたり》をなす怨恨のことであって、当時一般に頻発する疫病の原因と考えられたこと、疫病は京畿に発生して畿外にまで蔓延するので、毎年夏から秋口に御霊会を修するのが例になっていること、御霊会にはあるいは仏を祀り経を誦し、あるいは歌舞演劇、相撲騎射などにぎやかに歓を尽すこと、それは近来都鄙にわたって一つの民間習俗になっていたことなどを指摘している。[103]高取正男も同様に、御霊に対する畏怖ないし信仰は、中央政界の膝下である平安京の住民たちの間に始まって地方に波及し、その祭りが恒常的な形をとったばかりか、貞観五年には自ら御霊会を主催し、進んで御霊（怨霊）の慰撫と疫病の防除をはかっていると解釈している。[104]さらに井上満郎は、この御霊会ははじめ貴族の信仰からではなくて民衆の側から生まれ、やがて貴族たちをまきこむことになったとして、「始レ自二京畿一、爰及二外国一、毎レ至二夏天秋節一、修二御霊会一、往々不レ断」の部分から、京畿内の民衆より起こったものであることは疑いないとしている。[105]こうした考え方が一般的であり、五味文彦も、御霊会はもともと京畿に始まり、諸国に広がったのであって、夏から秋にいたる時期に、仏を礼し、経を説き、歌舞・馳射・相撲・走馬・遊技などの芸能が行われており、それが風俗となり、そこへこの春先から疫病が流行し、百姓が多く死んだことから、朝廷でも御霊会を行うにいたったと解釈しており、すなわち御霊会は京から始まって諸国に及び、再び京に戻って、朝廷の御霊会を生み出したとしている。[106]

それに対して下出積與は、冒頭から「始レ自二京畿一、爰及二外国一」の部分までは貞観御霊会のことについて述べており、「毎レ至二夏天秋節一」から「漸成二風俗一」までは今回の御霊会のことについて述べているのではなく、民間で既に行われていた御霊会のことを、貴族の見地から観察して述べた部分であり、「今茲春初咳逆成レ疫」から最後までは再び貞観御霊会について述べていると指摘している。[107] そして、「始レ自二京畿一 爰及二外国一」を「京畿より始めて、爰に外国に及ぼさん」と読み、この日朝廷主導の御霊会が神泉苑で行われるのを出発点として、やがて全国の御霊会をいま行われている神泉苑式のもの一色に統一しようとの意思表示にほかならないとしている。

しかし、下出のように解釈するのには無理があろう。すなわち、この部分の解釈は、近年疫病が頻発しており、死亡する者がはなはだ多いのに対し、人々はみなこれは御霊のせいであるとした。そうしたあり方が京・畿内から地方へ広がり、夏から秋にかけて「御霊会」と称する風物となった。[108] そして、一方では仏を敬い経を説いたりし、一方では歌い舞い、小児を着飾らせて弓を射たり、屈強の人物が相撲を取ったり、騎射をしたり、走馬で勝負を争ったり、俳優が芸を披露したり、逓送を誇り競ったりしている。そして、それを見るために息が苦しいほど人が群衆し、都から遠いところでも近いところでも、一種の習俗となっていると『日本三代実録』の筆者は指摘している。御霊を前にして、種々の芸能を行うことにより、慰撫しようとしていたのである。そして、今春は流行性の感冒のため死亡する者が多かったので、朝廷でもこの御霊会を採用して行うことにしたと解釈できよう。そのため、貞観御霊会でも、経典の演説や楽人による演奏や舞人によるさまざまの舞、雑伎や猿楽などが行われているのである。下出の述べるような、貴族層は民間で行われている御霊会のやり方とその意図するところを嫌悪しているなどということは決してない。

さらには、貞観七年五月十三日にも、朝廷は神泉苑で僧四人に般若心経を読ませるということを行った。

延二僧四口於神泉苑一、読二般若心経一、又僧六口、七条大路衢、分二-配朱雀道東西一、朝夕二時読二般若心経一、夜令下二佐比寺僧恵照一、修二疫神祭一以防中災疫上、預仰二左右京職一、令下二東西九箇条男女一人別輸二一銭一、以充中僧布施供養上、欲レ令下二京邑人民一頼二功徳一免中天行上也、

また、このときには僧六人を七条大路の衢で朱雀大路の東西に分けて、朝夕二時に般若心経を読ませ、夜には賀茂川と桂川の分岐点付近にある佐比寺の僧恵照に疫神祭を修させ災疫を防ごうとしている。そのため京中の男女から人別一銭を徴収して、僧の布施供養にあてている。これも疫病を退散させるためであった。

御霊会は朝廷によって主催されることは二度となかった。[109] これはおそらく、御霊会だといって会を催すと、人々が多数集まり、風紀を乱すことが危惧されたからであろう。それとは対照的に、民間では習俗となっている御霊会が引き続き行われた。しかし、『日本三代実録』貞観七年六月十四日条に、

禁下京畿七道諸人寄二事御霊会一、私聚二徒衆一、走馬騎射上、小児聚戯、不レ在二制限一

とあるように、御霊会にかこつけて騒ぎ風紀を乱すことがあったので、朝廷はこれに対して制限を加えている。しかし、それは徹底できなかった。地方での御霊会のありかたについては、『今昔物語集』巻第二十八「近江国矢馳郡司堂供養田楽語第七」の、

日ノ高ク成ヌレバ、馬ヲ□テ怱ギ行クニ、此ノ白装束ノ男共ノ馬ニ乗タル、或ハヒタ黒ナル田楽ヲ腹ニ結付テ、袪ヨリ肱ヲ取出シテ、左右ノ手ニ桴ヲ持タリ。或ハ笛ヲ吹キ、高拍子ヲ突キ、□ヲ突キ、杁ヲ指テ、様々ノ田楽ヲ二ツ物・三ツ物ニ儲テ打喤リ、吹キ乙ツ、狂フ事無限シ。供奉、此レヲ見テ、此レハ何カニ為ル事ニカ有ラムト思ヘドモ、□テ否不問ズ。

而ル間、此ノ田楽ノ奴原、或ハ馬ノ前ニ打立テ、或ハ馬ノ後ニ有リ、或ハ喬平ニ立テ打行ク。然レバ、供

奉、「今日此ノ郷ノ御霊会ニヤ有ラム」ト思ヘバ、

という記述からもうかがわれるように、様々な芸能が披露され、非常ににぎやかなものであった。京中においても、祇園御霊会、今宮御霊会、鳥羽城南寺明神御霊会などが行われていくが、[110] 今宮御霊会に関しては、『日本紀略』正暦五年（九九四）六月二十七日条に「此非二朝議一、起レ自二巷説一」とあるように、民衆が主体となって御霊会を行っていった。その他の御霊会も、朝廷が主導するものではなかった。

これらの御霊会に共通して言えるのは、国家によって政治的失脚をした人物を祀る御霊会という意識は希薄で、民間から起こってきた、疫神を祀り疫病を退散させるための御霊会という意識が強かったということである。今宮御霊会に関しては、『日本紀略』長保三年（一〇〇一）五月九日条で、「於二紫野一祭二疫神一、号二御霊会一、依二天下疾疫一也」とあるように、疫病を鎮めるための御霊会であって、死者の怨霊を鎮めるという認識はない。このことをしっかり確認しておかなければならない。政治的失脚者を祭るという姿勢の見られる御霊会は、朝廷によって執り行われた貞観御霊会に限定されるのである。『本朝世紀』天慶元年（九三八）九月二日条で、東西両京大小路衢において木で刻んで男女対の神を作り、それに対して幣帛を捧げたり香花を供えたりして、「号曰二岐神一、又称二御霊一」としていたのは、御霊が非業の死を遂げた死者の霊魂の祟りを鎮めるための祭礼だという認識はなく、慇懃に拝礼したり、騒ぎ立てたりする対象を御霊というのだというように認識されていたからである。

国家による鎮魂がなされた例で著名なのは菅原道真である。道真は配流先の大宰府で延喜三年（九〇三）二月二十五日に亡くなるが、それ以降、道真の大宰府左遷に関わり、高官を占めるに至った藤原菅根・藤原時平・源光・三善清行らが相次いで亡くなり、京中では咳病が流行したため、諸社への奉幣や紫宸殿での読経が行われた。さらには延喜二十三年三月二十一日、皇太子保明親王が二十一歳の若さで亡くなってしまい、「挙レ世云、菅帥

霊魂宿忿所為也」[111]のように、道真の怨霊が意識された。本来なら父醍醐天皇こそ道真の祟りを受けるはずであるが、子の保明親王が夭折したことと道真の祟りとが結びつけられたのである。そのため、四月二十日に道真を右大臣に復し、正二位を贈り、昌泰四年の道真左遷の宣命を破却した。皇太子が亡くなったことを、醍醐天皇は王権の危機ととらえ、初めて道真の怨霊の存在を認め、怨霊の鎮魂を行っていったのである。『愚管抄』[112]巻第三には、

御門ドユ、シキワガ御ヒガ事、大事ヲシイダシタリトヤオボシメシケン、スベテ北野ノ御事、諸家、官外記ノ日記ヲミナヤケトテ、被㆑焼ニケレバ、タシカニコノ事ヲシレル人ナシ。（一五四頁）

とあるように、醍醐天皇は道真に対する行為を悔い、すべての記録から抹消しようとしたのであった。さらには、延喜から延長へと改元された。こうした中、醍醐天皇は体調を崩して寛明親王（朱雀天皇）に譲位したが、延長五年（九二七）九月二十九日に四十六歳で崩御してしまった。しかしその後も治安の紊乱は収まらず、延長八年（九三〇）六月二十六日には清涼殿に落雷があり、感電死する者が続出し、道真の怨霊はより一層恐れられた。このときの状況は、『日本紀略』延長八年六月二十六日条に記されている。

午三刻、従㆓愛宕山上㆒黒雲起、急有㆓陰沢㆒、俄而雷声大鳴、堕㆓清涼殿坤第一柱上㆒、有㆓霹靂神火㆒、侍㆓殿上㆒之者、大納言正三位兼行民部卿藤原朝臣清貫衣焼胸裂夭亡年六十四、又従四位下行右中弁兼内蔵頭平朝臣希世顔焼而臥、又登㆓紫宸殿㆒者、右兵衛左美努忠包髪焼死亡、紀蔭連腹燔悶乱、安曇宗仁膝焼而臥、（中略）哭泣之声、禁止不㆑休、自㆑是天皇不予、

ここで興味深いのは、平安京の北西にそびえる愛宕山から黒雲が広がってきて清涼殿に落雷したということである。愛宕山は山城国と丹波国とを分ける山で、後には天狗の住む山として恐れられ、崇徳院天狗譚や酒呑童子説

話(113)も愛宕山と関連して形成されてくるが、その根本には、このように平安京に落雷をもたらす雷雲がつくられるといった、平和を脅かすものが形成されてくる場所との認識があったに違いない。

道真を祀る北野社の創建については、天慶五年(九四二)七月十二日、右京七条二坊十三町に住んでいた多治比文子に託宣が下り、邸内に仮の叢祠を作って祀っていたのであるが、天暦元年(九四七)三月十二日、近江比良宮の禰宜良種の子で七歳の太郎丸に託宣がおり、北野右近馬場が自分が落ち着くべき所であるとのことだったので、右近馬場の乾の角にあった朝日寺の僧最鎮に相談して、北野の地に社殿を建立した。こうして私的に鎮魂のための社が建立されたわけであるが、天徳三年(九五九)二月二十五日の右大臣藤原師輔による大規模な社殿造営、さらには永延元年(九八七)には一条天皇の勅命により道真を祀る祭典が行われ、正暦二年(九九一)には朝廷からの崇敬の厚い十九社の列に加えられた。こうして、北野社は公的な性格をもつようになっていったのである。北野社はその後、菅原氏ゆかりの人々によって管理され、菅原氏の氏神となり、怨霊という側面は希薄になり、菅原氏の家職としての儒家との関わりで、儒家の神、さらには詩文の神というように性格を変えていった。この変容は北野社が菅原氏の氏神となったために起こった特異な例である。この点を取り違えて、道真をもって怨霊を代表させ、善神への変容が「御霊信仰」の特徴であるとしてはならない。荒ぶる神であるからこそ、その神に災異の退散を祈願するということは、神が善神であるからではなく、和魂と荒魂という神が本来もっている両義性に関わる問題である。

道真のように、死後、神として祀られた例としては、他に藤原忠文があげられる。平将門の乱の際、大将軍に任じられて東国へ下ったが、すでに乱は平貞盛・藤原秀郷によって平らげられていたので、途中で帰洛することになった。やがて貞盛・秀郷には勧賞が行われたものの、摂政関白太政大臣藤原忠平の長男藤原実頼は忠文への論功行賞を拒否し、次男師輔は忠文にも恩賞を与えるべきだとしたが、結局恩賞は与えられなかった。このことを忠文は非常に憎み、

　サレバ家門衰幣（弊）シ給テ、其末葉タラン人ハナガク九条殿（師輔）ノ御子孫ノ奴婢ト成給フベシトテ高ク訇リ、手ヲハタト打テ拳ヲ把リタリケレバ、左右ノ八ノ爪手ノ甲ニ通リ、血流レ出ケレバ紅ノ絞リタルガ如シ。ヤガテ宿所ニ帰リ、飲食ヲ絶、思死ニ失ニケリ。悪霊ト成テ様々ヲソロシキ事共有ケレバ、怨霊ヲ宥申ベシトテ忠文ヲ神ト祝奉。宇治ニ離宮明神ト申ハ是也。[114]

とあるように、実頼の家門を衰微させようとして、飲食を絶ち、恨みをもって亡くなっていった。そのため忠文は「悪霊民部卿」[115]と称され、怨霊として意識され、宇治離宮八幡に祀られた。これが誰によって祀られたのかは不明であるが、とにかく十世紀半ばには、御霊神として鎮魂の対象となったのであった。しかし、忠文は天皇との関係から怨霊となったわけではないので、国家を揺るがすような怨霊には発展しなかった。

　菅原道真以降、怨霊が国家の存亡を危うくする存在としてとらえられることは、崇徳院怨霊の登場を待たねばならない。摂関期には、一条伊尹と官職をめぐって争い、伊尹に裏切られたことにより職に就けず、怨霊となって伊尹に祟った藤原朝成、娘の后争いから道長を恨み、一夜で白髪となった悪霊左府藤原顕光、娘の生んだ皇子が皇太子になれず、怨霊となって冷泉帝と母安子に祟った藤原元方、立太子の夢が絶たれて悪霊となって後一条帝を苦しめた敦康親王、法性寺座主を望んだが許されず、悪霊となった小松僧都実因、天台座主になれずに三条天皇に怨霊となって祟った律師賀静、といった怨霊、道長に祟って病を起こしたとされる三条天皇の御霊、などの例が見られるが、天下を脅かすような怨霊とはなっていない。それは、摂関政治全盛の安定した社会であり、官位昇進や栄達といったことがかなえられなかったために怨霊となるといった程度の、極めて限定された社会に

おける怨恨が原因となっていたためであろう。

それが、保元・平治の乱から、治承・寿永の内乱を経験し、これまでは貴族の下に統括されていた武士が、保元の乱以降はその支配から離れて自立して武力を誇示していったことに対して、貴族は大きな動揺をおぼえた。さらには、かつて天皇であった人物が流されることなど、近年にはない大事件であった。このような動乱の時代であったからこそ、都に住む人々の共通認識として、怨霊の存在を現実のものとして認めていく土壌が形成されていったのである。そのため、怨霊が国家と密接に関わる形で語られ、国家を根底から突き動かす存在としての崇徳院怨霊が意識されたのであった。怨霊となる対象が天皇であり、それが社会の転換期と重なったということから、崇徳院怨霊はこれまでの怨霊とは格段に異なる強烈な怨霊として認識されていったのである。

五　院政期の怨霊観―『愚管抄』を中心に―

崇徳院怨霊が跳梁した院政期とは、同時代に生きた人々にとってはどのような時代であると認識されていたのだろうか。これを解明する好史料が、慈円（久寿二～嘉禄元、一一五五～一二二五）によって著された『愚管抄』である。『愚管抄』の成立については議論があったが、本来の目的は、承久の乱前である承久二年に、後鳥羽院が鎌倉幕府を討伐する計画があるのを察して、討幕は無謀であり皇室の祖神の神慮にも違背し、天皇は幕府と協力すべきこと、その上で九条家が天皇を補佐することで善政が行われるであろうことをまとめたものとされている。

慈円は『愚管抄』の中で、神武天皇から順徳天皇までの日本の歴史を七段階に分け、歴史の中には顕の世界と冥の世界があり、両者が和合していた時代から、それが分離して道理が失われていく過程について論じている。

そして歴史を動かす冥界の存在として、慈円は四種類に分類しており、これは大隅和雄によって整理されている。(116)

①歴史の時代を超えて存在する神々。

　伊勢太神宮＝天照大神と春日大明神＝天児屋根命

②冥の世界の存在が顕の世界に仮の姿をとってあらわれる場合。

　聖徳太子・大織冠・菅丞相・慈恵大僧都

③怨霊

④天狗・地狗・狐・狸などの邪悪な魔物。

①から④の類はそれぞれ、神代の時代、臣家の出現から摂関家の確立までの時代、摂関家を中心に歴史が動いていたと考えられる時代、摂関家の動揺の時代というような歴史の各時代に見合って順次に出現し、活動したとされている。その中で、怨霊はどのように認識されていたのであろうか。巻第七には怨霊に対する主張がまとめて述べられている。

　怨霊ト云ハ、センハタヾ現世ナガラフカク意趣ヲムスビテカタキニトリテ、小家ヨリ天下ニモヲヨビテ、ソノカタキヲホリマロバカサントシテ、讒言ソラ言ヲツクリイダスニテ、世ノミダレ又人ノ損ズル事ハタヾヲナジ事ナリ。顕ニソノムクイヲハタサネバ冥ニナルバカリナリ。　（三三九頁）

これによると、怨霊とは、現世において深く恨みをもって、仇を選んで転倒させようとし、讒言虚言をつくりだし、それが天下にも及んで世を乱れさせ人に危害を加えたりするものであり、現世でできなかったことを冥界で晴らす存在だと解釈している。怨霊となった人物としては、井上内親王・藤原朝成・藤原顕光・崇徳院・藤原忠実をあげている。

人が怨霊と化すためには、どのような条件が必要なのであろうか。巻第六には、

先如レ此ノ事ハ怨霊トサダメラレタル人ニトリテコソサル例多ク候ヘ。（二九二頁）

とあるように、怨霊になると定められた人の場合にこそ怨霊となるのだとしている。つまり、慈円の認識では、怨霊とは閉塞的な貴族社会の中で、人々にとって共通理解として怨霊となるであろうと思われた人物が怨霊となり、さらには託宣がおりることによってそれが確かめられるとしている。人々の心の根底にある「あるべき姿」を求めようとする意識が怨霊をつくり出すのであり、怨霊を発生させる当事者となった人物は、それに応えて自らの過ちを認めるか無視するかの選択を迫られる。

怨霊は、さまざまな階層・地域において表出する現象であるが、慈円が関心をもったのは、当然自分の属する京都での上流社会の事象であった。そしてそれは王権と直結しており、慈円の怨霊認識はそのまま院政期社会の抱える病理でもあるのである。他の時代と比べて院政期の怨霊は数的にも質的にも、他の時代を凌駕している。このことはすなわち当時の人々が、当代をあるべき姿でないと認識していたからにほかならない。「鳥羽院ウセサセ給テ後、日本国ノ乱逆ト云コトハヲコリテ後ムサノ世ニナリニケルナリ」（二〇六頁）「サレバ今ハ道理トイフモノハナキニヤ」（三二六頁）と認識していたのはひとり慈円だけではなかろう。貴族にとって武士が政治を握っていることは許せないことだった。「今ハ又武者ノイデキテ、将軍トテ君ト摂籙ノ家トヲオシコメテ世ヲトリタルコトノ、世ノハテニハ侍ホドニ」（三三二頁）のように、政権が武家に移っているところに、怨霊を認識させるそもそもの社会の病巣があるのだと思われていたのである。

ならば、怨霊を防ぐにはどうしたらよいのであろうか。

仏法ト云モノ、サカリニテ、智行ノ僧ヲホカレバ、カヤウノ事ハタ、レドモ、事ノホカナル事ヲバフセグメリ。

（三二八頁）

摂関政治隆盛のころは、仏法が栄え、知恵と行法を兼ね備えた僧が多かったので、祟るということはあったが、大事に至るのは防いだとしている。藤原師輔には慈恵大師、藤原道長には三昧和尚慶円と無動寺座主慶命、藤原頼通には滋賀僧正明尊というように、それぞれ帰依した僧がおり、高僧によって怨霊から守られていた。しかし、末法の世となっては、為政者を守護する仏法が衰え、それによって相依の関係にある王法も衰え、怨霊の跳梁を許すことになってしまったのだった。その中でも崇徳院の怨霊は、政権が天皇から武家へと移ってしまったことと結びつけられ、慈円は怨霊の中でもとりわけ崇徳院怨霊に関しては詳しく述べている。

以上のような怨霊と、第四類に分類される天狗・地狗・狐・狸などの邪悪な魔物とはどう区別したらよいのであろうか。建久七年（一一九六）頃、兼中という男の妻が、後白河院の霊がとり憑いたと称して「我祝へ、社ツクリ、国ヨセヨ」などと言い出したので、その真偽を確かめたが、本物ではないということになり流罪に処せられた。また、建永元年（一二〇六）頃、後白河院に仕えていた仲国法師の妻に院の霊が憑いて「我レイワヘ」ということがあり、後白河院の霊を祀ることが決められようとしていたときに、慈円は、

故院（後白河）ノ怨霊ニ君（後鳥羽）ノタメナラセ給フニナリ候ナンズルハ。又八幡大菩薩體ニ宗廟神ノ儀ニ候ベキニヤ。アラタナル瑞相候ニヤ。タヾ野犴天狗トテ、人ニツキ候物ノ申事ヲ信ジテ、カカルコト出キ候ベシヤハ。

（二九二頁）

として、後白河院の怨霊であるという託宣を排除し、人には物狂いという性格というのがある上に、狐や天狗などというのもまたいるのであって、狐や天狗は世の中が正しくなくなって、自分を祀ったりするようになるのを

特に望んでいて、人をたぶらかしているのだと述べている。そして、

コレヲトリナシマイラセ候ハンズルヤウ見ルコ、チコソシ候へ。タヾ今世ハウセ候ナンズ。猶サ候ベクバ誠シク御祈請候テ、真実ノ冥感ヲキコシメスベク候。（二九二頁）

と、託宣を信じたならば今すぐ世は滅びてしまうであろうと言って、託宣の恐ろしさに警鐘を鳴らしている。そのため、仲国夫婦は摂津国仲山という山寺に置かれることになった。

怨霊と天狗・狐との区別は難しく、怨霊になると誰でも納得するような人物の場合、怨霊として認められるのであって、その他の場合は天狗・狐に分類された。何か不可思議なことが起きた場合、

先コレニツキテ、是ハ一定大菩薩ノ御計カ、天狗・地狗ノ又シハザカトフカクウタガウベシ。コノウタガイニツキテ、昔ヨリ怨霊ト云物ノ世ヲウシナイ人ヲホロボス道理ノ一ツ侍ヲ、先仏神ニイノラルベキナリ。（三三七頁）

のように、不可思議なことが八幡大菩薩の御はからいによるものか、天狗・地狗の仕業なのか、それとも怨霊によるものなのかはっきりさせる必要がある。とりあえずは仏神に祈るということで対応できても、原因を取り違えては根本的解決にはならないとしている。天狗等は邪悪な妖怪が道理なく人にとりつくものであって、怨霊としてとりつかれる理由を人々が認めないときにはこの第四類に分類されている。

慈円は、君たるものは武士に遠慮しないで理に任せて政務を行うべきであり、そうしてこそ今の世はしばらくは治まるであろうとの認識だった。そして、

ヒシトコレハ神〳〵ノ御ハカライノアリテ、カクサタシナサレタルコトヨト、アキラカニ心エラル丶ヲ、カマヘテ神明ノ御ハカライノ定ニアイカナイテ、ヲボシメシハカライテ、世ヲ治メラルベキニテ侍ナリ。

（三四九頁）

とあるように、神々のはからいに基づいて世を治めるべきであり、世の終わりまで神々は存在して守ってくれていると確信していた。そして、世の中を根底から動かしているのは神仏であり、院政期にはその中でもとりわけ怨霊が社会を左右していたというのが慈円の歴史観であった。これは慈円が天台座主であったからという面もあるが、王法仏法相依のもとにおいて、広範囲に認められていた観念であったと思われる。そして、怨霊の中でも最も恐れられていたのが、崇徳院の怨霊だったのである。

崇徳院怨霊は、『保元物語』に記されて以降、数々の説話や謡曲に登場し、崇徳院の讃岐配流は政治権力の朝廷から武士への移行と関連づけられ、王権を天皇のもとに取り戻し、怨霊という精神的軛から解き放たれるために、鎮魂は欠かすことのできない要素であった。これまでの崇徳院怨霊に関する研究は、『保元物語』に深く依拠し、史実と物語とをとりまぜてしまっているため、事実をわかりにくくしている。本研究では、物語はある意図をもって創り上げられたという観点から、まず『保元物語』『平家物語』諸本を比較検討し、崇徳院の実像と対比させ、その虚構を明らかにし、『保元物語』以外の史料を用いて、讃岐配流中の崇徳院の実像を探り、果たして崇徳院は本当にこの世に遺恨を残して亡くなり、怨霊となっていく要素があったのか再検討し、崇徳院怨霊の発動と鎮魂の過程を明らかにしていく。また、承久の乱で隠岐に流されて非業の死を遂げた後鳥羽院の怨霊について考察し、崇徳院の場合との比較を行った上で、『保元物語』の編纂意図と成立年代についての考察を行っていきたい。

このようにして、歴史学においては物語上の問題という前提があってか、正面から取り上げられることが少なかった崇徳院怨霊譚を歴史上に位置づけることによって、怨霊を創出させた社会とはどのような社会だったのか、さらには、当時の社会がかかえていた問題を浮き彫りにすることを試みていきたい。

（1）基本となる論文は、柴田實編『御霊信仰』〈民衆宗教史叢書〉（雄山閣、一九八二年）に収録されている。

（2）米井輝圭「平安時代の御霊」（『日本の仏教』三、法蔵館、一九九五年）。

（3）桜井徳太郎「怨霊から御霊へ―中世的死霊観の展開―」（『国文学解釈と鑑賞』三七―一三、一九七二年、のち『御霊信仰』所収）。

（4）森正人「モノノケ・モノノサトシ・物怪・怪異―憑霊と怪異現象とにかかわる語誌―」（『国語国文学研究』二七、一九九一年）。

（5）佐藤弘夫「祟り神の変身―祟る神から罰する神へ―」（『日本思想史学』三一、一九九九年）では、「もともとモノノケは神の祟りの発現形態」であったとしているが、まず「モノノケ」と「モノノサトシ」とを区別する必要がある。佐藤が例示している「モノノケ」は「モノノサトシ」のことであるが、「モノノサトシ」は「祟り」よりもずっと後に成立してくる言葉であって、神に帰結させることはできない。「祟り」の語はすでに『続日本紀』宝亀元年（七七〇）二月丙辰（二十三日）条に、

破二却西大寺東塔心礎一、其石大方一丈餘、厚九尺、東大寺以東、飯盛山之石也、初以二数千人一引之、日去数歩、時復或鳴、於レ是、益二人夫一、九日乃至、即加二削刻一、築レ基已畢、時巫覡之徒、動以二石祟一為レ言、於レ是、積レ柴焼レ之、灌以二卅餘斛酒一、片片破却、棄二於道路一、後月餘日、(称徳)天皇不悆、卜レ之、破石為レ祟、即復拾二置浄地一、不レ令二人馬践一之、今其寺内東南隅十片破石是也、

と見られるように、神の意志の示現という意味から、災いをもたらすという意味へと転化していることから、祟りとモノノサトシとを同義に用いることはできない。また、「モノノサトシ」の古い使用例のひとつである『続日本後紀』承和七年六月己酉条において、すでに「モノノサトシ」の原因は山陵が祟ったためであると言っており、山陵を神に含めるのならば別だが、「もともと」の段階は存在しない。また、「モノノケ」の場合であっても、病気となる原因である霊の憑依は神によるものではなく、種々の「気」であるので、神の祟りということはできない。

(6)『九暦』〈大日本古記録〉（岩波書店、一九五八年）。

(7)『今昔物語集』〈新日本古典文学大系〉（岩波書店、一九九五年）巻二七「東三条銅精、成人形被掘出語第六」では、南の山の長三尺ばかりで五位の装束をつけた太ったものがときどきうろつき回るのを、何の祟りかと陰陽師に尋ねたところ、「物ノ気」であって「宮ノ辰巳ノ角ニ、土ノ中」にある「銅ノ器ノ精」であると占っている。

(8)酒向伸行「平安期における憑霊現象―「もののけ」の問題を中心として―」（『御影史学論集』七、一九八二年）。

(9)『枕草子』〈新日本古典文学大系〉（岩波書店、一九九一年）。

(10)新村拓『日本医療社会史の研究』（法政大学出版局、一九八五年）二七一頁。

(11)『栄華物語』〈日本古典文学大系〉（岩波書店、一九六四年）。

(12)谷口美樹「平安貴族の疾病認識と治療法―万寿二年の赤斑瘡流行を手懸りに―」（『日本史研究』三六四、一九九二年）。

(13)『小右記』長和四年（一〇一五）十二月十三日条では、「臨レ夜資平来云、左将軍《頼通》猶有二悩煩一、霊気移レ人被二調伏一、故帥《藤原伊周》霊顕露、相府《道長》并北方《倫子》被レ住二将軍家一云々」のように、はじめは何かわからない「霊気」が病気の原因だとされていたが、加持によって藤原伊周の霊の仕業であるとわかったことが記されている。

(14)祟りに関する議論は、近年さかんになされており、中村生雄『日本の神と王権』（法蔵館、一九九四年）、西山良平「〈神〉・怨霊・山陵―タタリの全体史あるいは〈御霊〉信仰再考―」（斎藤英喜編『アマテラス神話の変身譜』森話社、一九九六年）、斎藤英喜『アマテラスの深みへ―古代神話を読みなおす―』（新曜社、一九九六年）、佐藤弘夫『アマテラスの変貌』（法蔵館、二〇〇〇年）などに主要な論点が提示されている。

(15)『日本書記』〈新編日本古典文学全集〉（小学館、一九九六年）。

(16)『続日本紀』三〈新日本古典文学大系〉（岩波書店、一九九二年）五八〇〜五八二頁。八世紀後半から十世紀にかけて、「神火」「神災」などと称して正倉などに放火する事件が頻発したことは、神の祟を称することが、有効性のあることだと一般に認められていたことを意味する。

(17)大江篤「「祟」現象と神祇官の亀卜」（『続日本紀の時代』塙書房、一九九四年）にはその様子が表にまとめられている。

(18) 米井輝圭「古代日本の「祟り」のシステム―律令国家における「祟り」の用例―」（『東京大学宗教学年報』一〇、一九九二年）。

(19) 『続日本後紀』〈新訂増補国史大系〉承和四年十二月丁酉（八日）条。

(20) 『扶桑略記』〈新訂増補国史大系〉。

(21) 上田正昭「神々の世界の形成」（『日本の古代』一三、中央公論社、一九八七年、のち「神々の実相」と改題して『古代伝承史の研究』塙書房、一九九一年所収、五二八頁）。

(22) 古橋信孝『古代都市の文芸生活』（大修館書店、一九九四年）。

(23) 『万葉集』〈新編日本古典文学全集〉（小学館、一九九四年）。

(24) 古橋信孝「行路死人歌の構造」（『古代和歌の発生』東京大学出版会、一九八八年）。

(25) 『扶桑略記』には、「玄昉法師為二大宰小弐藤原広継之亡霊一被レ奪二其命一、広継霊者、今松浦明神也」とある。

(26) 『今昔物語集』巻第十一「玄昉僧正、亘唐、伝法相語第六」では、広嗣の怨霊が玄昉に祟っている様が詳しく記されている。

　其ノ後、広継悪霊ト成テ、且公ヲ恨奉リ、且ハ玄昉ガ怨ヲ報ゼムト為ルニ、彼ノ玄昉ノ前ニ悪霊現ジタリ。赤キ衣ヲ着テ冠シタル者来テ、俄ニ玄昉ヲ爴取テ空ニ昇ヌ。悪霊其ノ身ヲ散々ニ爴破テ落シタリケレバ、其弟子共有テ、拾ヒ集テ葬シタリケリ。其後、悪霊静ナル事無カリケレバ、天皇極テ恐サセ給テ、「吉備大臣ハ広継ガ師也。速ニ彼ノ墓ニ行テ、誘ヘ可掍キ也」ト仰セ給ケレバ、吉備宣旨ヲ奉、西ニ行テ、広継ガ墓ニシテ誘ヘ陳ジケルニ、其ノ霊シテ吉備殆シク可被鎮ナリケルヲ、吉備陰陽ノ道ニ極タリケル人ニテ、陰陽ノ術ヲ以テ我ガ身ヲ怖レ無ク固メテ、懃ニ掍誘ケレバ、其霊止マリニケリ。

　其後、霊、神ト成テ、其所ニ鏡明神ト申ス、是也。

(27) 高取正男「御霊会の成立と初期平安京の住民」（『国史論集』読史会、一九五九年、のち『御霊信仰』所収、六四〜六五頁）。

(28) 中田祝夫校注『日本霊異記』〈日本古典文学全集〉（小学館、一九七五年）。

(29) 井上満郎「御霊信仰の成立と展開―平安京都市神への視覚―」（『奈良大学紀要』五、一九七六年、のち『御霊信仰』所収、一〇八頁）。

(30)『続日本紀』天平元年二月甲戌（十三日）条。

(31)〈日本古典文学全集〉や〈新編日本古典文学全集〉では、「天皇勅、捨二彼屍骸於城之外一、而焼末散レ河擲レ海、唯親王骨流二于土左国一」という箇所を、「天皇、勅して、彼の屍骸を城の外に捨てて、焼き末き、河に散らし、海に擲てつ。唯し親王の骨は土左国に流しつ」のように、親王の骨だけ土佐国に流したと読んでいるが、これは不自然であり、彼とは長屋王とその子孫のことを指しており、それらの骨を焼いて河に散らして海に捨てたところ、ただ王の骨だけ土佐国に流れ着いたと読むべきであろう。

(32)『延喜式』〈新訂増補国史大系〉巻八神祇八祝詞「大祓」。

(33)『水鏡』（『校注水鏡』〈新典社校注叢書〉）桓武天皇条、『霊安寺御霊大明神略縁起』（『続群書類従』第三輯上神祇部）、『帝王編年記』〈新訂増補国史大系〉延暦十九年七月条。

(34)長屋王の骨は南海道の土佐国に流れ着いたのだから、南海道であって都に近い紀伊国の沖に浮かぶ島に移送されたと記したのであろう。

(35)『続日本紀』天平九年十月庚申（二十日）条。

(36)寺崎保広「「若翁」木簡小考」（奈良古代史談話会編『奈良古代史論集』第二集、真陽社、一九九一年）。

(37)奈良国立文化財研究所編『平城京左京二条二坊・三条二坊発掘調査報告―長屋王邸・藤原麻呂邸の調査―』（奈良県教育委員会、一九九五年）。

(38)寺崎保広『長屋王』（吉川弘文館、一九九九年）。

(39)古橋前掲書。

(40)井上前掲論文。

(41)『続日本紀』天平神護元年二月乙亥（十四日）条。

(42)『続日本紀』天平神護元年三月丙申（五日）条。

(43)『続日本紀』天平宝字四年十二月戊辰（十二日）条には「勅、太皇太后・皇太后御墓者、自レ今以後、並称二山陵一、其忌日者亦入二国忌例一、設斎如レ式」とあり、太皇太后・皇太后の御墓を山陵と呼び、その忌日も国忌に入れられることになった。また、皇后の御墓も以降山陵と呼ばれるようになった。御墓については、北康宏「律令国家陵墓制度の基礎的研究―『延喜諸陵寮式』の分析からみた―」（『史林』七九―四、一九九六年）で考察されており、三后に対する尊敬を基礎として、それに仲麻呂政権下で強調されてくる父母を等しく尊重する「孝」のニュアンスが付加されて生まれた制度であるとされている。

(44) 以降の桓武朝における怨霊については、佐伯有清「桓武天皇の境涯」、佐藤虎雄「桓武朝の皇親をめぐりて」（両論文とも『古代学』一〇―二・三・四、一九六二年）をはじめとして、近年では池上正二「平安時代初期、朝廷の怨霊認識についての一試論」（『湘南史学』七・八、一九八六年）、村山修一『天神御霊信仰』（塙書房、一九九六年）などで詳しく述べられている。

(45) 『続日本紀』宝亀七年九月是月条。

(46) 『続日本紀』宝亀八年三月辛未（十九日）条。

(47) 角田文衞「宝亀三年の廃后廃太子事件」（『律令国家の展開』塙書房、一九六五年、のち『角田文衞著作集』三、法蔵館、一九八五年所収）。

(48) この事件に関しては、『水鏡』や『霊安寺御霊大明神略縁起』に詳しいほか、「大和国添上郡奈良坂村旧記」（藪田嘉一郎『能楽風土記』檜書店、一九七二年所収）では、「春日王□染二白癩一「依（ハリ紙）光仁之后井上皇后之祟俄成逆髪」」というように奈良坂の伝承に関連して井上内親王の祟りが説かれていることは注目される。

(49) 田中聡「「陵墓」にみる「天皇」の形成と変質―古代から中世へ―」（日本史研究会・京都民科歴史部会編『「陵墓」からみた日本史』青木書店、一九九五年）一三一・一三三頁では、「陵墓」と特定「陵霊」すなわち「陵」主の霊との不即不離の関係が常態として確立するのは、八世紀末以降としている。

(50) 早良親王の怨霊に関する研究については、坪之内徹「早良親王関係史料の整理」（『文化史学』三二、一九八六年）、牛山佳幸「早良親王御霊その後―中世荘園村落の崇道社の性格をめぐって―」（竹内理三先生喜寿記念論文集下巻『荘園制と中世社会』東京堂出版、一九八四年、のち『【小さき社】の列島史』平凡社、二〇〇〇年所収）、大安寺国際仏教文化研究所編『崇道天皇と大安寺』（大安寺、一九八五年）に史料が整理されていて有益である。西本昌弘「早良親王薨去の周辺」（『日本歴史』六二九、二〇〇〇年）によると、早良は自ら食を断ったのではなく、朝廷により飲食を停止されたとする。また本郷真紹「光仁・桓武朝の国家と仏教―早良親王と大安寺・東大寺―」(『仏教史学研究』三四―一、一九九一年)では、早良の祟りの思想を広めたのは、仏教の側、特に平城の僧侶であったと推測している。

(51) 佐伯有清「八、九世紀の交における民間信仰の史的考察―殺牛祭神をめぐって―」(『歴史学研究』二二四、一九五八年、のち『日本古代の政治と社会』吉川弘文館、一九七〇年所収)。

(52) 『日本紀略』〈新訂増補国史大系〉。

(53) 坂本太郎『史書を読む』(中央公論社、一九八一年)、文庫版二〇頁。

(54) 『日本後紀』延暦十八年二月己丑(十五日)条。

(55) 『類聚国史』巻廿五帝王五追号天皇、延暦十九年七月己未(二十三日)条。

(56) 『日本後紀』延暦二十四年正月甲申(十四日)条。

(57) 『権記』〈史料纂集〉。

(58) 牛山前掲論文。

(59) 『扶桑略記』大同元年十一月条および『大安寺崇道天皇御院八島両処記文』(藤田経世編『校刊美術史料寺院篇』中央公論美術出版、一九七二年所収『諸寺縁起集(醍醐寺本)』)。

(60) 『日本後紀』延暦二十四年七月甲午(二十七日)条。

(61) 『続日本後紀』承和六年十二月辛酉(十三日)・庚午(二十二日)条。

(62) 『日本三代実録』天安二年十二月九日条、『類聚符宣抄』第四帝皇(荷前)天安二年十二月九日勅。

(63) 藤木邦彦「近陵・近墓の被葬者」(『平安王朝の政治と制度』吉川弘文館、一九九一年)、西山前掲論文。

(64) 小嶋菜温子「『竹取物語』その禁忌の構図―天皇の死とタタリと―」(『恵泉女学園大学人文学部紀要』一、一九八三年)において、嵯峨・淳和の薄葬と霊魂観に関連して「天皇霊」の問題について触れられているが、これについてはさらに深く考察する必要があると考える。

(65) 霊魂を復活させないため、犯罪者などに対して、死体をバラバラにして埋葬するということが行われた。

(66) 松本卓哉「律令国家における災異思想―その政治批判の要素の分析―」(黛弘道編『古代王権と祭儀』吉川弘文

館、一九九〇年）。
(67) これに先んじて、祈雨のために『日本書紀』皇極天皇元年（六四二）七月戊寅（二十五日）に牛馬を殺して諸々の社の神を祭ることが行われるなど、祈雨のために奉幣が行われる記事が散見される。この問題については、三宅和朗「日本古代の「名山大川」祭祀」（『古代国家の神祇と祭祀』吉川弘文館、一九九五年）に詳しい。
(68) 西尾正仁「疫病神信仰の成立」（『民俗宗教』第三集、東京堂出版、一九九〇年）。
(69) これに先んじて、祈雨のために経典の転読が行われている。『日本書紀』皇極天皇元年七月戊寅（二十五日）に、大乗経典の転読と、悔過をし、「敬而祈雨」が行われ、庚辰（二十七日）に大雲経を読ませているなど、祈雨のための経典転読が散見される。
(70) 山中裕『平安朝の年中行事』（塙書房、一九七二年）。
(71) 病気の症状については、服部敏良『奈良時代医学の研究』（科学書院、一九八〇年）などに詳しい。
(72) 富士川游『日本疾病史』（日本医書出版、一九四四年）によると、このときの疾病は、痘瘡と考えられている。また、そのときの状況については、新村前掲書一七九～一九二頁に詳しい。
(73) 『令義解』〈新訂増補国史大系〉（吉川弘文館、一九六八年）。
(74) 『令集解』〈新訂増補国史大系〉（吉川弘文館、一九七二年）。
(75) 岩本徳一は「動物供饌考」（『神道宗教』二、一九四九年）で、「卜部氏の奉仕する祭祀に獣皮の供饌が多」いと指摘し、岡田荘司は「陰陽道祭祀の成立と展開」（『國學院大學日本文化研究所紀要』五四、一九八四年、のち『平安時代の国家と祭祀』続群書類従完成会、一九九四年所収、六三五頁）で、「獣皮を用いた祭祀には、疫神祭、祓えの儀礼、鎮めの祭があり、のちの陰陽道祭祀と共通した性格を有していることになり、その祭法に早くから大陸的儀礼が混入された可能性は頗る大きい」と指摘している。
(76) 『延喜式』〈新訂増補国史大系〉（吉川弘文館、一九七二年）。
(77) 三宅和朗「『延喜式』祝詞の成立」（『古代国家の神祇と祭祀』吉川弘文館、一九九五年）。
(78) 和田萃「夕占と道饗祭」（『季刊日本学』六、一九八五年、のち『日本古代の儀礼と祭祀・信仰』中、塙書房、一九九五年所収、三四五頁）。

(79) 山田雄司「蟬丸説話の形成」（筑波大学大学院博士課程日本文化研究学際カリキュラム紀要『日本文化研究』五、一九九四年）において逢坂山の坂神について考察を加えた。
(80) 『群書類従』第二十七輯雑部。
(81) これは、『続日本紀』天平九年正月辛丑（二十六日）条に、遣新羅大使阿倍継麻呂が対馬で病死し、副使大伴三中は病のために京に入れなかったことを記すように、実際新羅から疫病を伝えた例があったことと、『続日本後紀』承和九年八月丙子（十五日）条に「新羅朝貢、其来尚矣、而起レ自二聖武皇帝之代一、迄二于聖朝《(仁明)》一、不レ用二旧例一、常懐二奸心一、苞茅不レ貢、寄二事商売一、窺二国消息一、方今民窮食乏、若有二不虞一、何用防レ奚、望請、新羅国人、一切禁断、不レ入二境内一」とするような、新羅に対する敵愾心があったことによるものと思われる。
(82) 酒向伸行「疫神信仰の成立―八、九世紀における霊的世界観―」（鳥越憲三郎博士古稀記念会編『村構造と他界観』雄山閣、一九八五年）。
(83) 前田晴人「古代国家の境界祭祀とその地域性」（『続日本紀研究』二一五・二一六、一九八一年、のち『日本古代の道と衢』吉川弘文館、一九九六年所収、三八頁）。
(84) 『日本書紀』欽明天皇五年十二月条には、越国からの報告として、佐渡島の北の御名部の碕岸に漂着した粛慎人のことを「彼島之人、言レ非レ人也、亦言二鬼魅一、不二敢近一之」と「鬼魅」と呼んでいることを載せ、また、「有レ人占云、是邑人、必為二魅鬼一所二迷惑一」と記している。ここからは、異境の民が鬼魅（オニ）と呼ばれ恐れられていることがわかる。
(85) 前田前掲書、四一頁。
(86) 関口靖之「疫神祭祀地と主要交通路―「延喜式」にみる畿内十堺の検討―」（『地理学報』二八、一九九二年）。
(87) 長山泰孝「国家と豪族」（『岩波講座日本通史』三、岩波書店、一九九四年）。
(88) 中村英重「畿内制と境界祭祀」（『史流』二四、一九八三年）。
(89) 神道大系編纂会編『神道大系朝儀祭祀編一儀式・内裏式』（神道大系編纂会、一九八〇年）。
(90) 村井章介「王土王民思想と九世紀の転換」（『思想』八四七、一九九五年）。
(91) 中野高行「難波館における給酒八社について」（『延喜式研究』六、一九九一年）。

(92) 網野善彦「境界領域と国家」(『日本の社会史二　境界領域と交通』岩波書店、一九八七年)では、酒は境界的な飲料であったと説いている。
(93) 渤海使に対しては、『日本三代実録』貞観十四年五月十五日条、元慶七年四月二十八日条で、宇治郡山科で送迎している記事が見られ、逢坂山という畿内堺が意識されている。
(94) 前田晴人「古代王権と衢」(『続日本紀研究』二〇三、一九七九年、のち前田前掲書一〇頁)。
(95) 垂水稔『結界の構造—一つの歴史民俗学的領域論—』(名著出版、一九九〇年)二五四〜二五五頁。
(96) 和田前掲書、三五一頁。
(97) 寺川真知夫「祝詞「遷却祟神」を奏する祭儀」(岡田精司編『古代祭祀の歴史と文学』塙書房、一九九七年)。
(98) 高橋昌明「境界の祭祀—酒呑童子説話の成立—」(『日本の社会史二　境界領域と交通』二六三頁)。長徳四年の疱瘡の例などから(『扶桑略記』『日本紀略』『栄華物語』)、疱瘡になると身体が赤くなるために、疱瘡神の色も赤だと考えられていたが、一般に高熱を発すれば顔や体は赤らみ、疫病のように一時期に多くの人が病気になるときには、その流行病は驚異をもって受け取られることから、それが疫神に帰結され、疫神と赤色とが結びつくように思われる。それが中世以降においては、主に疱瘡が疫神の代名詞となる(新村前掲書二三三頁)。
(99) 井上前掲論文。
(100) 高取前掲論文、菊池京子「御霊会の成立と展開—信仰支持者の階層を中心として—」(『史窓』一七・一八合併号、一九六〇年、のち『御霊信仰』所収)。
(101) 今市優子「貞観五年御霊会の成立について」(『文化史学』四五、一九八九年)、宮崎浩「貞観五年御霊会の政治史的考察」(『史学研究』一九八、一九九二年)。山﨑雅稔「貞観五年神泉苑御霊会の政治史的意義—文室宮田麻呂の慰撫を中心に—」(中世研究会編『中世成立期の政治文化』東京堂出版、一九九九年)。
(102) 伊藤唯真「神泉苑と御霊会」(『国文学解釈と鑑賞』六三—三、一九九八年)。
(103) 柴田實「祇園御霊会—その成立と意義—」(『国史論集』読史会、一九五九年、のち『御霊信仰』所収)。
(104) 高取前掲論文。
(105) 井上前掲論文。

(106) 五味文彦「御霊信仰」（山中裕・鈴木一雄編『平安時代の信仰と生活』至文堂、一九九二年）
(107) 下出積與「迷信の流行」（『日本と世界の歴史』八、学習研究社、一九七〇年、のち「淫祠邪教の禁と迷信」と改題して『日本古代の道教・陰陽道と神祇』吉川弘文館、一九九七年所収）。
(108) 夏から秋にかけて疫病（流行病）が発生し、死亡者が続出することが多いということに関しては、新村前掲書二三一頁に載せる、平安末までの「月別の死亡者数」および「月別の疫病発生件数」の表からうかがえる。
(109) ただし、神輿や神殿・瑞垣などを造ることは、木工寮修理職や内匠寮によって行われている（『日本紀略』正暦五年六月二十七日条、長保三年五月九日条）。
(110) 各御霊会については、垂水稔『結界の構造』（名著出版、一九九〇年）第四章第二節「都市空間における結界表現としての祭祀・祭礼空間」にまとめられている。
(111) 『日本紀略』延喜二十三年三月二十一日条。
(112) 『愚管抄』〈日本古典文学大系〉（岩波書店、一九六七年）。以下の頁数は同書の頁数である。
(113) 酒呑童子の原型は通説となっている「捨て童子」ではなく、境界における酒を用いた儀礼によるものであることは、「御霊会成立の前提条件」（大山喬平教授退官記念会編『日本社会の史的構造　古代・中世』思文閣出版、一九九七年）で述べておいた。
(114) 『源平盛衰記』（三弥井書店、一九九四年）巻第廿三「忠文祝神」。
(115) 『帝王編年記』村上天皇、天慶元年十月。
(116) 大隅和雄「『愚管抄』の怨霊論をめぐって」（『藤女子大学国文学雑誌』一六、一九七四年、のち『愚管抄』を読む―中世日本の歴史観―』平凡社、一九八六年所収）。

第一章　崇徳院の生涯

一　崇徳院の生い立ちと保元の乱

謡曲『松山天狗』の中では白峯に住む天狗相模坊に慰められる存在として登場し、日本最大の怪奇小説と言われる上田秋成『雨月物語』白峯の中では、

汝しらず、近来の世の乱は朕なす事なり。生てありし日より魔道にこゝろざしをかたふけて、平治の乱を発さしめ、死て猶朝家に祟をなす。見よ〳〵やがて天が下に大乱を生ぜしめん。

と西行に話した崇徳院の怨霊は、保元の乱によって崇徳院が讃岐に流されることによって意識されて以降、明治改元直前に神霊還遷の儀式がなされて京都に白峯神宮が建立されるまでの長きにわたって、天皇および当時の社会を悩ませた日本最大の怨霊と言ってよい。祟る姿の崇徳院の原型は『保元物語』によって形成され、怒りに荒れ狂う崇徳院の姿が強く印象づけられることとなった。

これまでの『保元物語』に関する研究は、『保元物語』諸本の比較や『平家物語』諸本との関連を見るもので

あって、『保元物語』の記述の真偽が検討されることはほとんどなく、時系列的に怨霊の跳梁とそれへの対応が説かれるのみであった。崇徳院の怨霊については、物語だけでなく、記録類にも登場することから、記録にない部分を補うものとして、『保元物語』の崇徳院怨霊譚がそのまま信じられてしまってきた面がある。この点で、崇徳院の怨霊の存在を語る『保元物語』の作者の試みは見事に成功したと言えよう。

本章では『保元物語』以外の史料を用いて、讃岐配流中の崇徳院の実像を探り、果たして本当にこの世に遺恨を残して亡くなり、怨霊となっていく要素があったのか再検討する。そして、歴史学においては正面から取り上げられることがなかった崇徳院怨霊譚を歴史上に位置づけることによって、当時社会がかかえていた問題を浮き彫りにしていこうと思う。

崇徳天皇は、元永二年（一一一九）五月二十八日、鳥羽天皇の第一皇子として誕生し、諱を顕仁といった。母は大納言藤原公実の女璋子（待賢門院）であった。しかし、その出生については、崇徳天皇に暗い影を落としていた。『古事談』[1]「待賢門院入内事」に、

待賢門院ハ、白川院御猶子之儀ニテ令二入内一給、其間法皇令二密通一給、人皆知レ之歟、崇徳院ハ白川院御胤子云々、鳥羽院モ其由ヲ知食テ、叔父子トゾ令レ申給ケル、依レ之大略不快ニテ令レ止給畢云々、

とあるように、崇徳は実は白河院が璋子と密通して生まれた子であり、人々はみなこれを知っており、鳥羽院もそのため崇徳のことを「叔父子」と呼んでいたという。『古事談』のこの記述は、他の記録類には見られないものの、おそらく真実を伝えているものと思われる。[2]「父」から「叔父子」と蔑まれた崇徳の心の中には鬱々たるものが積み重ねられていったに違いない。これが保元の乱の遠因にもなっていった。

崇徳は、元永二年六月十九日に親王の宣下があり、保安四年（一一二三）正月二十八日、皇太子となった。即

日、鳥羽天皇の譲位を受けて、二月十九日、大極殿で即位したが、そのときわずか五歳であった。崇徳天皇は、曽祖父白河本院、父鳥羽新院のもとで、ひとまずは平穏無事な日々を過ごした。大治四年（一一二九）正月十六日には、藤原忠通の女聖子（皇嘉門院）が女御として入内し、同五年二月二十一日には中宮となった。両者の間は、「この女院はじめつ方は、上常におはし、夜昼遊ばせ給ひけるに」(3)とあるように、聖子入内の最初の頃は、天皇の渡御が頻繁にあって仲むつまじかった。それが、保延五年（一一三九）五月十八日に、鳥羽天皇の女御藤原得子（美福門院）が皇子體仁（近衛天皇）を生んだときから歯車が微妙に狂い始めた。崇徳天皇の心は次第に法勝寺執行信縁の女兵衛佐に移り、聖子のもとを訪れることは少なくなった。そして、兵衛佐との間には重仁親王が生まれた。一方、鳥羽院は得子を寵愛して毎夜のように彼女のもとに通い、朝の政務も怠りがちになるほど思いを寄せていた。そして、石清水をはじめとして諸寺社に盛大な祈禱をさせた結果生まれたのが體仁であり、「院のうちはさらなり、世の中も動くまで喜びあへるさま言ふ方なし」(4)とあるほど、鳥羽院はその誕生を喜んだ。崇徳天皇と聖子との間には子がなく、鳥羽院は體仁を聖子の「御子ノヨシニテ」世話をするようにと忠通に告げていた。(5)

八月十七日體仁親王は皇太子となり、永治元年（一一四一）十二月七日、鳥羽院は崇徳天皇に退位を強要し、近衛天皇が三歳で即位した。そして、実際の政務は鳥羽院が取り仕切っていた。崇徳天皇は皇位を去る意志はなかったが、鳥羽院が寵愛する得子との子を天皇にしたかったためのやむを得ない対処であった。さらには、このときの譲位の宣命に、位を「皇太子」ではなく「皇太弟」に譲るとあったため、「皇太子トゾアランズラン」と思っていた崇徳天皇は、「コハイカニ」と憤りを覚えることになった。(6)天皇の父となってこそ院政を行えるのであって、天皇の兄では永久に院政を行えなくなってしまうからであった。しかし崇徳天皇は逆らうことができず、新院と称して鳥羽田中殿に移った。

崇徳天皇は在位中の大治五年（一一三〇）頃から歌会を主催し、翌天承元年からは、小規模な常連のみによるものながら、頻繁に歌会を催した。(7) 上皇となってからも近臣による歌会が催され、『久安百首』としてまとめられたほか、『詞花集』撰集などが行われている。崇徳院歌壇は院の縁者・側近が大部分であり、規模も小さく、「政治的に不遇であった院の心やり」といった性格の、閉鎖的な様相を看取ることができると指摘されている。(8) 崇徳院には実権が与えられておらず、もっぱら和歌の世界において自己を表現していったのであった。その中でも、鎌倉時代後期に編纂された勅撰和歌集『玉葉和歌集』に載せる次の和歌は、崇徳院の心持ちをよく表したものと言えよう。

むしのごと声たてつべき世中におもひむせびて過るころかな(9)

この和歌はいつ詠まれたものかはっきりしないが、おそらく譲位を強要されて鬱屈とした日々を送っているときに詠んだものと推測される。虫のように声を出して異議を唱えたいが、そうもできずに悶々とした毎日を送っている様が読みとれよう。

このころ摂関家においては、忠実は才ある次子頼長を引き立て、長子忠通とは不和になっていた。頼長は崇徳院と接近していたために、兵衛佐局の生んだ重仁親王が即位したならば、忠通は自身が失脚することは容易に想像することができた。鳥羽法皇は、策略家である忠通を警戒していたが、忠通は近衛天皇と頼長との離間をはかり、美福門院と崇徳院や頼長との対立を画していた。(10) 仁平三年（一一五三）夏から近衛天皇は眼病にかかり、失明のおそれがあるため譲位しようとしていることを忠通は鳥羽法皇に奏したところ、

朕所レ疑者、関白《(忠通)》欲下以二己力一立二幼帝一摂レ政以専中威権上、是以勧二進天子一以遜譲、恐二朕不レ許、令二上称

【藤原氏系図】

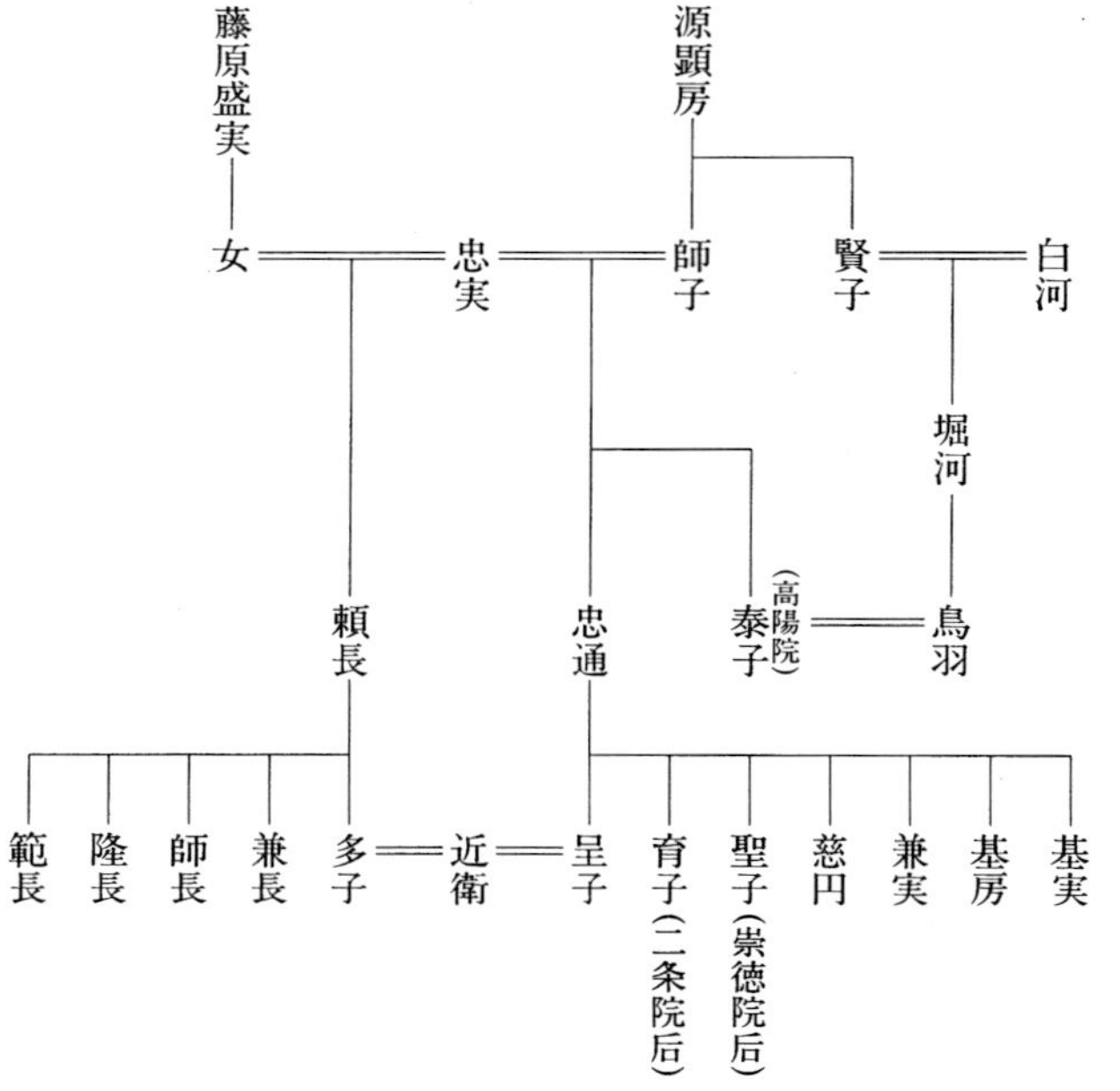

レ疾歟、関白結構如レ此、朕子即世、天下将レ乱、嗚呼哀哉、

とあるように、鳥羽法皇は忠通の策略を見抜き、近衛天皇の譲位を認めず、さらには天下に乱の起きることを予感していた。近衛天皇の病状は重くなり、ついに久寿二年（一一五五）六月二十三日に早世してしまった。すると、忠通はこの機会をねらって、忠実・頼長を追い落とそうとした。『台記』[11]久寿二年八月二十七日条では、

先帝崩後、人寄二帝巫口一、巫曰、先年人為レ詛レ朕、打二釘於愛宕護山天公像目一、故朕目不レ明、遂以即レ世、

のように、近衛天皇が巫女に口寄せして言うことには、誰かが呪詛して愛宕護山の天公像の目に釘を打ったため、自分は目が見えなくなり、ついには亡くなってしまったとのことだった。そこで後白河法皇はその像を調べさせたところ、果たしてその通りだった。愛宕護山の僧に聞く

と五、六年前のことであったという。美福門院と忠通はこれを忠実・頼長の仕業であるとし、鳥羽法皇はそのため父子を憎むようになった。これもすべて忠通の仕組んだ罠であった。

近衛天皇の後には、重仁親王を推す動きや、待賢門院の第五皇子覚性親王を還俗させて即位させようとする動きや、近衛天皇の姉の八条院暲子内親王を女帝とする動きなどがあったが、鳥羽法皇は美福門院や忠通の強い意向で、生母が早世したために美福門院が養っていた守仁親王（二条天皇）を立てることにした。しかし、父親雅仁親王を差し置いて子の守仁親王が皇位を嗣ぐことは不穏当であるとして、まず雅仁親王を皇位につけ、その後で守仁親王が皇位を継承するということになった。雅仁親王は久寿二年七月二十四日践祚し、十月二十六日に即位した。後白河天皇である。このとき二十九歳であり、幼くして即位するのが通例となっている当時において、異例の成人後の即位であった。崇徳院は次の天皇に、自らの子である重仁をつけようとしていたが、美福門院によってその計画もうち砕かれてしまったのであった。『保元物語』には崇徳院の憤激が切々と描かれている。後白河天皇については、「イタクサタヾシク御アソビナドアリテ、即位ノ御器量ニハアラズ」[12]と、たいそう道楽者で、天皇となる器量に欠けていると思われており、その後の後白河天皇が今様にふけったことはそれを証明している。

保元元年（一一五六）七月二日、鳥羽法皇が安楽寿院で崩御した。危篤に陥った際、崇徳院は鳥羽法皇を見舞いに鳥羽殿へかけつけたが、院近臣の藤原惟方によって拒否され、結局最期の対面をすることもできなかった。このときの崇徳院の怒りはいかばかりであっただろうか。翌三日には、崇徳院が兵を東三条殿に集めて、後白河天皇の内裏高松殿をうかがっているとの流言が都人の間に広まり、それを受けて天皇側は、源義朝に命じて、東三条殿を没収させている。五日には天皇側は検非違使らを召して京中の武士を取り締まりにあたらせるのとともにに、禁中の警衛を強めた。八日には崇徳院の臨幸のないまま鳥羽院の初七日が行われたが、この日諸国司に対し、忠実・頼長が荘園の軍兵を催しているとの風聞があるため、それを停止すべき旨の御教書が出された。こうして天皇側が崇徳院側を挑発し、追いつめていった。

九日夜半に崇徳院は密かに鳥羽田中御所から白河前斎院御所に移り、翌十日夕刻には頼長が宇治から上洛し、白河殿で兵を整えた。白河殿に参集したのは、近臣参議左京大夫藤原教長・散位平家弘・大炊助平康弘・右衛門尉平盛弘・兵衛尉平時弘・判官代平時盛・蔵人平長盛・源為国・前大夫尉源為義・前左衛門尉源頼賢・八郎源為朝・九郎冠者源為仲・前馬助平忠正・散位源頼憲らであった。それを見て天皇側は、高松殿に武士を集結させた。そこに集まったのは、下野守源義朝・右衛門尉源義康・安芸守平清盛・兵庫頭源頼政・散位源重成・左衛門尉源季実・平信兼・右衛門尉平惟繁らであった。そして、高松殿は手狭であったので東三条殿に皇居を移し、義朝の主張により、十一日未明に六百余騎の軍兵は白河に向けて発向した。清盛は三百騎を率いて二条通りから、義朝は二百騎を率いて大炊御門通りから、義康は百余騎を率いて近衛通りから白河殿へ迫った。これに対して崇徳院側は、機先を制される形となり、為朝らの奮戦により持ちこたえたものの、辰の刻に白河殿に火がかけられ、崇徳院と頼長は逐電し、白河殿は炎上して雌雄が決した。乱そのものは数時間で決着がついたのであった。

崇徳院と頼長の行方が分からなかったため、天皇側の軍勢は法勝寺までも捜索したものの、両者は見つからず、頼長は矢にあたって傷を負ってはいるはずだが、安否は不明であった。十三日には崇徳院は同母弟仁和寺五宮覚性法親王のもとを訪れ、守護してくれるように頼んだが、五宮はこれを固辞したため、寛遍法務の坊へ渡ったところを保護されることとなった。そして、崇徳院に与した武士の多くが降参し、源為義・平忠正・平家弘ら中心人物とその子弟七十四人余りが処刑され、その他の者も配流となった。ここに、薬子の変以来の死刑が復活し、

『愚管抄』巻第四に「保元元年七月二日、鳥羽院ウセサセ給テ後、日本国ノ乱逆ト云コトハヲコリテ後ムサノ世ニナリニケルナリ」（二〇六頁）と記されるように、京都において戦いが展開されたため、貴族たちに末法の世の到来を意識させ、歴史の変革に大きな役割を果たした乱となったのであった。

頼長に関しては、二十一日になってから頼長の母方の従兄弟である興福寺僧玄顕が、合戦の際流れ矢に当たったことが原因で亡くなり、奈良般若野で土葬にされたことを報告し、朝廷でもそれを確認した。そして頼長の四子兼長・師長・隆長・範長が配流され、所領二十九ヶ所が没官され、後院領に編入された(13)。また、捕らえられた崇徳院は二十三日に讃岐へ移された。

二　配流先での崇徳院

『今鏡』は序に「今年は嘉応二年庚寅なれば」とあることから、嘉応二年（一一七〇）を現在として書かれ、内容的に言ってもそれに矛盾する点がないことが明らかとなっており、執筆された時期が保元の乱からそれほど遠くないころであるため、崇徳院の実像を探る上で貴重である。さらに、作者が藤原為経（寂超）であることがほぼ確定的(14)であることも重要である。為経は崇徳天皇の蔵人であり、天皇和歌御会にも出席するなど、天皇に極めて近い人物であった。康治二年（一一四三）五月十日に出家して比叡山に登り(15)、保元の乱後は讃岐の崇徳院を訪れている。これらのことから考えて、『今鏡』は歴史物語であるため、叙述がそのまま歴史事実とみなすことには、慎重な姿勢が求められることは十分承知の上で、崇徳院に関する叙述はかなり信憑性が高いものと思われるので、これをもとに考察していく。

『今鏡』「すべらぎの中第二　八重の潮路」には、崇徳院が保元の乱に破れていったことに関して、以下のように記されている。

新院《崇徳》御髪剃させ給ひて、御弟の仁和寺の宮《覚性》におはしましければ、しばしはさやうにきこえしほどに、八重の潮路を分けて、遠くおはしまして、上達部、殿上人一人参るもなく、一宮《重仁》の御母兵衛の佐ときこえ給ひし、さらぬ女房、一人二人ばかりにて、男もなき御旅住みもいかに心細く朝夕におぼしめしけむ。親しく召し使ひし人ども、みな浦々に都別れて、おのづから留まれるも、世の恐ろしさに、あからさまに参ることだになかるべし。

皇嘉門《聖子》の院よりも、仁和寺の宮よりも、しのびたる御とぶらひなどばかりやありけむ、譬ふるかたなき御住まひなり。あさましき鄙のあたりに、九年ばかりおはしまして、憂き世のあまりにや、御病ひも年に添へて重らせ給ひければ、都へ帰らせ給ふこともなくて、秋八月二十六日に、かの国にて失せさせ給ひにけりとなむ。白峯の聖といひて、かの国に流されたる阿闍梨とて、昔ありけるが、この院に生まれさせ給へるとぞ人の夢に見たりける、その墓の傍によき方あたりたりければとてぞおはしますなる。八重の潮路をかき分けてはるばるとおはしましけむ、いと悲しく、心地よきだにあはれなるべき道を、人もなくていかばかりの御心地せさせ給ひけむ。

崇徳院は剃髪して弟である仁和寺宮覚性のもとにしばらくいたが、女房とともに網代車に乗り、武士数十人に囲まれて鳥羽から船に乗り讃岐国に下り、(16)女房の兵衛佐(17)とその他の女房一人二人だけで配所での寂しい日々を過ごした。親しく召し使っていた人々も人目をはばかって、院を訪ねてくることがなかった。そして寂しい田舎に九年ほど暮らし、憂き世の悲しさのあまりか病気も年々重くなり、長寛二年（一一六四）八月二十六日に亡くなった。それに対して作者は、人もいなくてどれほど悲しかっただろうと感想を述べている。そして、五部大乗経や怨霊の話は全く登場しない。『今鏡』の著述姿勢は、貴族社会の繁栄を確認するというものであるため[18]、それを崩すような崇徳院の怨霊を登場させなかったと考えることもできるが、安元年間以降、崇徳院の怨霊化が行われてくる前に成立したものだからこそ、崇徳院に近侍して「いかばかりの御心地せさせ給ひけむ」とその境遇を嘆いた人物にしても、祟りについては全く認識していなかったと考える方が妥当である。

さらに、崇徳院が讃岐配流中に詠んだ歌からもこれを裏づけることができる。[19]南北朝時代に編纂された勅撰和歌集である『風雅和歌集』[20]巻第九旅歌には、大原の三寂の一人寂然（藤原頼業）が崇徳院のもとを訪れ、京都へ戻る際に崇徳院とかわした歌が載せられている。

讃岐より都へ上るとて、道より崇徳院にたてまつりける　寂然法師
なぐさめにみつゝもゆかん君がすむそなたの山を雲なへだてそ（九二六）
松山へおはしまして後、都なる人のもとにつかはさせ給ひける　崇徳院御歌
思ひやれ都はるかにおきつ波立ちへだてたるこゝろぼそさを（九二七）
崇徳院松山におはしましけるに、まいりて日数へて都へかへりなんとしける暁よめる　寂然法師
帰るとも後には又とたのむべき此の身のうたてあだにも有る哉（九四〇）

ここでは、京都から遥かに隔たった讃岐に住まざるを得なくなった状況に対して、崇徳院はたいそう心細いということを詠っている。しかし、そこからさらに発展して怨念と化すという姿勢はうかがわれない。

崇徳院と西行との交流についてはよく知られているが、西行の『山家集』[21]下雑には、西行が讃岐の崇徳院に贈った歌の返しとして、女房が讃岐院の気持ちとして詠んだとされる歌が載せられている。[22]

いとどしく憂きにつけてもたのむかな契りし道のしるべたがふな（一一三八）

かかりける涙にしづむ身の憂さを君ならでまた誰か浮かべん（一一三九）

目の前にかはり果てにし世の憂さに涙を君に流しけるかな（一一三五）

松山の涙は海に深くなりて蓮の池に入れよとぞ思ふ（一一三六）

波の立つ心の水をしづめつつ咲かん蓮を今は待つかな（一一三七）

「憂き」「涙」といったつらさを吐露する表現に加え、「契りし道」とは極楽浄土への道、「浮かぶ」とは浄土へ往生することをそれぞれ表しており、「蓮の池」「蓮を今は待つ」という言葉からも、これらの歌は、崇徳院が世のはかなさを感じ、極楽浄土に入定することを祈願するという、世を悟ってもっぱら後生を祈るという心理状況を表しており、『保元物語』に記するような怒りに荒れ狂う姿とは全く異なっている。

また、治承二年（一一七八）に成立した藤原俊成の私家集『長秋詠藻』[23]には、

崇徳院讃州にしてかくれさせ給ひてのち御ともなりける人のへんよりつたへて、かゝる事なんありしとて、

折紙に御宸筆なりける物をつたへおくられたりしなり

として長歌を載せ、その反歌として

夢の世になれこし契りくちずしてさめむ朝にあふこともがな（五八二）

の歌を載せている。これも、俊成に対してもう一度会いたいと詠っているものの、この世に対する恨み、ましてや怨念として呪うなどということは全くうかがわれない。この歌は正和元年（一三一二）完成の勅撰和歌集『玉葉和歌集』[24]巻第十七雑歌四に採用され、崇徳院が亡くなる直前に藤原俊成に贈った歌と、院の没後に近侍していた兵衛佐の詠んだ歌が載せられている。

さぬきの国にてかくれさせ給ふとて、皇大后宮大夫俊成に見せよとてかきをかせ給ける　崇徳院御歌

夢の世になれこし契りくちずしてさめむあしたにあふ事もがな（一二三八〇）

崇徳院につき奉てさぬきの国に侍けるを、かくれさせ給にければ都にのぼりけるのち、人の訪て侍ける返事に申つかはし　兵衛佐

君なくて帰る浪ぢにしほれこし袖のしづくを思ひやらなん（二四三四）

西行との歌のやりとり、寂然の訪問がそれぞれいつのことであったか明らかにすることは困難であるが、西行と寂然との和歌のやりとりに見られる親しい間柄から、西行の女房との贈答は、寂然に託したものであったかもしれない。そして、歌壇的な催しは永暦・応保年間から復活してくるので、寂然が崇徳院のもとを訪れたのはそれ以前の保元年間のことと推測することができる。(25)これらの歌や、『今鏡』の記事からうかがわれる崇徳院の実像は、遠い讃岐でひっそりと後生を祈る姿であって、『保元物語』に見られるような、怒りの余り荒れ狂う姿とはかけ離れていると言わざるを得ない。(26)

これは承久の乱によって隠岐に流された後鳥羽院の場合と大きく異なる。和歌に造詣の深かった後鳥羽院は、配流先の隠岐でも数多くの和歌を残しており、『遠島百首』(27)も隠岐において詠んだ和歌をまとめたものの一つであるが、その歌からは後鳥羽院の、ある時は恨み、ある時は涙するといった、苦悩に満ちた心情をうかがうことができる。

ながむればいとゞうらみもますげおふる岡辺の小田をかへすゆふ暮（一九）

いかにせむ葛はふ松のときのまもうらみてふかぬあき風ぞなき（四二）

両歌とも自分が鎌倉幕府によって隠岐に流されたことを恨んでいる。さらに、隠岐にやってきてまもなく詠まれたと思われる歌、

われこそはにゐじま守よ隠岐の海のあらきなみかぜ心してふけ（九七）

と合わせて考えるならば、激しい気性の後鳥羽院の憤りに満ちた姿を想像することができる。こうした後鳥羽院とは対照的に、讃岐に流された崇徳院は実に穏やかであったと言えよう。

崇徳院の讃岐における非業の姿を語っていったのは、崇徳院自身ではなく、配流の事実を知って崇徳院の心境を代弁しようとした人々であった。『梁塵秘抄』巻二四句神歌には、崇徳院に関連して次の二首が収録されている。

侍藤五君、めしし弓矯はなどとはぬ、弓矯も箆矯も持ちながら、讃岐の松山へ入りにしは（四〇六）

讃岐の松山に、松の一本歪みたる、捩りさの捩りさに、そねうたるかとや、直島の、さばかんの松をだにも直さざるらん（四三一）

崇徳院をねじ曲がった松にたとえ、恨みによって身をよじらせて嫉んでいるというその姿を歌った今様は、都の人々の心境を代表していると言えよう。[28] そしてこれが都において崇徳院怨霊の実在を実感する基層として存在していくのである。

三　崇徳院崩御の場所

次に、崇徳院の亡くなった場所について考察する。崇徳院は長寛二年（一一六四）に亡くなるが、その場所については、『今鏡』『百錬抄』『皇代記』『一代要記』など、すべて讃岐国であったとし、それ以上は記さない。一方、半井本『保元物語』では、

八年ト申シ長寛元年（ママ）八月廿六日、御歳四十五ト申シニ、讃岐国府ニテ御隠レアリヌ。当国之内、白峰ト云所

ニテ、薪ニ積ミ籠奉ル。煙ハ都ノ方へゾ靡キヌラムトゾ哀レ也。

と、讃岐国府で亡くなったとしている。(29)そして、京図本が「讃岐の府中鼓岡」であるのに対し、鎌倉本では「志度の道場と申山寺」となっており、金刀比羅本では「四度の道場辺、鼓岡」、古活字本では「志戸」、『平家物語』諸本では「志度」としている。(30)

この相違は、五部大乗経の行方にほぼ対応していることが注目される。鎌倉本以下の『保元物語』諸本と『平家物語』とでは、亡くなった場所に志度が関係していることがわかるが、この説話の変化に大きな影響を与えているのは、大川郡志度町の志度寺の存在であるのではないだろうか。志度寺の創建年代は不詳だが、『梁塵秘抄』に「四方の霊験所は、伊豆の走井、信濃の戸隠、駿河の富士の山、伯耆の大山、丹後の成相とか、土佐の室生と讃岐の志度の道場とこそ聞け」と記されるほど、古くからの修験道場であった。志度寺には十四世紀前半に描かれ絵解きに用いられていた『志度寺縁起絵』が存し、志度の沖には龍宮があり、縁起絵には志度寺に隣接して地獄や龍宮が描かれている。(31)

地獄と龍宮はしばしば重ねて描かれることがある。吉野金峰山は日蔵の地獄めぐりで著名であるが、『古今著聞集』(32)巻第二「貞崇禅師金峰山神変に就いて述ぶる事」では、金峰山に阿古谷という谷があり、そこには八体の龍が住んでいるが、これは元興寺にいた阿古という童子がこの谷に身を捨てて龍と化したということによるものであるとの伝承を伝えている。笠置山にも兜率浄土への入口の龍穴がある一方で、地獄があるとも考えられていた。(33)地下と海底ということから、両者が密接に絡み合ってイメージが創り上げられていったものと思われる。

『志度寺縁起絵』に付属している縁起文「讃州志度道場縁起」(34)の概要を記すと以下のようである。唐の高宗からの珍宝を載せた舟が時化に遭い讃岐国房前浦で転覆し、玉だけは海底の龍神が奪い取ってしまった。そこで

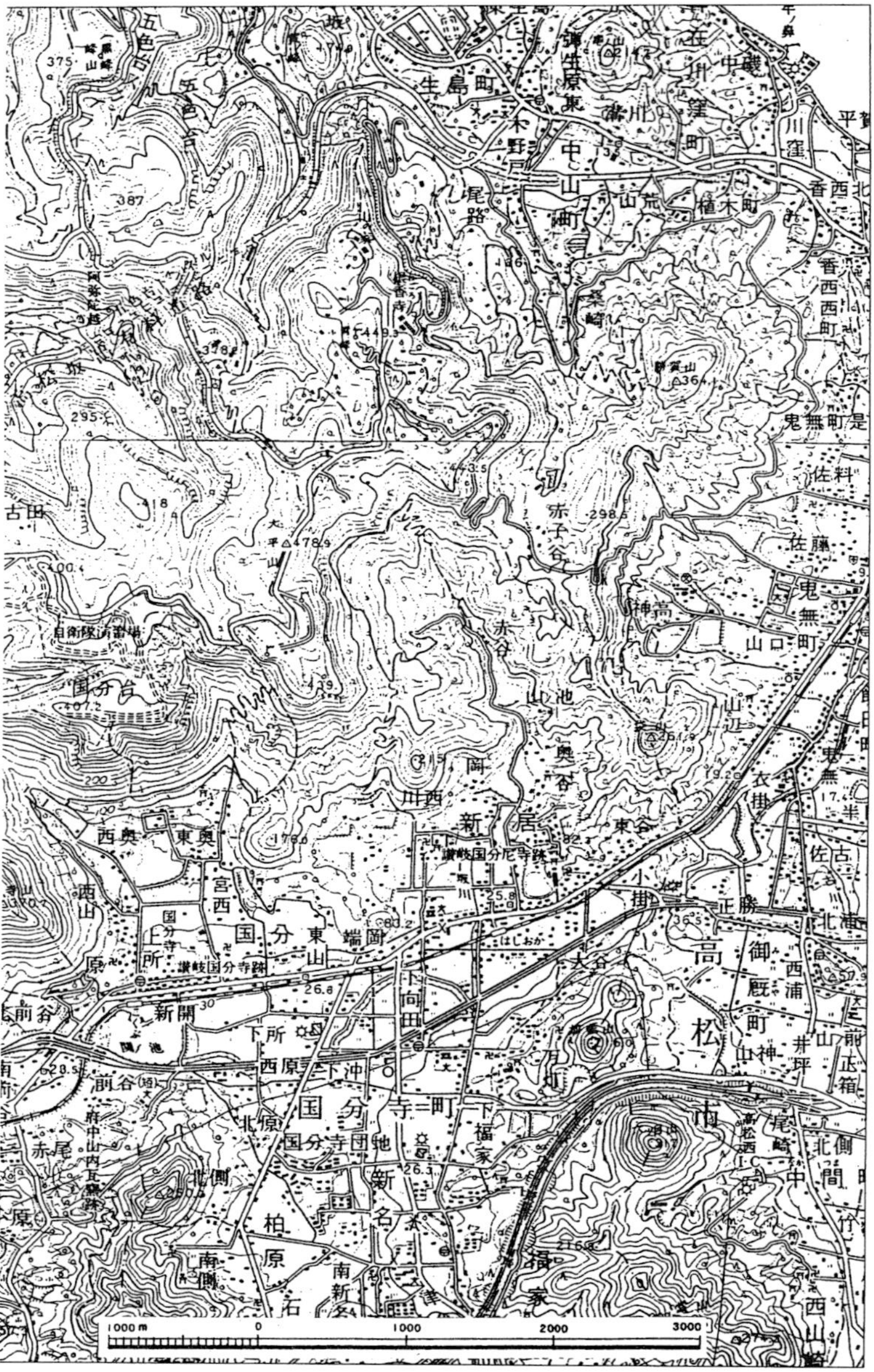

第1図　崇徳院関連の遺跡分布図（平成5年国土地理院発行5万分の1地図「玉野」「丸亀」を使用）

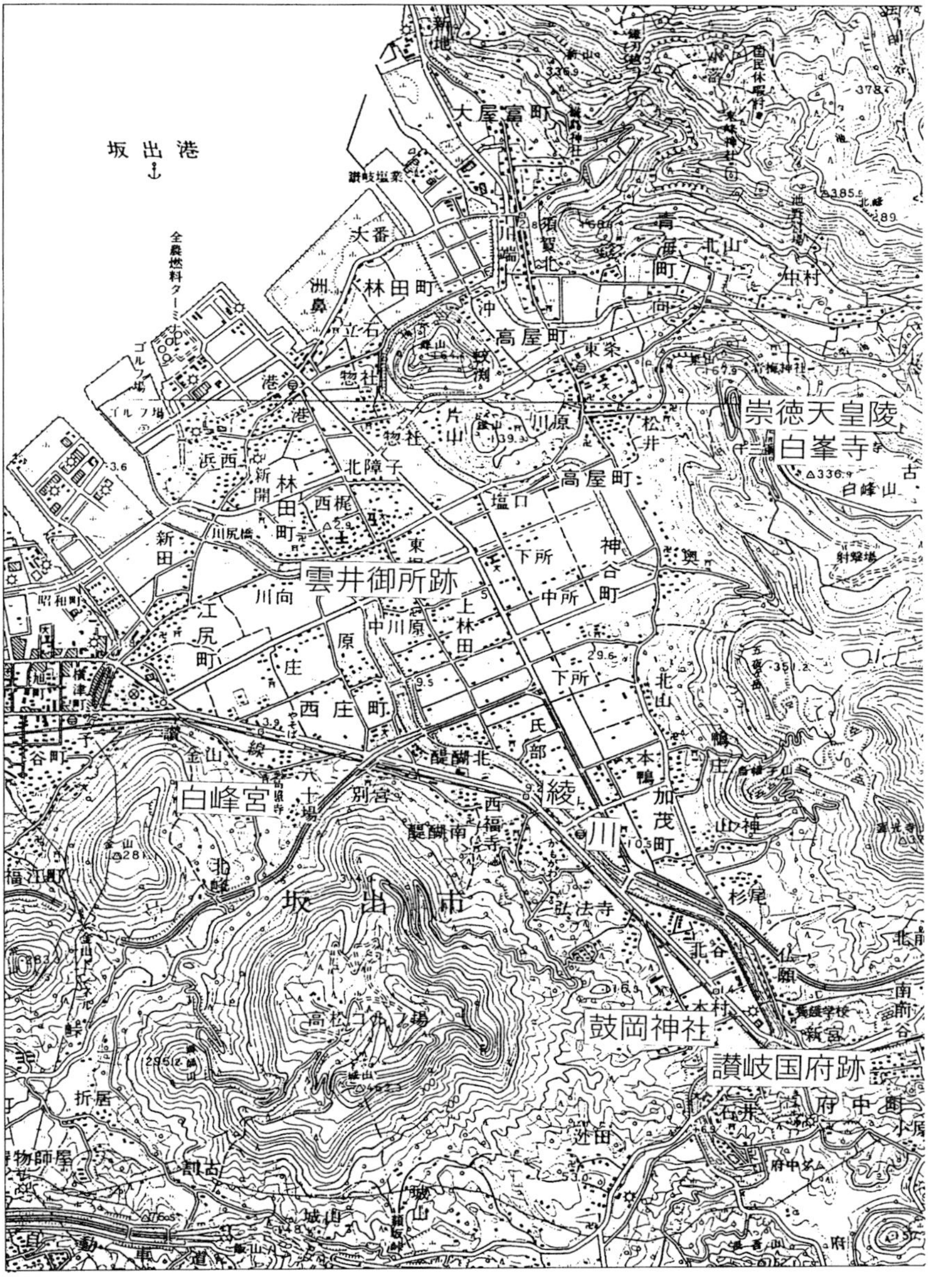
坂出港
崇徳天皇陵
白峯寺
雲井御所跡
白峰宮
綾
川
坂出市
鼓岡神社
讃岐国府跡

藤原不比等は現地に赴くがなすすべなく呆然とし、海人泉郎の娘と配偶の契りを結んで奈良に戻った。そして男子が生まれ、母はその子を藤原氏の嫡子にすることを条件に海に潜ったところ、龍宮の水精十三重塔に玉が安置されており、自らの命を犠牲にしてその玉を持ち帰ったが、力尽きて亡くなってしまった。そしてその女を葬った場所に死度道場（現在の志度寺）を建立し、如意宝珠は興福寺に安置されて藤原氏の繁栄を守護したという。そして生まれた子である房前は不比等のあとをつぎ、十三歳の時に行基と共に道場を訪れて修造し、一千基の塔を建てて供養したという。この話は謡曲『海士』となっており、世阿弥当時すでに行われていた古作であるらしいことから、(35)広く知られた有名な話であったようである。

この説話の淵源を求めると、『日本書紀』允恭天皇十四年九月甲子（十二日）条に、阿波国長邑の人男狭磯が命を賭して大蝮を捕らえ、その腹の中から真珠を得て島の神に捧げて祟りを鎮めた話を載せるが、(36)古くから志度の沖合の海底には龍宮があると思われていたようである。(37)

以上のことから考えると、半井本が比較的古態をとどめているのに対し、鎌倉本以下の『保元物語』諸本および『平家物語』諸本では、当時よく知られていた志度沖の龍宮説話の影響を受けて崇徳院説話が形成されたものと推測できる。ゆえに水原一が指摘するような、(38)「志度郡直島」という実際には存在しない郡名までも用いるようになったものと考えられる。四度（志度）の道場は志度町であるのに対し、鼓岡は坂出市府中町の讃岐国府のすぐ西にある岡で、距離はかなり離れている。崇徳院は鼓岡で暮らしていたのであるから、亡くなった場所だけ志度であると記すのは唐突であり、事実とも異なる。それをあえて志度と結びつけたのは、志度寺沖の龍宮伝説に影響されてのことであろう。志度寺が仁和寺末であったことも、志度が説話に取り込まれる要因となったものと思われる。

写真1　鼓岡（国府跡より撮影）

そして、さらに在地に残された『白峯寺縁起』[39]になると、

> 我大魔王となりて、天下を我ま丶にせんと御誓ありて、小指をくひきらせ給て、五部大乗経の箱に、龍宮城に納給へとあそはして、椎途の海に浮させ給ひたりけれは、海上火にもえてみえけるに、童子出て舞をまひて納ける。そのとき讃岐院、さては我願成就しけりとて、御くしをもそらす、供御をもまいらすしてまし〳〵けるに、

のように、はっきりと龍宮に五部大乗経が納められたことを記すようになる。『白峯寺縁起』は奥書に、応永十三年（一四〇六）に清原良賢が、寺の再興にあたって寺に伝わる記録などを見ながら記したことが明記されており、『保元物語』や『平家物語』や記録類、さらには都の人々の噂や考え方も加味されて記された[40]。『白峯寺縁起』に記される、大乗経を燃やしたことが、龍宮に経が納められて願が成就したことにつながるという点に関しては、田中貴子によって紹介された、東寺観智院蔵「五秘密護摩次第敬愛」（正和元年〈一三一二〉奥書）の識語に、

> 此観行御暗誦終篇之後投二火中一、可二今龍宮宝蔵御一矣、

とあることから[41]、経典の供養が終わった後、火に投じることによって龍宮の宝蔵に預け置かれることとなると考えられていたことがわかる。

以上のことから考えると、半井本に対し、やや遅れて成立した諸本においては、崇徳院が亡くなった讃岐国府からそれほど遠くない地にある志度寺とその周辺の伝承の影響を受け、志度において崇徳院が亡くなったということ

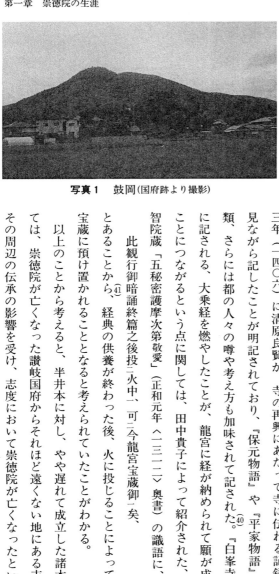

と、志度沖の海底に五部大乗経が沈められたという改変が加わったものと結論づけることができる。

(1)『宇治拾遺物語・古事談・十訓抄』〈新訂増補国史大系〉(吉川弘文館、二〇〇〇年)。
(2) 角田文衞『待賢門院璋子の生涯』(朝日新聞社、一九八五年)においてこの問題は詳細に検討され、やはり叔父子であることを肯定している。
(3)『今鏡』ふじなみの中第五「使合」、『今鏡』は以下すべて海野泰男『今鏡全釈』(福武書店、一九八三年)による。
(4)『今鏡』すべらぎの下第三「男山」
(5)『愚管抄』巻第四、二一三頁。
(6)『愚管抄』巻第四、二一四頁。
(7) 崇徳天皇の歌会については、松野陽一「崇徳天皇歌壇資料集成(一)」(『立正女子短大研究紀要』一一、一九六七年)、同「崇徳院歌壇資料集成続稿」(『平安朝文学研究』二・四、一九六七年)、ともにのち『藤原俊成の研究』(笠間書院、一九七三年所収)に詳しい。
(8) 松野前掲書、六〇〇頁。
(9) 滝澤貞夫『玉葉集総索引』(明治書院、一九八八年)二〇一六。
(10) 保元の乱前後の状況については、角田文衞『待賢門院璋子の生涯』(朝日新聞社、一九八五年)に詳しい。
(11)『台記』〈増補史料大成〉(臨川書店、一九九二年)。
(12)『愚管抄』巻第四、二二六頁。
(13) 藤原頼長に関しては、橋本義彦『藤原頼長』〈人物叢書〉(吉川弘文館、一九六四年)、原水民樹「頼長の死を語る男たち—保元の乱伝承考—」(『国語と国文学』七二七、一九八四年)などに詳しい。
(14) 海野前掲書。
(15)『本朝世紀』同日条。
(16)『兵範記』保元元年七月二十三日条。

(17) 兵衛佐については、角田文衞「崇徳院兵衛佐」(『古代文化』二六―九、一九七四年、のち『王朝の明暗』東京堂出版、一九七七年所収)に詳しい。
(18) 多賀宗隼「今鏡試論」(『史学雑誌』八三―二、一九七四年)。
(19) 上村正人「西行の四国行脚をめぐって―崇徳院との関連を中心に―」(『武蔵野女子学院中学高等学校研究紀要』二、一九八一年)から示唆を得た。
(20) 次田香澄・岩波美代子校注『風雅和歌集』(三弥井書店、一九七四年)。
(21) 後藤重郎校注『山家集』〈新潮日本古典集成〉(新潮社、一九八二年)。
(22) 渡部保『西行山家集全注解』(風間書房、一九七一年)では、直接上皇側に差し上げるのが憚られるため、院の女房に差し出した形にしており、返しも女房が出したことにしていると述べており、筆者も同様に考える。
(23) 『新編国歌大観』編集委員会編『新編国歌大観』第三巻私歌集編Ⅰ歌集(角川書店、一九八五年)。
(24) 滝澤前掲書。
(25) 井上宗雄「常磐三寂年譜考」(『国文学研究』二一、一九六〇年)。
(26) 檜谷まゆみ「崇徳院の和歌と人生―実像と虚像―」(『昭和学院国語国文』二六、一九九三年)の中で、崇徳院の和歌についての分析が行われており、保元の乱前は自信と優しさに満ちており、乱後は失望と孤独に沈んだ非帝王的姿がうかがわれ、これらの崇徳院の実像と軍記物語に登場する崇徳院像とは大きくかけ離れており、和歌の中に虚像化を促す要素が存在したと指摘している。
(27) 小原幹雄『遠島御百首注釈』(隠岐神社社務所、一九八三年)。
(28) 木村紀子「梁塵秘抄四句神歌」(『国語国文』五二―一、一九八三年)、須藤敬「『保元物語』配流者説話について―数奇と王法意識に関らせて―」(『芸文研究』四七、一九八五年)によると、この今様は巫覡によって歌われたと推測され、後白河院があえて痛烈な政治批判となるこの歌を『梁塵秘抄』に所収したのは、神の託宣者の前ではたとえ帝王であっても受け入れざるを得なかったのだと考えられている。
(29) 半井本では亡くなったのを長寛元年とするが、他の史書においてはすべて長寛二年となっており、半井本の誤りである。

(30) 京図本は、早川厚一・弓削繁・原水民樹編『京都大学附属図書館蔵保元物語』(和泉書院、一九八二年)、鎌倉本は、北川忠彦・竹川房子・犬井善壽編『鎌倉本保元物語』(三弥井書店、一九七四年)、金刀比羅本・古活字本は、永積安明・島田勇雄校注『保元物語・平治物語』〈日本古典文学大系〉(岩波書店、一九六一年)をそれぞれ使用。

(31) 梅津次郎「志度寺縁起絵に就いて」(『国華』七六〇、一九五五年)、大西昌子「地獄と龍宮と大寺と―『志度寺縁起』に見る―」(『朝日百科日本の歴史別冊歴史を読みなおす5　大仏と鬼―見えるものと見えないもの―』、一九九四年)。

(32) 『古今著聞集』〈日本古典文学大系〉(岩波書店、一九六六年)。

(33) 龍宮と地獄との関連については、浅野祥子「龍宮について―地獄との類似性―」(『国文学踏査』一五、一九八九年)で考察されている。

(34) 和田茂樹・友久武文・竹本宏夫編『瀬戸内寺社縁起集』(広島中世文芸研究会、一九六七年)。

(35) 佐成謙太郎『謡曲大観』第一巻(明治書院、一九三〇年)。

(36) 『志度寺縁起』第二「志度道場縁起」では、この話は、志度の海人が海底の龍宮に潜り、自分の命と引替に宝珠を取り返す話となっている。

(37) 『志度寺縁起』については、谷原博信『寺院縁起と他界』(岩田書院、一九九八年)などにおいて考察されている。

(38) 水原前掲論文。

(39) 「応永拾三年(一四〇六)孟秋廿五日」の奥書を持つ(『香川叢書』第一)。

(40) 本多典子「『白峯寺縁起』覚書き―讃岐と都・地方と中央―」(東京都立大学大学院人文科学研究科国文学専攻中世文学ゼミ『伝承文学論〈ジャンルをこえて〉―東京都立大学大学院国文学専攻中世文学ゼミ報告―』、一九九二年)。

(41) 「宇治の宝蔵―中世における宝蔵の意味―」(『伝承文学研究』三六、一九八九年、のち『外法と愛法の中世』砂子屋書房、一九九三年所収)。

第二章　『保元物語』の虚構
——崇徳院の実像をめぐって——

一　物語上の崇徳院

前章で崇徳院の生涯について考察したが、本章では、物語上では崇徳院はどのように描かれているのか、そしてなぜそのように描かれることになったのか考察していく。『保元物語』[1]「新院讃州ニ御遷幸ノ事」では、崇徳院が京都を離れた後、「不思議ノ事」があったことを記している。

源氏義朝与平氏清盛朝臣合戦スベシト云披露有ケリ。源氏平氏郎等共、東西ヨリ馳集。高モ卑モ、今ハ物ヲバ凡返シテ、安堵シテ有ツルニ、今度ゾ世ノ失終テセムズルトテ、又物ヲハコビテ、近キ程ニ焼亡ノ出来タルガ如シ。大路ニハ灰ヲケ立、黒煙ニ似タリ。主上モ聞食ス。公卿殿上人馳集テ、足手ノ置所ヲ知ズ。（中略）天狗ノ所為ナルカ。人ノ肝ヲツブシケルコソ不便ナレ。

源義朝と平清盛とが合戦するのではないかという風聞が立ち、源氏・平氏の郎等どもが都に集まったが、これは根も葉もないことであり、天狗の仕業であろうかと『保元物語』の作者は感想を述べている。この記述は、後に崇徳院の怨霊が天狗と化し、平治の乱を引き起こしたとする話を引き出すための布石となっている。

讃岐に流された崇徳院の望郷の念は強く、『保元物語』「新院血ヲ以テ御経ノ奥ニ御誓状ノ事付崩御ノ事」にその様子が記されている。

院ハ讃岐ニ付セ給テ、習ヌ鄙ノ御住、只推量リ奉ルベシ。公家、私、事問人モナカリケリ。僅ニ候祗候ノ女房共モ、臥沈泣ヨリ外ノ事ゾナキ。秋モ夜深ク成行バ、イトヾ物ゾ悲キ。松ヲ払風ノ音モハゲ敷テ、叢毎ニ鳴虫ノ音モ弱リ、折ニ触レ、時ニ随テハ、只ウカリシ都ノミ忍ル、涙ニ、ヲサウル袖ハ朽ヌベシ。新院思食ツヾケサセ給ケルハ、「(中略)何ナル罪ノ報ニテ、遠キ島ニ被レ放テ、カヽル住ヲスラム。馬ニ角生、烏ノ頭ノ白ナラム事モ難ケレバ、帰ルベキ其年月ヲ不レ知。外土ノ悲ニ堪ズ、望郷ノ鬼トコソ成ンズラムメ。昔、嵯峨天皇御時、平城先帝、内侍尚侍ガ勧ニテ、世ヲ乱リ給シカ共、則家ヲ出給シカバ、遠ハ流レ給ズ。我又謬ナシ。兵ヲ集テ、可レ被レ責ト聞ヘシカバ、禦シ計也。昔ノ志ヲ忘レ給テ、辛罪ニ当給ハ心憂」トテ、御自筆ニ五部大乗経ヲ三年ニアソバシテ、御室ニ申サセ給ケルハ、「後生菩提ノ為ニ五部大乗経ヲ墨ニテ如レ形書集テ候ガ、貝鐘ノ音モセヌ遠国ニ捨置カン事ノ不便ニ候。御免候ハバ、八幡ノ辺ニテモ候ヘ、鳥羽カサナクハ長谷ノ辺ニテモ候ヘ、都ノ頭ニ送置候ハバヤ」ト申サセ給テ、御書ノ奥ニ御歌ヲ一首アソバス。

浜千鳥跡ハ都ニ通ヘ共身ハ松山ニネヲノミゾ鳴

崇徳院が最も恨みに思ったことは、保元の乱における敗戦や再び皇位につくことができなかったことではなく、「遠キ島」「外土ノ悲」「望郷ノ鬼」「貝鐘ノ音モセヌ遠国」などの言葉からうかがわれるように、都から流されて再び帰ることが許されることなく、辺境の地で憤懣を抱いたまま無念の死を遂げざるを得なかったことにあるとみなされている。(2) しかしこうした考えは、崇徳院自身の考え方というよりも、『保元物語』の作者が崇徳院に成り代わって創り上げていった、作者自身の崇徳院像と言えよう。また、崇徳院が讃岐に流された後に、中御門東洞院の御所を実検したところ、御文車があり、そこに御手箱があり、中には封印された崇徳院夢の記が秘蔵されており、重祚のお告げがあったたびにこれを記しとめていたことが見つけ出されている。それに対して、「新院又重祚告ノ常ニ座シケルハ、余ニ御心ニ懸テ座ケルニ依テトゾ人申ケル」と、崇徳院がもう一度皇位につきたいとの遺恨を残して讃岐に下らざるを得なかったことを、夢の記という形にして登場させ、怨霊出現のモチーフとさせている。

『保元物語』では崇徳院は生きながらにして怨霊となったとされ、そのことにより平治の乱が巻き起こったものとする。「生霊」(3)の存在は『今昔物語集』(4)巻第二十七「近江国生霊来京殺人語第二十」に、近江国の女の生霊が離縁された元の夫である京都に住む民部大夫にとりついて殺した例をあげ、「生霊ト云ハ、只魂ノ入テ為ル事カト思ツルニ、早ウ、現ニ我レモ思ユル事ニテ有ニコソ」と記している。ここから、生きている人の霊魂が怨念を抱いて身体から遊離し、他者にとりつくことがあり、祟る本人も魂の遊離を自覚するものであったことがわかる。

また、『古事談』(5)第二「朝成望大納言為生霊事」には、一条伊尹と朝成が官職をめぐって争っていたとき、朝成は伊尹に裏切られたことにより職に就けず、大変怒った。そのため伊尹が病気となって亡くなったことを、朝成の生霊のためであろうと記している。(6)そして、『枕草子』(7)第一四六段の「名おそろしき物」の中に「生霊（いきすだま）」が挙げられ、生霊の存在は平安後期には広く認められていたと言えよう。(8)ゆえに、『保元物語』で崇徳院の生前の怨念が祟りを引き起こしたとする記述がなされ、違和感なく当時の人々に受け入れられていくこととなったのである。『保元物語』ではその後話が急展開し、五部大乗経を京都に置くという願いが叶えられなかった崇徳院の怒りがわき上がってくる。

「口惜事ゴサンナレ。(中略) 今者後生菩提ノ為ニ書タル御経ノ置所ヲダニモ免サレザランニハ、後生迄ノ敵ゴサンナレ。我願ハ五部大乗経ノ大善根ヲ三悪道ニ抛テ、日本国ノ大悪魔ト成ラム」ト誓ハセ給テ、御舌ノ崎ヲ食切セ座テ、其血ヲ以テ、御経ノ奥ニ此御誓状ヲゾアソバシタル。

其後ハ御グシモ剃ズ、御爪モ切セ給ハデ、生ナガラ天狗ノ御姿ニ成セ給テ、中二年有テ、平治元年十二月九日夜、丑剋ニ、右衛門督信頼ガ左馬頭義朝ヲ嘩テ、院ノ御所三条殿へ夜討ニ入テ、火ヲ懸テ、少納言入道信西ヲ亡シ、院ヲモ内ヲモ取進テ、大内ニ立テ籠テ、叙位除目行フ。少納言入道ハ山ノ奥ニ埋レタルヲ、掘リ興サレテ、首ヲ被㆑切、大路ヲ渡サレ、獄門ノ木ニ被㆑懸シ事、保元ノ乱ニ多ノ人ノ頸ヲ切セ、宇治ノ左府ノ死骸ヲ掘興シタリケル其報トゾ覚ヘタル。信頼卿軍ニ負テ、六条川原ニテ被㆑切ヌ。義朝方ノ負シテ、都ヲ落テ、尾張国野間ト云所ニテ、長田四郎忠致ガ為ニ被㆑討ニケリ。一年セ保元ノ乱ニ乙若ガ云シ詞ニ少モ違ズ。

崇徳院は華厳経・大集経・大品般若経・法華経・涅槃経の五部大乗経を書写し、その奥書に舌先を食い切った血で誓文を認め、生きながらに天狗の姿となって祟りをなし、平治の乱を引き起こしたことになっている。しかしはたして、『保元物語』に記されるこの崇徳院の姿が事実であったのか、まず問題にされなければならない。

『保元物語』の成立や諸本の関係、『平家物語』との先後については大きな問題であり、現在の段階ではまだ確定されていないが、『保元物語』は『六代勝事記』の成立時である貞応二年(一二二三)をもって成立の上限とみなされている。[9] ゆえに、後に述べるように、崇徳院が怨霊として認識されるようになった安元年間以降の作であることは確実なので、崇徳院の部分は多分に脚色されていることを前提として読み解かなければならない。

「怨霊」という人の心理面に関わる問題については、当時の政治状況や著述した人物によっても認識は変わってしまうことにとりわけ注意すべきである。

二　崇徳院自筆五部大乗経の真偽

怨霊と化す崇徳院像は、いかにして形成されていったのであろうか。その鍵を握るのが『吉記』[10]寿永二年（一一八三）七月十六日条に記す崇徳院自筆五部大乗経の存在である。

崇徳院自筆五部大乗経、可レ有二供養一之由、沙汰事、件経奥令レ書、可レ被レ滅‐亡天下一之由書給事、
崇徳院於二讃岐一、御自筆以レ血令レ書二五部大乗経一給、件経奥、非二理世後生料一、可レ滅‐亡天下一之趣、被二注置一、件経伝在二元性法印許一、依レ被レ申二此旨一、於二成勝寺一可レ被二供養一之由、以二右大弁《(平親宗)》一被レ仰二左少弁光長《(藤原)》一、為レ令レ得‐道彼怨霊一歟、但尤可レ被二予議一歟、未二供養一之以前猶果二其願一、況於二開題之後一哉、能々可レ有二沙汰一事也、可レ恐々々、

『吉記』に載せるこの記事に関して、結論から先に言うと、血書五部大乗経の存在ははなはだ疑わしく、経自体が存在しないか、あるいはたとえ存在したとしても捏造された可能性が非常に高いものと思われる。『吉記』では、五部大乗経は院の二宮である元性法印のもとにあり、打ち続く戦乱を前に、供養されていない経を崇徳院の御願寺である成勝寺で供養して怨霊に悟りを開かせようとするが、供養を行う前から崇徳院の怨念が戦乱を引き起こしているので、供養を行ったならばなおさら怨霊の発動を進めることになりはしないかと問題になっている。

一方、半井本『保元物語』では、崇徳院は五部大乗経を「八幡ノ辺ニテモ候へ、鳥羽カサナクハ長谷ノ辺ニテモ候へ、都ノ頭ニ送置」きたかったが、認められなかったため、血書の誓文を書き、その後五部大乗経がどこへ納

められたのかを語っていない。

『吉記』は勧修寺流藤原氏の吉田経房の日記であり、経房は寿永二年当時は参議かつ左大弁の地位にあり、曽祖父為房以来、院司・実務官僚として蓄積してきた朝儀典礼に関する豊かな知識・経験を踏まえ、後白河院の信頼を受けていた。後白河院が五部大乗経のことを伝え聞き、弁官に対して供養のための願文を起草させようとしたため、左大弁であった経房の耳にも入り、五部大乗経のことを自らの日記に記したのであった。

この問題を考える上で、考察しなければならないのは、寿永二年という年と仁和寺の元性法印についてである。寿永年間は、打ち続く戦乱と養和の大飢饉によって世の不安が高まり、崇徳院の怨霊を慰めるための神祠建立が取りざたされていた。『吉記』寿永元年（一一八二）六月二十一日条に、

先年有二其沙汰一、讃岐院被レ行二八講一、左府《頼長》被レ贈二官位一了、其時神祠事有二沙汰一歟、

と言われていたものの、未だに神祠の建立はなっていなかった。その最中に血書五部大乗経の存在が語られたのである。その結果、『玉葉』(11)寿永二年八月十五日条に、

光長《藤原》来、伝二院宣一云、成勝寺之内、可レ被レ立二神祠一之由所二思食一也、

とあるように、後白河院が崇徳院建立の成勝寺に神祠を建立するように命じたのである。つまり、崇徳院の御霊を祀る神祠建立を実現させるために、血書五部大乗経の存在が語られていったのである。

崇徳院が亡くなった長寛二年から十九年たってからはじめて経の存在が語られるのにも疑問を感じざるを得ない。そして、この記録以外には経について記したものはなく、天下を滅ぼす旨が書かれた重大な経がまったく問題となっていないことも実在を疑わせる根拠となるであろう。実在しなかった経だからこそ、鎌倉本以下の『保元物語』や『平家物語』において、経を海中に沈めたことにして、現存させなくする必要があったのである。

寿永三年には、崇徳院の菩提を弔うために粟田宮が建立されていくが、これには保元の乱の際崇徳院方に与し、乱後常陸国浮島に流された後、赦されて帰京して蔵人頭となった藤原教長が関わっていると考えられるので、(12)世の混乱に乗じて崇徳院の怨霊の存在を語り、自己の復権を得ようとした人々が裏で働きかけていたに違いない。

元性は『今鏡』みこたち第八「腹々のみこ」に、

その御母、師隆の大蔵卿の子に、三河の権の守《（師経）》と申す人おはしける、女の、讃岐の帝の御時、内侍のすけにて候はれしが、生み奉り給へるとぞきこえさせ給ふ。讃岐の法皇崩れさせ給へりける、「御服はいつか奉る」と御室より尋ね申させ給へりければ、

うきながらそのまつ山のかたみには今宵ぞ藤の衣をば着る

と詠ませ給へりける、いとあはれに悲しく。

又御行なひ果てて、休ませ給ひけるに、嵐はげしく、滝の音むせびあひて、いと心細くきこえけるに、

よもすがら枕に落つる音聞けば心を洗ふ谷川の水

と詠ませ給へりけるとぞきこえ給ひし。昔の風吹き伝へさせ給ふ、いとやさしく。

とあり、元性は崇徳院と三河権守師経女との間に生まれた子であった。そして元性が詠んだ歌には、辛いことではあるが、いつ崇徳院が讃岐から戻られるかと待ちわびていたのに、ついに松山で亡くなった父院をしのぶ喪服には、今宵私は藤の衣を着ましょう、と悲嘆に沈んでいる状況が記されている。五部大乗経が元性のもとにあると語ったのは誰か不明であるが、崇徳院の遺児である元性の所にあって、そこに天下を滅ぼすべき旨が書かれているため天下の動乱が起こっているのだと恐怖心を喚起させるのに、その場所は似つかわしかった。

三　崇徳院自筆五部大乗経の構想

次に、『保元物語』諸本および『平家物語』諸本を比較し、崇徳院怨霊譚がいかにして形成されていったかという点について考察していく。金刀比羅本『保元物語』「新院御経沈めの事付けたり崩御の事」には、

後生菩提の為にとて、御指のさきより血をあやし、三年が間に五部大乗経を御自筆にあそばされたりけるを、かゝる遠島に置奉事痛しければ、鳥羽の八幡辺にも納奉べきよし、御室御所へ申させ給ふ。

（中略）

斯て新院御写経事畢しかば、御前に積置せて、御祈誓有けるは、「吾深罪に行れ、愁鬱浅からず。速此功力を以、彼科を救はんと思ふ莫太の行業を、併三悪道に抛籠、其力を以、日本国の大魔縁となり、皇を取て民となし、民を皇となさん」とて、御舌のさきをくい切て、流る血を以、大乗経の奥に、御誓状を書付らる。「願は、上梵天帝釈、下堅牢地神に至迄、此誓約に合力し給や」と、海底に入させ給ひける。

と、崇徳院は指先から血を流して三年かかって五部大乗経を書写し、それを京都に安置してほしいという希望を持っていたが、受け入れられなかったため、経を地獄・餓鬼・畜生の三悪道に抛って大魔縁となろうとして、舌を噛み切ってその血で大乗経の奥に誓状を書き、諸仏に誓約して、経を海底に沈めたとしている。

ここで記される、自らの血をもって経を書写するというのは、どこから考え出されたのであろうか。藤原頼長の『台記』久安元年（一一四五）閏十月二十五日条には以下のように記されている。

自二今旦一、書二血経薬師経一也、令三修理大夫敦任件人、去年書二血経一、仍役二此事一、割二左手指一、取二其血一、今日割二食指一、左大弁卿（藤原顕業）着二束帯一、持二来賀表草一、続二檀紙二枚一書レ之、無二礼紙一、件草可レ続二載別記一、

また、二十六日条には、

今日割二将指一

さらに二十七日条に、

今日、割二無名指一、午刻、書二薬師経一了、依二血余多一、又書二寿命経一、申刻書了、皆与二敦任一読合、乃半夜終レ功、今日断食、依二結願一殊苦行、血余棄二生気方一、依二僧覚仁申一也、

とあり、頼長は三日間にわたって自分の指を切った血で経を書写したが、第一日目には食指（人差し指）を、第二日目には将指（中指）を、第三日目には無名指（薬指）を傷つけて血を採り、薬師経を書写した。しかし血がまだ余っていたので、寿命経も書写したが、それでもまだ血が余っていたので、方角を選んで捨てたことを記しており、自分の指を切った血で経を書写するという例を平安末期に見出すことができる。この行為は自らの信仰心の高まりから起きた結果であり、経のさらなる功徳を期待するものとみなすことができよう。荻野三七彦によると、血経は『梵網経』[13]盧舎那仏説菩薩心地戒品第十巻下ならびに『大智度論』[14]に「剥レ皮為レ紙刺血為レ墨以レ随為レ水折レ骨為レ筆」や「以二身骨一為レ筆以レ血書レ之」とあることから、印度古代の民族間に存在していた社会慣習であり、それが紀元前五、六世紀頃から中国で行われ、それが日本にも伝播し、一切の願いを達する方便として血経を転化利用する方法が生まれたとされている。[15]

『保元物語』との関係で注目されるのは、『石清水祠官系図』[16]兼清の項に、「異本云」として、

康平五年（一〇六二）四月廿七日行幸、叙二法眼一、自二件日一隠居不二出仕一、是修理別当清秀被レ超二越別当職一故也、所二転読一之三千部法華経、半者廻二向後生菩提一、出二離生死一、半者廻二向三悪道一、報二彼憂一云々、同六年十月七日挙レ手噬レ舌入滅、生年五十四、

とあり、さらに「異本云」として、

千部法華読誦、宝前参、舌噬切、西方ノ衆《清成清秀ノ後胤也》ヲ可レ滅願意也、無レ程皆亡矣、当時西ノ胤無二一人一云々、兵器入棺葬送、遺言ト云々、

とある点である。[17] 石清水八幡宮祠官の兼清は、転読した三千部の法華経を、半分は自己の後生菩提のために回向して輪廻転生から離れようとし、残り半分を、自分を超越して別当職についた清秀に対して、その憂いを報いるために、三悪道に回向すると誓い、舌を嚙み切って自殺し、棺の中に兵器を入れて葬るように遺言している。そして清成・清秀父子はほどなく亡くなり、西方の血筋を引く者は途絶えたという。経を「三悪道」に拋つという点、舌を嚙み切るという点、恨みにより相手方を滅ぼすという点で、『保元物語』と酷似している。

『石清水祠官系図』の成立は不明だが、奥書にあるように、別当の田中家に伝えられたもので、最終的には延宝九年（一六八一）九月にまとめられているが、代々書き継がれてきたものと考えられている。[18] 問題となる部分も、諸説をそのまま載せていることから、石清水八幡宮において独自に伝えられていた説話とみなしてよいだろう。

『保元物語』の作者についても確定されていないが、「仁和寺文化圏」と大きな関わりがあったことが指摘されている。[19] また、仁和寺と石清水八幡宮との関係についても密接な関係があったことがうかがわれる。[20]『徒然草』第五十二段には「仁和寺にある法師、年よるまで、石清水を拝まざりければ、心うく覚えて、ある時思ひ立ちて、ただひとりかちより詣でけり」とあるが、これは単に仁和寺の法師が物見遊山で石清水八幡宮に行きたかったわけではないであろう。「年比思ひつること、果し侍りぬ。聞きしにも過ぎて、尊くこそおはしけれ」と法師が感想を述べていることから、仁和寺の法師にとっては石清水八幡宮は特別の社であったことが推測される。『石清

水祠官系図』からは、仁和寺已講律師理範など、石清水の祠官で仁和寺に関係のある人物を何人もあげることができるし、『仁和寺御伝』[21]に、承元二年（一二〇八）十月十六日に、後白河院第八皇子後高野御室の八幡宮参詣、天福二年（一二三四）四月二十六日に後高倉院第二皇子金剛定院御室の八幡宮参詣をあえて記していることからも、両者の密接な関係を推定できる。また、『古事談』第五神社仏事「八幡検校僧都成清事」には、石清水八幡宮第三十代別当となった成清は、母である小大進が亡くなった後、仁和寺辺に籠居し、夜に仁和寺の弊房を出て徒歩で石清水八幡宮に百夜参詣し、暁方に帰ったことを記している。

以上の両者の深い関係からして、石清水八幡宮に伝えられていた説話を利用して、仁和寺の法師が、書写した経を三悪道に回向して、死後祟ろうとしたことと、舌を嚙んで自殺したこと、そしてその結果相手方の系統が途絶えたという点を取り込んで、崇徳院怨霊譚にまとめていったのではないかと推測される。『吉記』寿永二年（一一八三）七月十六日条にのせる崇徳院自筆血書五部大乗経が存在したとされるのも仁和寺であった。

さらに、五部大乗経について考察する上で注意しなければならないのは、『保元物語』諸本および『平家物語』で、書写の仕方が微妙に異なっているという点である。半井本・京図本・古活字本・長門本『平家物語』[22]・『源平盛衰記』[23]では、書写した五部大乗経をせめて都の入口に置きたかったが、[24]信西の拒否にあい、それを恨んで自らの舌先を食いきって、その血で経の奥に誓状を書いたことになっており、大乗経の本文は墨で書いたことになっている。それに対して、鎌倉本・金刀比羅本・延慶本『平家物語』[25]では、指の先から血をしたたらせて五部大乗経を書写したことになっている。写経の目的についても、二つのグループに分けることができる。半井本・京図本・金刀比羅本・長門本『平家物語』では、後生菩提・来世のためであるのに対し、鎌倉本・延慶本『平家物語』では、この世を恨んで書写したとされている。諸本によるこの違いはすでに多くの先学によって指摘され、伝本関係が考察されているが、[26]これを物語の創作という視点から考えると、以下のように考えるのが最も整合性が高いであろう。

『保元物語』で五部大乗経の存在を語ることとなった原形として考えられるのが、先にあげた『吉記』寿永二年七月十六日条の記事であるが、ここでは「御自筆以㆑血令㆑書㆓五部大乗経㆒給」と、自らの血で大乗経を書写したことになっている。この記事自体は、崇徳院の怨霊の存在を語っていくため、先にあげた血書経の記事や『石清水祠官系図』等のもととなった伝承を参考に、巧みに創作されていったものと思われる。物語の作者は『吉記』のこの記事もしくは風聞を当然耳にしていたはずであり、鎌倉本・延慶本『平家物語』はそれを受けて、経が崇徳院の血書であることを記し、ならば経を書写する段階で、崇徳院はすでにこの世に恨みをもっていたはずだと考え、大乗経書写の際にすでに髪をそらず、爪も切らずに、柿の頭巾、柿の御衣を着て書写したとしており、『吉記』の記事を忠実に具現化させている。そのため、延慶本『平家物語』では、「御指ヨリ血ヲアヤシ、五部大乗経ヲアソバシテ」とする一方、それを受けている部分では「形ノ如ク墨付ニ」と、墨で書写したことを残す記述となっており、はじめは半井本系統の諸本をもとに墨で書写していたとするものの、『吉記』の記事に引きずられて、経自体も血で書いたとの記述に改めたのではないだろうか。

それに対し、半井本等では、舌先を食いきった血で経の奥に誓状を書いた後に、髪をそらず、爪も切らず、生きながら天狗の姿になったとしており、『吉記』から離れて整合性をもたせ、善根のために書写した経でさえも都に安置することがかなわなかったことにより、それを三悪道に抛つという大転換を見せ、怨霊の発動をよりドラマチックに表現しようとしている。舌先を食い切るということは死を意味しており、現実としては当然不可能なことであり、それを実行してまでも誓状を書き上げたということで、崇徳院の怨念の強さを表そうとしたのであった。五部大乗経はあわせて百九十巻あり、書写するのは容易なことではなく、[27]ましてや自らの血で書写することなど不可能であることを、半井本の作者は理解していたことも、本文は墨で書写したとする記述につながっていったはずである。[28]金刀比羅本では、両者を取り混ぜており、後生菩提のために指先の血で経を書写したことにしたため、やや切迫感に欠ける印象を与える結果となっている。

四　五部大乗経の安置場所

次に、五部大乗経の安置場所について考える。五部大乗経は華厳経・大集経・大品般若経・法華経・涅槃経からなり、大乗経典の要典を集めたものとして一切経の権輿と称され、平安時代後期以降、一切経を要約した重要経典として重視された。これを龍宮に納めるという思想は中国においてすでにあり、『大方等大集経[29]』巻第四十五「日蔵分護塔品第十三」には、

爾レ時娑伽羅龍王、復作二是言一、若仏世尊不レ入二大海一、我当下抄二此日蔵授記大集経典一置中我宮中上、以二是因縁一、於二彼海中一幾許諸龍福徳増長、仏言二龍王一、随所有レ処レ抄二此日蔵大授記経一、如法安置恭敬供養、則能獲二得十種利益一、

と、日蔵授記の大集経典が海中の「宮中」に安置されており、そこには龍王がいたことが記されている。また『龍樹菩薩伝[30]』には、

龍言、如二我宮中所有経典一、諸処此比復不レ可レ数、

と、「宮中」には非常に多くの経典が安置されていることが記されている。龍樹自身、海中にある宮中に行って経典を得、龍と問答をし、龍によって現実世界に送られてきて、「以レ龍成二其道一」たことにより「龍樹」と名

づけられたという。これが十三世紀中頃に成立した『阿娑縛抄』(31)巻一九四になると、「或書ニ云、龍樹菩薩ハ龍宮成道ノ故ニ龍」と、原文にはない「龍宮」という語がつけ加わってくる。また、十三世紀はじめに成立した『三論祖師伝集』(32)でも、「伝文云」として「然後、入二於龍宮一」とあり、「花厳伝云」として「龍樹、従二龍宮一将レ経出已」とあり、「龍宮」と明示されている。「宮中」としか記されなかったのが「龍宮」と記されるようになる背景には、龍宮に対する具体的イメージが形成されていったことがあるものと思われる。

龍宮に関するイメージの拡大とともに、五部大乗経を龍宮に安置するという思想は、中世のさまざまな文学作品に見られるようになる。水原一が指摘するように、(33)『とはずがたり』(34)巻三には、後深草院の寵姫二条に恋慕した有明阿闍梨が、「下界にて、今一度の契りを結ばんの大願」のため五部大乗経を書写し、その心情を二条に語る場面で、

この経、書写は終はりたる。供養を遂げぬは、この度一所に生まれて、供養をせむとなり。龍宮の宝蔵にあづけたてまつらば、二百余巻の経、かならずこの度の生まれに、供養を演ぶべきなり。されば我、北邙の露と消えなん後の煙に、此経を薪に積み具せんと思ふなり。

とある。さらに『地蔵堂草紙』(35)には、

さては、うたかひなく、龍宮に、きにけりと、世中も、けうとく、おほえけるうへ、(中略)書をかれし経も、とりいて丶、見せ奉るへし、この城の経蔵に、もろくの経をは、あつかりをく、ならひにて、侍るほとに、

とあり、龍宮には経蔵があり、諸々の経典がそこに納められることによって供養が遂げられるという思想が中世には広く流布していたことがわかる。さらには、光宗が文保二年(一三一八)にまとめた天台教学の書である

『渓嵐拾葉集』[36]巻第三十六「弁財天法秘決」に、

一、龍宮収諸教法事、示云、凡龍神ト者、三毒等分極成ノ体、煩悩黒菩提ノ本深也、愚癡黒暗ノ体ナルカ故ニ常ニ居二龍宮ニ一、表二生死ノ沈没ヲ一故ニ居ス二大海ノ最底ニ一、所詮無明ノ体ハ龍神也、故ニ諸ノ教法滅メ龍宮ニ収ル、

とあり、巻第百八「真言秘奥抄」には、

一、何故ソ法滅ノ時経巻如納二龍宮一耶、一ハ龍宮ト者尽癡室也、尽癡ノ源ハ無明也、故ニ仏法法性滅メ帰二無明ノ本源ニ一也、

とあることから、仏法が滅びるとき、龍宮に経巻が安置されると考えられていたことがわかる。五部大乗経が海底に沈められ、龍神の住む龍宮の宝蔵に預け置かれたことで、この世の転覆と乱世の出現が可能になると信じられていたのであった。[37]ゆえに、『保元物語』を創り上げるにあたって、五部大乗経が海底に沈められたと記した背景には、この行為によって崇徳院怨霊の発動が期待できるという、物語創作上の確信があったものと思われる。

五　怨霊と龍

怨霊と龍宮あるいは龍とは深い関わりがあるようで、『愚管抄』『水鏡』『帝王編年記』では、巫蠱大逆の罪に問われて廃后となった井上内親王が「現身に龍」になったことを記している。さらには、貞観御霊会の行われた神泉苑には龍神が住んでいて異界との接点であり、かつ龍宮への入口であって、龍王がここから現世に出入りすると思われていたようであり、『今昔物語集』巻第十四「弘法大師、修請雨経法降雨語第四十一」には、善如龍王がこの池に通っていて雨を司っていたことが記されている。[38]そして、『続古事談』第四神社仏事や『釈日本紀』巻第七、述義三、神代上に見えるように、祇園御霊会の行われる祇園社の下には龍宮に通じる穴があったと思わ

れていた。[39] これは、『祇園牛頭天王縁起』[40]に記す、牛頭天王が龍宮に行って沙竭羅龍王の第三女婆利采女との間に七男一女をもうけたという縁起譚から、祇園社の下の龍穴が考え出されたものと思われる。[41]

龍宮および崇徳院との関係で注目されるのは、安徳天皇の例である。[42] 建久二年（一一九一）閏十二月、後白河院は病に悩まされ、崇徳院と安徳天皇の怨霊に鎮謝し、それぞれ讃岐と長門に堂を建立するよう命じていることからわかるとおり、[43] ともに後白河院により非業の死に追いやられたため、後白河院はその怨霊が自らにふりかかってきていると認識し、鎮魂をはかった。安徳天皇が宝剣とともに海中に沈んでいった際、海底には龍宮城があり、「海ニ入ヌル者ハ必ズ龍王ノ眷属トナルト、心得テ候」[44]と、安徳天皇以下が龍神の眷属となったことを建礼門院が夢に見ており、宝剣は「龍神是ヲ取テ龍宮ニ納テケレバ、遂ニ失ケルコソ浅猿ケレ」[45]と龍神が奪い取ったことになっている。また、『往生要集』[46]巻上の畜生道について述べている箇所で、畜生道の住処には二つあるとし、「根本は大海に住し」ており、「またもろもろの龍の衆は、三熱の苦を受けて昼夜に休むことなし」とあるように、龍の眷属となるとされている。『平家物語』では、安徳天皇や平氏は海中に沈んで畜生道に落ち、龍神の眷属となったとみなされたのであった。そして、安徳天皇はその誕生の時から龍神の再誕として『平家物語』では叙述されている。このことから考えると、龍宮とは、天皇によって支配されている現世を、見えない力によって操るもうひとつの世界であると認識されていたことがわかる。そして、現世が混沌とした状況になればなるほど、龍宮の存在が意識されていったのである。

平家が滅亡したあと大地震が起きて多大な被害が出たことに対して、『平家物語』では平家の怨霊の仕業であることを述べているが、『愚管抄』巻第五では、「事モナノメナラズ龍王動トゾ申シ。平相国龍ニナリテフリタルト世ニハ申キ」（二六八頁）と記されていることが注目される。平清盛が龍となって地震を起こしているというのだが、龍王動とは、『塵添壒囊鈔』[47]巻第十四「地震動ノ事」に、地震の原因としてあげられる火神動・龍神動・金翅鳥動・帝釈動の四種のうちの一つである。[48]このため、地震は龍神の仕業であると理解されていたのである。

さらに、嘉元三年（一三〇五）に作成されたと考えられる「金沢文庫蔵日本図[49]」では、図の半分が亡失しているが、日本列島が龍によって囲まれている姿を描いていることは明白である。龍によって領土が取り巻かれるというのは、インドから伝わった世界観であるが、必ずしも地震と結びついているわけではなかった。[50]近世初頭に描かれる、龍が日本を取り囲んでいる図では、龍が地震と密接に関わっているが、金沢文庫蔵日本図の龍が日本を取り巻く姿は、日本が龍によって支配されていることを示す図であると考えたい。これは両義性をもっており、日本を守護しているという面と、災異を引き起こす、という面をもっていた。そのため、龍王の脳中から出た玉といわれる如意宝珠などの財宝がうず高く積まれている龍宮という面と、地震・雷・洪水・旱魃などの災異を引き起こす、龍によって支配された龍宮という面とが重ね合わされているのである。災異は人為によって支配することができず、その頻発は天皇の徳の欠如を意味していた。そのとき現世を超越した世界として構想されたのが龍宮であり、天皇と対峙する龍神であった。ゆえに人知を超越し、天皇が支配する現世を左右する存在として、龍神は怨霊と結びつくのである。そのため、国家と関わる怨霊の鎮魂は、王権にとっては欠かすことのできない行為であった。

六　五部大乗経の行方

ここで、『保元物語』『平家物語』諸本の比較に戻って、五部大乗経の行方を検討してみると、大きく二つに分けることができる。半井本・京図本・長門本『平家物語』・『源平盛衰記』では、その行方を記していないのに対し、鎌倉本では「海底に入させ給にけり」とし、金刀比羅本では誓状を書いて「海底に入させ給ひける」と、海底に沈めたとしている。古活字本では「千尋の底へしづめ給ふ」とし、延慶本『平家物語』でも「海底ニ入レサセ給ニケリ」とあり、海底に沈めたことになっており、『吉記』で仁和寺の元性法印のもとへ運ばれたことになっているのと相違を見せている。

この点に関しては、先に言及したように、実際には存在しなかったために定説を見ず、物語の構成上で相違を見せているものと思われる。半井本以下の諸本では、作者は仁和寺に五部大乗経が存在するとの『吉記』の記事あるいはその風聞を聞いていたため、『石清水祠官系図』の兼清の記事のもととなるような伝承を参考にして、五部大乗経を書写して、奥に舌を嚙み切った血で怨霊となる旨を書いた崇徳院の姿を劇的に創り上げたのであった。しかし、仁和寺にあるとされる五部大乗経と齟齬をきたさないために、その後の行方をあえて記さなかったものと推測される。それが鎌倉本・延慶本『平家物語』の系統では、崇徳院の怨霊の発動をさらに劇的にするために、五部大乗経を龍宮があるとされた志度沖の海底に沈めたことにし、怨霊の発動を期待させたのであった。そしてこれは、龍神の再誕であった安徳天皇の海没説話に影響されて、崇徳院の怨霊を語っていくための構想であった。

もとより、以上の内容は物語内部の部分的比較により検討した結果であるが、『保元物語』全体として崇徳院の怨霊が構想された背景には、承久の乱により隠岐に流され望郷の思いを秘めて亡くなった後鳥羽院の怨霊があったのではないだろうか。『保元物語』が創作されていった時期は後鳥羽院の怨霊が跳梁していた時期であるので、後鳥羽院の例を参考にして崇徳院怨霊譚が形成されていったのではないかと推測される。この視点から『保元物語』の制作年代も確定していくことができるのではないかと思われるが、この問題については次章以下で検討していく。

（1）以下特に断らない限り『保元物語』は、最も古体をとどめるといわれる半井本（『保元物語・平治物語・承久記』〈新日本古典文学大系〉岩波書店、一九九二年）による。
（2）野中哲照「『保元物語』における語り手の〈現在〉と崇徳院怨霊」（『国文学研究』一〇一、一九九〇年）。
（3）藤本勝義『源氏物語の〈物の怪〉』（笠間書院、一九九四年）によると、生霊は『源氏物語』における六条御息所の例によって初めて具体的に示されるようになるという。
（4）『今昔物語集』五〈新日本古典文学大系〉（岩波書店、一九九六年）。
（5）『宇治拾遺物語・古事談・十訓抄』〈新訂増補国史大系〉（吉川弘文館、二〇〇〇年）。
（6）『大鏡』では同様の話が、朝成が恨みをもって亡くなったため、伊尹の子孫代々に祟る「悪霊」となったことになっている。
（7）『枕草子』〈新日本古典文学大系〉（岩波書店、一九九一年）。
（8）『落窪物語』においても「生霊（いきすだま）」が登場し、恐れられている。
（9）武久堅「鎌倉本保元物語と延慶本平家物語の先後関係—『六代勝事記』との共通本文をめぐって—」（『國學院雑誌』八二—四、一九八一年）、弓削繁「六代勝事記と保元物語」（『山口大学教養部紀要』人文科学編一五、一九八一年）。
（10）『吉記』〈増補史料大成〉（臨川書店、一九六五年）。
（11）『玉葉』（名著刊行会、一九九三年）。
（12）多賀宗隼「参議藤原教長伝」（『史学雑誌』五〇—四、一九三九年、のち『鎌倉時代の思想と文化』目黒書店、一九四六年所収）。
（13）『大正新修大蔵経』第二十四巻律部三。

(14)『大正新修大蔵経』第二十五巻釈経論部上。
(15)荻野三七彦「古文書に現われた血の慣習」(『史観』一三・一五、一九三七・三八年、のち『日本古文書学と中世文化史』吉川弘文館、一九九五年所収)。
(16)『続群書類従』第七輯上系図部。
(17)志村有弘「石清水八幡宮と説話―一つの説話伝承圏―」(『解釈』二二―三、一九七六年、のち『往生伝研究序説―説話文学の一側面―』桜楓社、一九七六年所収)に石清水八幡宮関連の説話を載せる。
(18)『群書解題』第一(続群書類従完成会、一九八六年)。
(19)水原一「崇徳院説話の考察」(『駒沢国文』七、一九六九年)、須藤敬「『保元物語』形成の一側面―多近久と仁和寺―」(『三田国文』四、一九八五年)。
(20)志村有弘「石清水八幡宮と仁和寺―『徒然草』第五十二段の背景―」(石黒吉次郎・志村有弘・高橋貢・松本寧至編『徒然草発掘』叢文社、一九九一年)。
(21)『仁和寺史料』寺誌編二(奈良国立文化財研究所、一九六七年)。
(22)麻原美子・名波弘彰編『長門本平家物語の総合研究』(勉誠社、一九九八年)。
(23)『源平盛衰記』(三弥井書店、一九九一年)。
(24)半井本では、経を八幡・鳥羽・長谷でもよいから、都のほとりに置きたいことを記しており、〈新日本古典文学大系〉の注では、長谷を長谷寺所在の大和国磯城郡初瀬の辺と解釈しているが、経をせめても都の入口に置きたいということが重要であるので、現京都市左京区岩倉の長谷(ながたに)でなければならない。
(25)『延慶本平家物語』(勉誠社、一九九〇年)。
(26)水原前掲論文、服部幸造「延慶本平家物語と鎌倉本保元物語―崇徳院説話をめぐって―」(『名古屋大学国語国文学』二七、一九七〇年)、山内益次郎「崇徳院慰霊」(『今鏡の周辺』和泉書院、一九九三年)。
(27)『今鏡』水茎に「五部の大乗、大般若などだにありがたく侍るに」とある。
(28)坂出市高屋町に鎮座する高家神社は、「血の宮」として知られているが、崇徳院の遺体の入った棺を白峯山へ運ぶ途中、風雨が激しくなったので一旦この地で休んでから再び運んでいったが、棺を置く台にした六角の石の上には血が流れていたといい、その石は今も残されている。死後数日たった死体から血が流れてくることはありえないのに、こうした伝承が形成されてくる背景には、怨念＝血と崇徳院とが密接に結びついていたことがあるのではないだろうか。

(29) 『大正新修大蔵経』第十三巻大集部。
(30) 『大正新修大蔵経』第五十巻史伝部二。
(31) 『大日本仏教全書』。
(32) 『大日本仏教全書』。
(33) 水原前掲論文。
(34) 『とはずがたり』〈新日本古典文学大系〉(岩波書店、一九九四年)。
(35) 『室町時代物語大成』補遺二(角川書店、一九八八年)。
(36) 『大正新修大蔵経』第七十六巻続諸宗部七。
(37) 山本ひろ子「龍女の成仏―『法華経』龍女成仏の中世的展開―」(『変成譜―中世神仏習合の世界―』春秋社、一九九三年)。
(38) 『直談因縁集』でも同様の記事が見られることが、田中貴子『百鬼夜行の見える都市』(新曜社、一九九四年)八一頁、によって指摘されている。
(39) 松前健「祇園牛頭天王社の創建と天王信仰の源流」(角田文衛博士古稀記念『古代学叢論』角田文衛先生古稀記念事業会、一九八三年)。
(40) 『続群書類従』第三輯上神祇部。
(41) 龍穴に関しては、日下力「『平治物語』悪源太雷化話の展開―二つの滝と竜神信仰―」(『軍記と語り物』一六、一九八〇年、のち『平治物語の成立と展開』汲古書院、一九九七年所収)で分析されている。
(42) 安徳天皇と龍神との関係については、生形貴重「「平家物語」の始発とその基層―平氏のモノガタリとして―」(『日本文学』二七―一二、一九七八年、のち『「平家物語」の基層と構造―水の神と物語―』近代文藝社、一九八四年所収)、同「延慶本「平家物語」と冥界―龍神の侵犯と世界の回復・大将軍移行の構想―」(『日本文学』三六

―四、一九八七年四月)、同「『平家物語』における安徳天皇と龍神―延慶本を中心にして―」(『大谷女子短期大学紀要』三三、一九八九年)から示唆を得た。
(43) 『玉葉』建久二年閏十二月十四・十六・二十・二十一・二十二・二十四・二十八・二十九日条。
(44) 延慶本『平家物語』第六末廿五「法王小原へ御幸成事」。
(45) 延慶本『平家物語』第六本十九「霊剣等事」。
(46) 『源信』〈原典日本仏教の思想〉(岩波書店、一九九一年)。
(47) 『大日本仏教全書』。
(48) 龍神動の淵源は、『大智度論』巻第八に見られる。
(49) 秋岡武次郎編著『日本古地図集成』(鹿島研究所出版会、一九七一年)。
(50) 大林太良「地震の神話と民間信仰」(『東京大学公開講座二四　地震』東京大学出版会、一九七六年)。

第三章　崇徳院怨霊の胎動

一　崇徳院崩御への対応

鎌倉本『保元物語』では、崇徳院が亡くなって荼毘に付され、白峯に埋葬された後で、「此君当国にて崩御成しかは讃岐院と申しを、治承の比怨霊共を宥られし時、追号有て後は崇徳院とそ申ける」とし、半井本以外の『保元物語』諸本および『平家物語』諸本では讃岐院に対して「崇徳院」という諡号が贈られたことを記しているのに対し、半井本では讃岐院という呼び名で一貫させており、崇徳院という諡号が贈られたことを記さない。この点に関しては野中哲照が既に指摘しているように、[1]鎮められざる怨霊としての崇徳上皇を語ろうとするために、「崇徳院」という諡号が与えられて怨霊が鎮められたとすることを語り手はあえて排除したとする説が興味深い。

鎌倉末・南北朝期の公卿一条経通の日記『玉英』を、孫の一条兼良が抄出した『玉英記抄』[2]「凶礼」には、

先院被レ奉レ号二後醍醐院一云々、代々如レ此之院、被レ用二徳字一、崇—安—顕—順—等也 今度御号殊勝珍重也、可レ叶二尊霊之叡情一

歟、

とあり、崇徳・安徳・顕徳・順徳など京都から離れた地で没した天皇の謚号には「徳」の字を用いることになっており、それは異境の地で無念の死を遂げた天皇の怨霊を鎮めるための、言霊信仰に基づく措置であった。半井本では、このような鎮魂の手法がとられたことを記さず、西行が讃岐の院が埋葬されている地を訪れて和歌を詠んだことによってはじめて怨霊が鎮まったことを記しており、国家による崇徳院鎮魂を排除する叙述となっている。

それでは、相次ぐ天変地異が崇徳院の怨霊によるものであると認識されるに至るにはどのような過程を経ているのか、次にその点を考察していく。保元の乱の後しばらくは、後白河院にとって崇徳院は罪人であり、その存在は無視された。保元の乱の直後に、後白河院が石清水八幡宮に対して乱の勝利を報告した宣命からも、その様子がうかがわれる。(3)

天皇我詔旨止、掛畏岐石清水尓御坐世留八幡大菩薩乃〔広前尓、脱カ〕恐美恐美毛申賜止波久申、前左大臣藤原頼長朝臣、偏巧暴悪美、妄図逆節弖、太上天皇〔崇徳〕乎奏勧〔奉カ〕弖、天下乎擾乱志、国家乎謀危之由、云云之説嗷々多端志、然間去七月九日夜、太上天皇、偸出城南之離宮弖、忽幸洛東之旧院〔白河北殿〕弖、占戦場於其処女、結軍陣於其中弖、頼長朝臣度、成狼戻之群弖、企梟悪之謀、因茲弖同十一日、為禦凶徒尓差遣官軍須、而依宗廟之鎮護利、蒙社稷之冥助弖、謀反之輩即以退散志奴、頼長朝臣波中流矢弖終其命尓岐、是則神之所誅奈利、寔非人之所為須、廿三日尓太上天皇乎波讃岐国尓奉遷送留、其外党類或仰刑官弖召捕倍、或帰王化志弖来服須、即令明法博士等勘申所当罪名尓拠無首徒〔従カ〕律、各可処斬刑之由乎奏世利、然而殊仁有所念、右近衛大将藤原兼長朝臣以下十三人乎波、一等減弖遠流罪尓治賜布、合戦之輩、散位平朝臣忠貞以下二十人乎波、考古跡於弘仁倍、訪時議於群卿弖、且法律能任尓処斬罪世利、夫法令馭俗之始奈利、刑罰波懲悪之基奈利、若寄重尓依弖優志、職高加為尓宥波、中夏乎毛難治久、後昆乎毛叵懲加良牟、是為眇身尓不行須、唯国家尓無私良牟止奈利、即可告申此由之処尓、依憚穢気弖、于今延怠世利、故是以吉日良辰乎択定弖、参議従三位源朝臣師仲、散位従五位下源朝臣経時等乎差使弖、礼代乃大幣乎令捧持奉出賜布、掛畏岐大井、此等状乎平久安久聞食弖、干戈永戢利、玉燭克調弖、放馬於華山之陽比、反俗於栗陸之昔志弖、天皇朝廷乎宝位無動久、常磐堅磐尓、夜守日守護幸倍奉賜倍止、恐美恐美毛申賜波久止申、

保元元年閏九月八日

大内記藤原信重作

ここでは、藤原頼長がいかに猛悪であったかが説かれ、流れ矢に当たって亡くなったことは神罰であると述べ、後白河院は手厳しく頼長を非難している。さらには、崇徳院を讃岐に流したことをはじめとして、その他の党類を捕らえ処罰したことは法に則った処置であり、国家に私なきがため行い、自らと朝廷が幾久しかるべきことを八幡大菩薩に祈誓している。この時点では、両者の怨霊は当然意識されておらず、誇らしげに保元の乱の勝利を宣言している。のちに怨霊の存在が無視できなくなり、安元三年五月十七日にはこの宣命の破却が言われるようになることは皮肉であった。(4)

さらに、後白河院によって出された新制を比較してみると、保元の乱直後とそれからしばらくたってからとでは、かなりの差異を見出すことができる。(5) 保元元年閏九月十八日令は、よく知られた「九州之地者一人之有也、王命之外、何施二私威一」で始まるものであるが、保元の乱に勝利し、日本すべての土地は自らのものであり、自らが最高の権力を持つものだと高らかに示したものであった。これが治承二年（一一七八）七月十八日令になると、「応下任二式条一令ㇾ勤下-行年中諸祭上事」「応三如法勤二-修年中諸仏事等一事」「応ㇾ禁二-制六斎日殺生一事」とい

う、神事・仏事を厳密に行い、神仏を敬うべきであると、信仰の世界に傾斜した内容となっている。崇徳院怨霊が意識される前と後とでは、後白河院の政策自体が大きな変化を見せているのである。

崇徳院は長寛二年（一一六四）八月二十六日に亡くなったが、『百錬抄』(6)ではそれについて、「讃岐院崩二于配所一四十六、太上皇《後白河》無二服仮之儀一」とし、後白河院は崇徳院の死を無視している。『皇代記』(7)にも、「長寛二年八月廿六日崩二于讃岐国一年四十六、位廿四年、去但有二時議一不レ奏二遺詔一、兼又不レ仰二廃朝一、不レ召二錫紵一、付二国司一行二彼葬礼一、自二公家一無二其沙汰一」とあり、天皇であったにもかかわらず、朝廷からは何の措置もとられず、国司によって葬礼が行われただけである。また、『玉葉』安元二年（一一七六）九月十七日条では、

於レ棄二傍親服之例一ハ、久寿二年、及長寛二年讃岐院御事、依二義絶一、被レ問二人々一、不レ被レ用之例等也、此外不二覚悟一云々、長寛義絶之儀、尚不二甘心一、可レ有二遺詔等事一歟之由、彼時有二相傾之輩一云々、

と、崇徳院が亡くなったことに対して後白河院が服喪せず、無視する行動をとったため、非難する人々があったことを記している。この時点では後白河院は崇徳院の怨霊などまったく意識しておらず、罪人扱いをしていたのであった。

それが物語の世界では違った様相を見せている。『源平盛衰記』巻第二「新帝御即位崩御」に、

永万元年六月二十七日ニ、大極殿ニシテ新帝(六条)御即位ノ事アリシニ、同七月廿三日ニ春寛法印御験者ニ参リ祈申ケルニ、御邪気始テ顕テ讃岐院ノ御霊トゾ聞エシ。同二十八日ニ新院(二条)隠レサセ給ニケリ。御歳二十二、位ヲサラセ給テ僅ニ三十余日也。天下憂喜相交テ不二取敢一事也。

というように、二条帝が天皇の位を六条に譲ってわずか三十日余りで亡くなったのは、讃岐院（崇徳院）の御霊のせいであるという風聞があったことを記している。これは『源平盛衰記』独自の記事で、他の記録類には見ら

れない。『源平盛衰記』は『平家物語』諸本の中でも成立が遅れるものであり、他の部分においても事実とはかけ離れた記述が多い。この部分でも、後の知識を利用して、天皇が早世したのを崇徳院の怨霊のせいだと理由づけているに過ぎないと思われる。物語の世界では、崇徳院が生存中から祟ったことを記しており、現実の社会とは大幅に異なっている。

二　安元三年の火災

安元三年（一一七七）はさまざまな動乱が起きた年であった。[8]『平家物語』巻第一「俊寛沙汰　鵜川軍」「願立」「御輿振」「内裏炎上」によると、加賀守師高の弟師経が代官として下着した際、白山末の鵜河という山寺に乱入し、寺僧と戦いになった。白山の訴えにより山門の大衆は、四月十三日に神輿を振りかざして洛中へ乱入したところ、神輿に矢が射立てられ、神人・宮仕も数多く射殺され、おめき叫ぶ声が梵天まで聞こえ、堅牢地神も驚くような様子だったという。この状況については、「神輿射奉る事、是はじめとぞうけ給。「霊神怒をなせば、災害岐に満つといへり。おそろしく」とぞ人々申あはれける」と記されている。このような騒然とした状況であるので、後白河院は法住寺殿に行幸になった。一方、『玉葉』ではこの事態について、同年四月十四日条に詳しく記されている。

人告云、山僧又以下向、依レ恐二其事一、忽行二幸法住寺殿一云々、余敢不二信受一之間、大夫史隆職（小槻）告二送同状一、縦夷狄雖レ致二謀叛一、天子豈棄二皇居一乎、可二弾指一之世也、其臨幸之体、又以非二直世事一歟、

（中略）

仏法王法滅尽期至歟、五濁之世、天魔得二其力一、是世之理運也、惣非二言語之所一レ及、非二筆端之可一レ尽、夢

歟非レ夢歟、言而有レ余、歎而無レ益、不レ能ニ左右ニ云々、
兼実は王法・仏法も滅びてしまう世の末だと感じ、これは「天魔」の所為であると認識していたが、「天魔」が具体的に何であったかは記していない。

そして追い打ちをかけるように、四月二十八日には京都で大火災が起こった。[9] 樋口富小路から出火し、京中では東は富小路まで、南は六条まで、西は朱雀の西まで、北は大内裏までことごとく焼失し、大極殿以下八省院はすべて焼失してしまい、京中は死骸があちこちに転がるという悲惨な状況となった。[10] この様子を『平家物語』では、「山王の御とがめとて、比叡山より大なる猿どもが二三千おりくだり、手々に松火をともひて京中を焼くとぞ、人の夢には見えたりける」とあり、山王の神輿に矢を放ったことへの神罰だと認識している。[11] 一方、『方丈

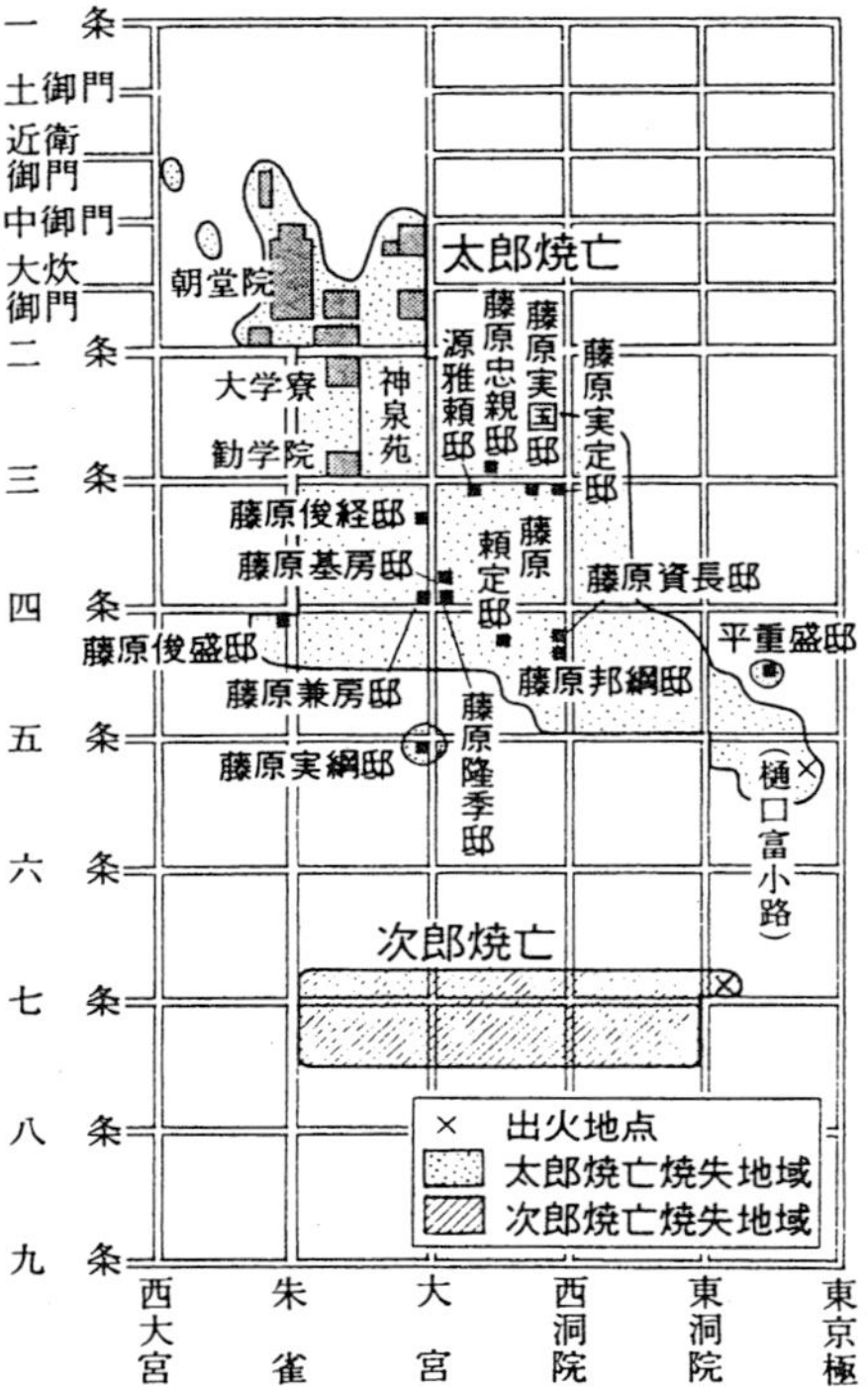

第２図　太郎焼亡と次郎焼亡の焼失範囲
（角田文衞監修『平安京提要』より、角川書店、1994年）

記』では、鴨長明が物心ついてから四十年あまりの月日がたつうちに、世の中でたびたび予想もしないことが起きることとなったと記し、その一番最初に安元三年の火災のことを述べ、世の無常を知り『方丈記』を記すきっかけとなっている。

そして、『玉葉』ではこの様子を、

火災盗賊、大衆兵乱、上下騒動、緇素奔走、誠是乱世之至也、非二人力之所レ及、天変雖二頻呈一、法令敢不レ改、致レ殃招レ禍、其不レ然哉、熒惑入二太微一、渉レ旬渉レ月、熒惑是火精也、太微即宮城也、華洛成二灰燼一、変異之験、可レ謂二掲焉一歟、故殿（忠通）常仰云、末代之天変、給徴速疾、是不レ施レ化不レ行レ徳之所レ致也云々、先賢之語誠矣此言、

と記している。ここで注意したいのは、右大臣であった九条兼実が、治天の君たる後白河院に対し、法令をあえて改めようとしないため、このような大火が起きたのだと失政を非難していることである。兼実は火災の予兆を、火星が太微に入るという陰陽道的解釈によって見て取ろうとしており、これと後白河院の失政とを結びつけている。

以上のように、それぞれの立場によって、火災のどの部分にポイントをおき、原因は何にあるとするのか異なっていることは興味深い。そして、天皇・院を核とする朝廷にとっては、この火災で最も打撃を受けたのは、大極殿が焼失したことであった。『玉葉』では大極殿が炎上した例がすぐに検索され、貞観十八年（八七六）四月十日と天喜六年（一〇五八）二月二十六日の二度しか炎上したことはなかったことを記している。[12] そのため、貞観の時には陽成天皇が豊楽殿で、天喜の時には後三条天皇が太政官庁で即位することを余儀なくされたが、その他の場合は、冷泉天皇が病気のため紫宸殿で即位したことを除き、大極殿で即位することになっていた。大極殿

には高御座が置かれ、ここで即位することは皇統を嗣いでいく上で決定的な意味をもっていた。今回の火災によって大極殿が焼失してしまったため、治承四年（一一八〇）四月二十二日に即位した安徳天皇は、紫宸殿で即位することになった。しかし、安徳天皇は壇ノ浦に沈んで不遇の生涯を終えることになったため、紫宸殿での即位は不吉であるということになり、[13] 以後は大極殿も再建されなかったので、太政官庁で即位することが常となった。

内裏の火災は、一般に祟りによるものと思われていたようである。天徳四年（九六〇）九月二十三日、左兵衛陣から出た火は瞬く間に広がり、村上天皇は冷泉院に避難するという火災があったが、これは平安京遷都以来、初めての内裏焼亡であった。このことについて『西宮記』[14] 臨時五「行幸」には、

十一月一日、奉㆓幣伊勢・石清水・賀茂・松尾・平野・石上等㆒、告㆓内裏火災兼謝㆑祟由㆒、伊勢・石清水、告㆓火災兼謝㆑祟、賀茂・松尾・平野、只告㆓火災㆒、石上唯謝㆓祟由㆒

とあり、内裏が焼亡したことを報告するのとともに、火災の原因が祟りにあるとして伊勢神宮以下六社に奉幣されている。また、『日本紀略』天徳四年九月二十三日条によると、参議源重信が焔を仰いでいると、「一竪光、其躰如㆑龍爛々」という状況であり、龍と化した怨霊が火災を起こしたものとみなされていたことがわかる。安元三年の火災の場合には、焼亡したのは大極殿であり、王権継承上極めて重要な場所であるため、火災が怨霊のためであるという認識はより一層先鋭になったものと思われる。

安元三年の火災について、『源平盛衰記』巻第四「盲卜」では、盲の占いをする入道が、火災の原因を愛宕山に住む天狗の仕業であると述べている。

聞者皆ヲカシト思テ、「樋口ハ遥ノ下、富小路ハ東ノ端、サシモヤハ有ベキ。イカニト意得テカクハ云ゾ」ト問ケレバ、「占ハ推条口占トテ、火口トイヘバ燃広ガラン。富少路トイヘバ、鳶ハ天狗ノ乗物也、少路ハ

歩道也。天狗ハ愛宕山ニ住バ、天狗ノシハザニテ、巽ノ樋口ヨリ乾ノ愛宕ヲ指テ、筋違サマニ焼ヌト覚ユ」
トテ、妻子引具シ、資材取運テ逃ニケリ。

『源平盛衰記』では、出火地点の「樋口」を「火口」にかけ、「富」を天狗の乗物の鳶とし、「小路」は歩く道であるので、そこから火が広がったと解釈している。そして、天狗が愛宕山に住んでいるので、北西の愛宕山の方向を目指して延焼していったのだとしている。『太平記』では崇徳院が愛宕山に住む天狗として描かれており、崇徳院と天狗との関係は重要であり、『保元物語』でも崇徳院は生きながらにして天狗の姿となったことが記されている。

安元三年四月二十八日の火災は、治承二年四月二十四日に再び京都で大火災が起こったことにより、太郎焼亡と呼ばれ、後者は次郎焼亡と呼ばれるようになり、(15) 愛宕山の天狗は「太郎坊」と呼ばれるので太郎焼亡を起こし、比良山の天狗は「次郎坊」と呼ばれるので次郎焼亡を起こしたと考えられるようになったのであった。治承二年の火災があったことにより、前者はより大きな火災であったため「太郎焼亡」と呼ばれ、後者はそれよりは小さかったため「次郎焼亡」と呼ばれるようになり、火災の被害状況に応じて「太郎」「次郎」とされたのであって、これは順序づけ以上の意味をもっていない。

愛宕山の天狗を太郎坊、比良山の天狗を次郎坊と呼ぶことは、謡曲『花月』や御伽草子『天狗の内裏』などに見られ、室町時代には広く行われていた。そして、延慶本『平家物語』第二本「法皇御灌頂事」では、

中比我朝ニ柿本(真済)木〔紀〕僧正ト申シ、高名ノ智者、有験ノ聖、侍キ。大憍慢ノ心ノ故ニ、忽ニ日本第一ノ大天狗トナリテ候キ。此ヲアタゴ(愛宕)ノ山ノ太郎房トハ申候也。スベテ憍慢ノ人多キガ故ニ、随分ノ天狗トナッテ、六十余州ノ山ノ峯ニ、或ハ十人計、或ハ百人計、カケリ(翔)集ラザル峯ハ一モ候ハズ。

とあり、管見の限りでは、これが愛宕山太郎坊を記す最も古い記録である。(16) ここでは柿本紀僧正真済を愛宕山の天狗太郎坊としている。

真済は東寺僧正で空海の高弟であり、高尾に入り十二年間修行し、入唐しようとするが果たせず、貞観二年（八六〇）二月二十五日入滅している。『日本三代実録』にはその卒伝を載せており、そこで注目されるのは、「入二愛当護山高尾峰一、不レ出十二年」という記事であり、これが真済を愛宕山と関係づけるもととなった。以降、『扶桑略記』『相応和尚伝』『拾遺往生伝』などでは、真済の霊は天狗として登場するが、愛宕山太郎坊として登場するのは、延慶本『平家物語』を待たなければならない。(17) 愛宕山の大天狗を「太郎坊」というから「太郎焼亡」というのではなく、全く別個に「太郎坊」「太郎焼亡」と呼ばれ、愛宕山の天狗信仰の高まりにより、火災の原因が愛宕山天狗に帰結されていったのである。

再び安元三年の状況に戻ってみると、『玉葉』五月一日条によると、二条の北から油小路西角の古小屋に至るまで中宮庁としていたが、そこに強盗数人が乱入し、放火強盗殺人を行っている。これについても「天運欲レ尽歟、悲泣而有レ余者也、先流矢中二神輿一、尋承保又有二此事一、深可二恐怖一歟、我国滅亡時已至歟」と、世の末であると認識されている。この後も各所で放火強盗が起きており、「乱代之至歟」とされている。これらはみな、後白河院に「徳」がないため災異が起こったのだとみなされた。しかし後白河院はこれに対して、具体的に対応する政治力を持ちあわせなかった。そうした中で、より一層神仏の世界に傾倒していった。

後白河院政期を通じて院司だった三条実房の日記『愚昧記』(18) 五月五日条では、蔵人大進平基親が参内して「去廿九日寅刻大極殿火災何祟哉」と述べ、御卜が行われた。その結果は、「巽乾大神神事違例不信之所レ致歟、又公家可レ慎二御々薬事一歟」と出た。そして巽神とは伊勢・稲荷・祇園をさし、乾神とは平野・北野をさしており、神事を厳密に行うべきであると出た。この後、各社での祭祀はどう執り行われたのかは記されていないが、こうした状況下で九日に崇徳院と頼長の怨霊のことが問題となったのである。

三　崇徳院怨霊の登場

『愚昧記』安元三年五月九日条には、

　讃岐院宇治左府事可有沙汰事
相府(藤原経宗)示給云、讃岐院并宇治左府事、可レ有二沙汰一云々、是近日天下悪事彼人等所為之由有レ疑、仍為レ被レ鎮二彼事一也、無極大事也云々、

のように、左大臣経宗は最近相次いで起こる事態が崇徳院と藤原頼長の祟りによるもので、それを鎮めるのは非常に重要なことであると右大臣兼実に述べている。以降繰り返して、両者の怨霊について議論されている。両者の怨霊が取りざたされることになった最大の原因は、王権に関わる大極殿が焼失してしまったことであり、怨霊を最も意識したのは後白河院であった。

そして五月十三日条では、崇徳院と頼長をどう供養すべきか問題になっている。

　讃岐院宇治左府間事
相府(藤原経宗)示給云、讃岐院并左府等事、昨日以二光能(藤原)一被二仰遣一也、頼業(清原)・師尚(中原)勘文下給也、又去年為二用意一仰二彼両人并永範(藤原)卿・師直(中原)等一令二勘儲一也、昨日下給之勘文等一々見合之由仰在レ義候、存知之旨ハ於二讃岐院一者、成勝寺被レ置二国忌一被レ行二八講一、又於二讃岐御在所一同可レ修二追善一歟、又於二左府一者、可レ有二贈官位一歟、然者於二太政大臣一者、其子師長已任候、仍贈二正一位准三宮一歟、至二智足院殿一准三宮不レ経歟云々、又此上可レ為二神祠一歟、至二其条一者蹔祈請、若有二其告一者可レ随二彼告事一歟、惣為二彼両人一尤可レ被レ修二追

善一歟、

ここで注意しなければならないのは、昨年すでに清原頼業・中原師尚・藤原永範・中原師直等に対して、讃岐院と頼長のことについて、どう処遇したらよいか勘文の提出が命じられていることである。このことから、遅くとも安元二年には両怨霊の存在が意識されていたことがわかる。

安元二年には、後白河院の周辺の人物が相次いで亡くなっている。六月十三日には、鳥羽院と美福門院得子との間に生まれ、二条天皇の中宮となった高松院姝子が三十歳で亡くなり、七月八日には、後白河天皇の女御で、高倉天皇の生母である建春門院平滋子が腫物に悩まされ、三十五歳で亡くなっている。さらに、後白河天皇の孫、二条天皇の子で、三歳にして即位し、五歳の時には退位した六条院が、七月十七日にわずか十三歳で亡くなっている。そして、藤原忠通の養女で、近衛天皇の中宮となった九条院呈子が、八月十九日に四十六歳で亡くなっている。こうした状況を、『帝王編年記』では、「已上三ヶ月之中、院号四人崩御、希代事也」と記している。このようにして、後白河院周辺の人物や、頼長と敵対した忠通に関連する人物が相次いで亡くなっていくことにより、院はこれらは崇徳院怨霊の仕業であると恐れていったのだろう。そして、怨霊の跳梁を決定づけたのが、安元三年の火災であったのである。

それでは、崇徳院怨霊の存在を語っていったのは誰であろうか。『吉記』寿永三年（一一八四）四月十五日条には、

故入道教長卿（藤原）彼院御寵女兵衛佐猶子也、天下擾乱之後、彼院并槐門悪霊、可レ奉レ祝二神霊一之由、故光能卿（藤原）為レ頭之時、被レ仰二合人々一、其後行隆朝臣又奉行、又光雅・光長等朝臣奉行之、

のように、教長が崇徳院と頼長の悪霊を、神霊として祀るべきであると人々に仰せ合わせており、それは光能が

【天皇・藤原氏関係系図】

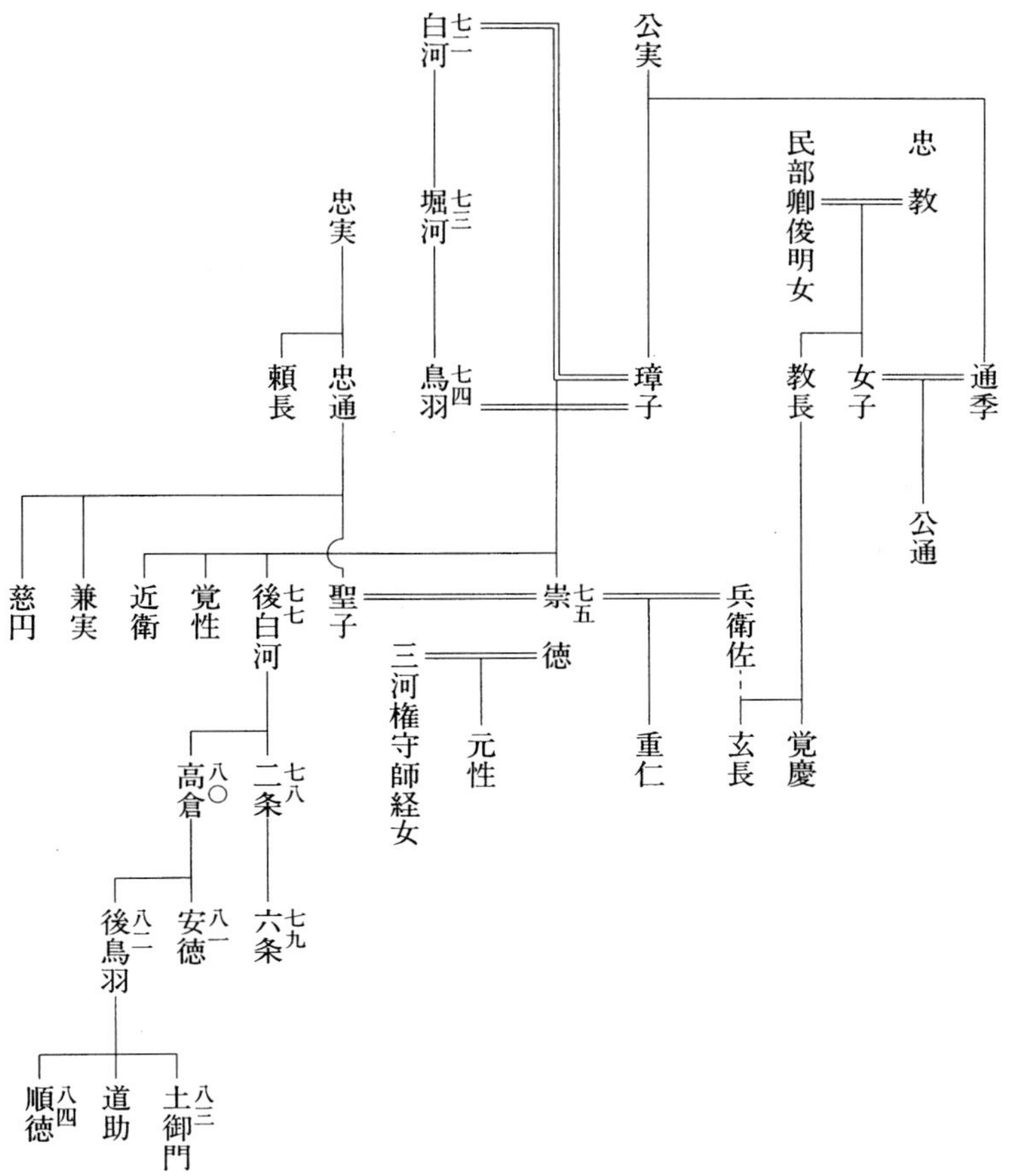
公実
白河 七二
堀河 七三
鳥羽 七四
璋子
通季
忠教
民部卿俊明女
女子
教長
公通
忠実
忠通
頼長
聖子
崇徳 七五
兵衛佐
三河権守師経女
元性
重仁
玄長
覚慶
慈円
兼実
近衛
覚性
後白河 七七
高倉 八〇
二条 七八
安徳 八一
六条 七九
後鳥羽 八二
順徳 八四
道助
土御門 八三

蔵人頭の時であるという。光能が蔵人頭であったのは安元二年十二月から治承三年十月までであるが、安元三年七月以降は教長は高野山から出なかったようであるので、建議が可能であったのは安元二年十二月以降三年七月以前とみなされている。[19]さらに、安元二年に頼業らに慰霊に関しての勘文の提出が命じられていたとする『愚昧記』の記事とを合わせて考えると、教長は以前から鎮魂の案を唱えており、光能が蔵人頭に就任したときに建言が実り、鎮魂に向けての具体的な準備が始まったものと考えられる。[20]すなわち、教長こそ、崇徳院の鎮魂をすべき旨を唱えていった中心人物なのである。[21]また、『吉記』では教長を兵衛佐の猶子とするが、教長は崇徳院の十歳年上であり、教長を兵衛佐の猶子とするのは不自然であり、何らかの脱字があるものと推測される。『源平盛衰記』では、教長の子の玄長が兵衛佐の猶子であったとされているが、こちらの方が正しいものと思われる。

教長は大治元年(一一二六)十一月二十七日から同三年正月五日に従四位になるまでの間、崇徳天皇のもとで蔵人として活躍し、[22]その後天承元年(一一三一)九月九日に内裏十五首歌会に出詠して以来、[23]崇徳天皇内裏歌壇に頻繁に参加している。そして頼長との親交も厚かった。保元の乱の際には崇徳院方に与し、乱後は広隆寺辺で出家したが、とらえられて常陸国信太の浮島に流され、応保二年(一一六二)三月七日に召し返されている。[24]覚性法親王の『出観集』[25]によると、教長は帰洛後に、崇徳院の同腹弟である仁和寺紫金台寺御室覚性、さらには崇徳院と三河権守師経女との間に生まれた子である元性とも交流をもっていた。そして、源承の『和歌口伝』[26]によると、元性に『古今集』の進講をもしている。五部大乗経の存在が語られたのも元性のところにおいてであったことからもわかるとおり、保元の乱で崇徳院側に与した人々の間で、崇徳院の復権、さらにはそれによって自らの復権を行うために、崇徳院怨霊を語っていったのであった。そして時あたかも社会不安の時期にあり、崇徳院怨霊の存在を受容する状況にあった。そのため、最初は取り合わなかった後白河院も、ひとたび怨霊の存在を信じると、立て続けに鎮魂が試みられ、院主導で種々の対応が講じられていったのである。

『愚管抄』巻第七に、

サヌキヨリヨビカハシマイラセテ、京ニヲキタテマツリテ、国一ツナドマイラセテ、「御作善候ベシ」ナドニテ歌ウチヨマセマイラセテアラマシカバ、カウホドノ事アルマジ。（三二八頁）

とあるように、崇徳院を許して京都に呼び戻し、国一つでも与えて歌など詠ませていたならば祟るようなことはなかったというのが、当時一般的な考え方であっただろう。そうすることなく、後白河院は当初強硬な姿勢をとっていた。しかし、さまざまな動乱が相次ぐ中、後白河院は崇徳院の怨霊の存在を実感せざるを得なくなっていったのである。

四　崇徳院怨霊への対応

これ以降、立て続けに崇徳院怨霊鎮魂のための措置が講じられる。『愚昧記』安元三年（一一七七）五月十三日条では、成勝寺で国忌が行われ、法華八講を行うべき旨が勘文に記されており、歴代天皇と同様にして崇徳院の菩提を弔おうとする姿勢が見られる。成勝寺は六勝寺の一つで、崇徳天皇御願により保延五年（一一三九）十月二十六日に供養を遂げた寺であった。そして讃岐の崇徳院墓所においても国家によって追善供養を行おうとしている。そして神祠を建立して神霊を祀ることも議されている。頼長については、贈官位を行うことによって鎮魂しようとし、両者の追善が急務とされた。さらに五月十七日条では、以下のように記されている。

讃岐院宇治左府事、
讃岐院并宇治左府事、明日可レ令レ奏云々、今日已請レ書候、院五ケ事左府四ケ事云々、晩頭左頭中将定能（藤原）

参二相府(経宗)一、奉レ下二最勝講日時僧名一不二相逢給一、以二清光一伝奏也、不レ申二仰詞一、仍令二相尋一之処、于レ時已乗車而更下車参上令レ申レ之忘却、奇恠不レ可レ説之由頻恐申云々、可レ然歟、

讃岐院御事、

一、以二彼御墓所一勅称二山陵一、其辺堀埋不レ令二汚穢一、又割二-分民烟一両一、令レ守二御陵一事、

一、遣二陰陽師一令レ鎮二山陵一、同遣二僧侶一令レ転レ経事、

一、以二登霞日一於二成勝寺一被レ始二修八講一事、

一、被レ置二国忌一事、

一、讃岐国御墓所辺建二一堂一修二三昧一事、

宇治左府事、

一、贈正一位事、

一、贈官事、被レ任レ例被レ贈二太政大臣一也、而当時其官已彼息子也、可レ有レ憚歟、然者可レ給二謚号一歟、又可レ有二准三宮之宣旨一歟、

一、保元沙汰詔宣命等可レ被二破却一事、

一、点二彼墳墓一建二-立堂舎一可レ被レ修二三昧一事、

漢家之法、或立二社禝一有下行二祭祠一之例上、若有二其告一可レ随二彼例一歟云々、

戸主之腋并評定詞等、其状多而忘却、仍不レ記レ之、可二尋申一也、多ハ付二外記勘文一被二注出一先例也、院御事ハ崇道天王之例多載レ之、

これによると、崇徳院に関しては、その墓所を山陵と称させ、まわりに堀をめぐらして清浄を保ち、御陵を守るための陵戸を設けようとしている。『延喜式』に陵と墓を区別して記し、井上内親王のときにも「御墓」と称し

ていた墓所を、祟りを鎮めるために「山陵」と称するようにしたことからもわかるとおり、この場合でも崇徳院の名誉を復権させるために、天皇陵としての「山陵」に加えようとしているのである。そして、陰陽師と僧侶とを山陵に遣わして鎮魂させ、墓所付近に一堂を建立して法華三昧を行わせようとしている。また、京都においては、崇徳院の命日に成勝寺で法華八講を行い、国忌を置くべきことが議論されている。

崇徳院への対応は崇道天皇の例に倣って執り行われた。崇道天皇に関しては、『日本紀略』延暦十一年（七九二）六月癸巳（十日）条に「皇太子久病、卜之、崇道天皇為㆑祟、遣㆓諸陵頭調使王等於淡路国㆒、奉㆑謝㆓其霊㆒」とあり、桓武天皇の皇子である安殿親王（平城天皇）の病の原因が、崇道天皇＝早良親王の祟りであると認識されたのであった。(27) 大伴家持らが桓武天皇の信頼の厚い藤原種継を暗殺し、光仁天皇の皇子で山部親王（桓武天皇）の同母弟である早良親王を天皇に擁立しようとしていたことが発覚し、親王は乙訓寺に幽閉された。そして、朝廷により飲食が絶たれ、船で淡路に移送される途中、高瀬橋のあたりで没し、屍は淡路に葬られた。そのような背景があって、安殿親王が病気となり、畿内名神に奉幣しても治癒しなかったことで、早良親王の祟りに帰結させるに至った。祟りへの対応としては、延暦九年に親王の御墓に守家一烟を置き、随近の郡司にも守らせ、家のまわりに隍を掘って清浄を保たしめ、親王の霊に謝するために、僧の派遣、崇道天皇号追号が行われ、寺が建てられて読経が行われたのであった。

頼長についても、贈位贈官が行われて、名誉を回復させようとし、墓を探してそこに堂舎を建立して法華三昧を行うことによって菩提を弔おうとした。それとともに保元元年閏九月八日に石清水八幡宮神前において祈誓された「保元沙汰詔宣命等」の破却が俎上にのぼっている。

怨霊への対応については、『玉葉』安元三年七月二十九日条に見られる。

一、讃岐院、院号、並宇治左府、贈官贈位等事、来月三日可レ被レ行、此事、左府被二申行一云々、以二天神御例一、為二證跡一云々、此例不レ似歟、已是朝家大事也、尤可レ有レ議、而無二左右一被レ行レ之、如何之由、世人傾奇云々、余案二此事一、偏可レ在二叡慮一、他人不レ可レ申二是非一事也、

一、改元、来月四日可レ被レ行云々、

一、斎宮卜定、可レ有二沙汰一云々、

一、神社行事可レ被レ行云々、其数未レ定、先可レ有二賀茂八幡一、

一、釈奠事、於二官庁一可レ被レ行之由、昨日頼業所レ申作也云々、

即退出了、後聞、今日、被レ行二贈官位並院号等事一云々、使惟基（藤原）、

（中略）

院号、

宜下止二讃岐院号一為中崇徳院上、大外記清原頼業奉レ之、

余案レ之、崇徳院号如何、

我朝、太上天皇贈号未レ聞、若可レ改二讃岐院一者、只可レ称二土御門院一歟、崇徳字未二甘心一、通典文云々、

永範撰申、上卿隆季卿云々、

これによると、八月三日に讃岐院に対して「崇徳院」の院号が与えられ、頼長には贈官贈位が行われることになり、同時に来月四日に改元することも決定された。『玉葉』に崇徳院怨霊の記事が見られるのはこれが初めてであり、左大臣経宗はこのときに、菅原道真の怨霊を慰めるために、死後正一位太政大臣が贈られたという先例があるとして、積極的に鎮魂政策を推し進めていった。それに対して右大臣であった兼実は、このことは朝家にと

って重要なことであるので、十分議論をすべきであり、経宗が先へ先へと処置を進めてしまっているのはいかがなことかとしながらも、これは後白河院自身のことであるので、他人が口出しする問題ではないとしている。最終的に崇徳院を怨霊とみなして鎮魂の命を下したのは後白河院自身であったのである。そして、兼実が退出した後に、贈官位ならびに院号等のことが決定された。これは、『百錬抄』同日条で、

讃岐院奉レ号二崇徳院一、宇治左府(頼長)贈官位太政大臣正一位事宣下、天下不レ静、依レ有二彼怨霊一也、

と淡々と記されているのと対照的である。

このように、怨霊への対応を余儀なくさせられた背景には、安元三年の京都での大火に引き続き、六月に平家打倒を企てた鹿ヶ谷の陰謀が発覚し、平清盛によって後白河院近習の輩が捕らえられたことがある。そして、藤原師光（西光）は斬首、藤原成親は備前に流された後殺され、俊寛・平康頼・藤原成経は鬼界島に流刑にされるという事件があった。

こうした騒然とした状況において、後白河院は精神的に自らが追い込まれていることを痛感していった。そして、その根元には、保元の乱で崇徳院を讃岐に追いやったことがあると悔恨したに違いない。『愚管抄』巻第五に、「サテ後白河院ハ、仏法ノ御行ヒコトニ叡慮ニ入タル方ヲハシマシテ、御位ノ程、大内ノ仁寿殿ニテ、懺法行ヒナドセサセ給ヒケリ」（二二五頁）とあるように、後白河院は強い信仰心を持ち、嘉応元年（一一六九）に出家受戒し、熊野・石清水・日吉社にたびたび参詣し、熊野には三十四度訪れ、院政期の上皇の中で最も多く熊野詣を行った人物であった。熊野御幸は院を中心とする王権の現当二世にわたる安定と存在を期待したものであったとされている。(28) 日吉社に対しても崇敬の念は篤く、後白河院御所である法住寺殿の近くには新熊野・新日吉両社が建立され、病状の悪化した建久三年（一一九二）二月十三日には、不予の御祈のため日吉社に臨時祭使が立

てられ、賀茂臨時祭と同様に臨時祭が行われている。[29] また、観音信仰も篤く、その背後には園城寺の僧侶たちの活動があったことが指摘されている。[30] さらには、後白河院の勅願により、平清盛によって造立された法住寺殿西側の蓮華王院には、千体の千手観音が安置されるのとともに、惣社が建立され、そこには、八幡已下の二十一社や日前宮・熱田・気比等の神々が勧請された。[31] このことは、中央・地方の大社を勧請することにより、院の祈願所である蓮華王院を守護しようとしていることを表しており、後白河院の神仏に対する信仰の深さと広さがかいま見られる。

さらに重要なことは、後白河院は死者の霊魂の扱いに非常に敏感であったということである。『山槐記』文治元年（一一八五）八月二十三日条に、

今日被レ供二養五輪一万基塔一、自二去夏一上下諸人及課二諸国一、為レ被レ滅二追罰之間罪障一、被レ勧二進八万四千基一、各書二名字於地輪下一、長講堂仏前并前庭立レ棚奉安之、

とあるように、安徳天皇はじめ西海に沈んだ平家一門の霊の鎮魂のために、五輪塔一万基を作って供養しているが、これは養和元年（一一八一）十月以来、後白河院が戦乱で亡くなった人々の供養のために、宝篋印陀羅尼経を納めた八万四千基塔を作らせていることの一環である。[32] この行為はおそらく、称徳天皇が藤原仲麻呂の乱で亡くなった人々の冥福を祈るために百万塔陀羅尼を作ったことを参考にしているのであろう。

さらに後白河院は過去に非業の死を遂げた人物の霊魂にも注意を払っていた。『百錬抄』平治元年（一一五九）九月二日条に、

橘逸勢社祭、上皇有二御結構一、餝以二金銀錦繍一、天下之壮観也、捧二持面形一為二風流一、人以傾レ之、

とあるように、姉小路猪熊にあったとされる橘逸勢社の祭が、後白河院の命で風流を尽くして盛大に行われてい

る。橘逸勢は、承和の変の首謀者として伊豆国に配流となり、移送の途中で病死し、後には貞観御霊会で鎮魂にあずかった人物であった。また、後白河院は保元二年の御霊会では新たに馬上役を加えるなど、(33)御霊についても深い認識を持っていたのであった。こうしたことを背景に、後白河院は崇徳院の怨霊の存在を認めていったのである。

七月二十九日の崇徳院の追号に引き続き、八月二十二日から二十六日にかけて、成勝寺において法華八講が行われた。『玉葉』治承元年八月二十五日条には、

奉㆓為讃岐院㆒今号㆓崇徳院㆒被㆑修㆓四日八講㆒、講師、聴衆、各八人、無㆓證誠㆒、初日、依㆑無㆓人数㆒無㆓行香㆒、資長（藤原）依㆑為㆓彼寺上卿㆒、四箇日之間、参入行㆑之、弁重方（藤原）也、今日結願、如㆑形有㆓行香㆒、上官等参入云々、抑彼院御国忌、明日廿六日也、而強自㆓廿二日㆒被㆓始行㆒、今日結願、甚以不当也、凡毎事奇異也云々、

とある。法華八講はこの時期さかんに行われ、天皇の忌日に追善供養のために行われていた。後白河院により成勝寺で法華八講が行われて以来、成勝寺は崇徳院の菩提を弔うための寺へと性格を変えていったものと思われる。

そして、崇徳院の忌日を国忌とするかどうかで問題となった。『玉葉』治承元年八月二十八日条には、

大外記頼業（清原）来、召㆑前仰㆓雑事㆒、奉㆓為讃岐院㆒今号㆓崇徳院㆒可㆑被㆑置㆓国忌山陵㆒申候由、人々被㆑申候前大相国、左府、中宮大夫、而被㆑定㆓十陵㆒之後、未無㆓加増之例㆒、廃㆓何陵㆒可㆑加㆑之哉、至㆓于崇道天皇例㆒者、追被㆑置㆓国忌、山陵㆒例也、彼時未㆑被㆑定㆓置十陵㆒、加之、桓武天皇、御悩危急之時、有㆓此沙汰㆒、雖㆑然、遂以崩御、其例不㆓相似㆒、何況、彼者廃坊之人、追有㆓天皇之号㆒、又被㆑置㆓山陵㆒、是尤足㆑為㆓栄曜㆒、是ハ本為㆓太上天皇㆒、雖㆑置㆓国忌山陵㆒、何有㆓尊崇之儀㆒哉、旁可㆑有㆓思慮㆒之由、経㆓言上㆒、仍忽停止了云々、

とある。この時の国忌は、天智・光仁・桓武・仁明・光孝・醍醐の各天皇、白河天皇御母藤原茂子、鳥羽天皇御

母藤原苡子、二条天皇御母藤原懿子の九国忌で、この日は廃朝され諸司は廃務し、官寺では法会が行われた。近陵はこれに崇道天皇を加えた十陵であり、年終にその年の初穂が献じられる荷前の際、内裏からの別貢幣に預かった。(34) 新たに近陵に列することを、山陵を置くといい、十陵に固定されていたので、崇徳院を近陵に列するかどうかが問題となったのであった。この制は中国の宗廟制の影響を受けて成立したもので、先帝および皇后などに対する敬慕のための制度であった。その中で唯一特殊な例が崇道天皇の場合で、『日本後紀』延暦二十四年（八〇五）四月甲辰（五日）条に「令下二諸国一奉二為崇道天皇一建二小倉一納二正税卅束一并預中国忌及奉幣之例上謝二怨霊一也」とあるように、祟りを恐れて鎮魂のために国忌山陵を置かれたのであった。(35)

それに比し今度の例は、近陵は十陵に限られているし、崇徳院は太上天皇であったため、国忌・山陵を置いたとしても尊崇することにはならないとして、結局沙汰止みになってしまった。このようにして、崇徳院・頼長に対する一連の鎮魂策がとられたが、これによって完了したわけではなく、逆によりいっそう人々に両者の怨霊を意識させる結果となった。

治承三年（一一七九）十一月十四日、平清盛は数千の大群を率いて上洛し、朝廷を制圧して人事の大更迭を行い、さらには後白河法皇を鳥羽殿に幽閉し、政権を奪取した。このことについて、『保元物語』では、崇徳院に生前召し使われていた伶人是成が出家して蓮如と名乗る者の夢が記されている。(36)

蓮如ガ夢ニ見タリケルハ、讃岐院ノ四方輿ニメシテ、為義父子六人先陣ニテ、平家忠正父子五人、家弘父子四人後陣ニテ、院ノ御所へ打入ラントスルガ、追帰レテ、為義御輿ノ御前ニ、馬ヨリ下テ、「院ノ御所ニハ、不動明王、大威徳ノ禦カセ給候間、エ参リ候ズ」ト申ケレバ、「サラバ清盛ガ許へ昇入ヨ」ト被レ仰ケレバ、無二相違一打入テ、院ヲモ入進セツト見タリケレバ、其後、清盛、次第ニ過分ニナリ、太政大臣ニ至リ、子息所従ニ至マデ、朝恩肩ヲ并ル人ゾ無。ヲゴレル余ニ、院ノキリ人中御門ノ新大納言成親卿父子ヲ流シ失ヒ、西光父子ガ首ヲ切リ、摂録臣ヲ備前国へ移奉リ、終ハ院ヲ鳥羽殿へ押籠進スルモ、只讃岐院ノ御祟トゾ申ケル。其後、讃岐院、方々ヘゾ御幸成ヌト見進セテハ、絶入シ、爰ニ御幸成ヌト見進テハ、ケ殺レ進ケリ。

崇徳院が四方輿に乗って、為義父子らが先導して後白河院の御所に入ろうとするが、不動明王・大威徳明王の加護により入り込めなかったとする。これはすなわち、後白河院に直接祟ることは不可能であったことを意味する。そして、崇徳院は平清盛邸に入り込んだため、清盛は太政大臣にまで上り詰め、ついには後白河院を鳥羽殿に幽閉するまでおごり高ぶるに至ったが、それは崇徳院の祟りであるとみなされている。延慶本『平家物語』第二本廿七「入道卿相雲客四十余人解官事」でも、

天魔外道ノ、入道ノ身ニ入替ニケルヨトゾミヘケル。人ノ夢ニミケルハ、讃岐院御幸アリケルニ、御共ニハ宇治ノ左ノヲトヾ、為義入道ナド候ナリ。院ノ御所へ入御有ラムトテ、先ヅ為義ヲ被ㇾ入テミセラレケレバ、イソギ罷出テ、「此ノ御所ニハ御行ヒマナク候也。其上只今モ御行法ノホドニテ候」ト申ケレバ、「サテハ「叶ハジ」トテ還御アルニ、為義申ケルハ、「サ候ハヾ、清盛ガ許へ入セ給へ」ト申ケレバ、ソレヘ御幸ナリケルト、ミタリケルトカヤ。サレバニヤ、君ヲモアシク思マヒラセ、臣ヲモナヤマシ給ラム。マコトニコノ夢思合セラル、、入道ノ心中ナリ。但シ御共ニ宇治ノ左ノヲトヾノ候給ハムニハ、太政大臣憂御目ヲ御覧ゼサセ給ベシヤ。心ニ入カワリ給ハンニモ、此ノ御事計ヲバヨキヤウニコソ、入道モ被ㇾ計ムズレ。コレ計ゾ心得ガタキ。人ハ高モ賤モ、信ハ有ベキ事ナリ。法皇ハ常ニ御精進ニテ御行ヒマナキニヨテ、悪魔モ恐ヲ奉ケリ。

と、同様のことを記し、後白河院の所には崇徳院・頼長の怨霊は入り込めなく、かわりに清盛の心の中に「天

魔」が入り込んだため、このような事態になったのであり、今後さらにさまざまな事態が巻き起こるであろうと人々が怯えていることを記している。

これら『保元物語』『平家物語』が依拠しているのは、『吉記』寿永元年（一一八二）六月二十一日条であろう。

> 讃岐院已下怨霊事、
> 證遍已講来談二世事一、其中語云、天下擾乱全非二他事一、宇治左府怨霊之所為也、讃岐院知足院入道殿相加給歟、於二法皇一者、度々雖レ令下遭二其難一御上、々行業越二古昔一御之間、御寿命長遠歟、二条六条高倉三代帝王早以遷化、建春門院、六条摂政又臨期之間、同令二帰泉下一給、皆是彼霊之令レ然也、近年之間連々夢想、非レ無二其證一、此事上下雖レ知二此由一、未レ及二其沙汰一歟、猶任二北野之例一、可レ被レ祝レ神歟、予答云、先年有二其沙汰一、讃岐院被レ行二八講一、左府被レ贈二官位一了、其時神祠事有二沙汰一歟、桑門言談、非レ指二才智人一、又非二宿老一、然而示二連々旨一頗入レ耳歟、仍記レ之、

藤原経房のもとを訪れた證遍は、天下擾乱の原因は頼長の怨霊によるものか、さらには崇徳院・知足院入道藤原忠実の怨霊も加わっているのではないだろうかと述べている。忠実は、嫡男忠通の氏長者を奪って二男頼長に与え、保元の乱では頼長を助け、朝廷側からは乱の元凶の一人とみなされていたが、忠通のはからいによって京都北郊の知足院に閉居することとなり、応保二年（一一六二）六月十八日に亡くなった人物であった。忠実も保元の乱によって後白河院側から排斥された人物として、怨霊が意識されたのであろう。

證遍はさらに、後白河院はたびたび難局に直面しているが、仏道修行の行いのために寿命が長らえているのであろうか、二条・六条・高倉の三代の天皇は若くして亡くなり、後白河院女御の建春門院滋子、忠通の長子六条摂政基実などの後白河院と忠通に関係する人々が次々と早世してしまったのは、みな怨霊のためであろうか、近

年このことをしばしば夢に見ており、私が出まかせに言っているわけではない、怨霊のことは世間の人がみな知っているのに、いまだに鎮魂がなされていない、北野天神の例にならって神として祀るべきではないだろうか、と述べている。それに対して経房は、先年鎮魂の方策がとられ、讃岐院には法華八講が行われ、頼長には官位が贈られた、その時神祠のことは何か決められたのであろうが自分はわからない、と答えている。これまでの崇徳院怨霊慰霊のための諸対応は、天皇としての慰霊の範疇で考えられる対処であったが、鎮魂のための祠を建て神として祀るということは、そこを踏み越える最大級の対応である。天皇を神として祀ることは、伝説上の天皇は除いて初めてのことであり、ここからも崇徳院の怨霊が非常に恐れられていたことがわかる。

『吉記』に記されるような、後白河院は信仰心が厚く、仏道修行に励んでいたために怨霊にとりつかれず寿命を長らえているという点を、『保元物語』『平家物語』ではさらに発展させ、怨霊は後白河院に入り込めなかったかわりに清盛にとりつき、そのため清盛が過分になり、肩を並べる者がないほど高い地位に登りつめ、専横な振る舞いをしたのだと、やや苦しい解釈をしている。『愚管抄』巻七では、

フカク世ヲミルニハ、讃岐院、知足院ドノ、霊ノサタノナクテ、タヾ我家ヲウシナハント云事ニテ、法性寺殿ハコナガラアマリニ器量ノ、手ガクベクモナケレバニヤ、ワガ御身ニハアナガチノ事モナシ。

（三三八頁）

のように、崇徳院・忠実の怨霊を鎮めることの評定がないため、両者は忠通を襲おうとしたが、忠通は優れた器量の持ち主であったため、祟ることができなかったのだと、これも苦しい解釈をしている。保元の乱によって崇徳院や頼長・忠実らを追いやった張本人である後白河院や忠通が、乱後も無事に過ごし、両者の周辺の人物が不遇の運命をたどったことを、後白河院の信仰心や忠通の器量によるものとして、物語ではつじつまを合わせてい

る。この点からも、怨霊を認識するということの背景には、極めて恣意的な要素がはたらくことがわかる。

原水民樹は、『保元物語』『平家物語』『源平盛衰記』『源平闘諍録』と『玉葉』との比較から、怨霊復讐譚に関しては、清盛が悪行者と目されるようになったのは、後白河院を鳥羽殿に幽閉して院政をとどめるという治承三年のクーデターからであり、この事件は清盛の怒りがほとんど直接的に後白河院に向けられたもので、清盛に憑依した崇徳院らの霊が後白河院にあだをなすことを予言する夢想の眼前に最もふさわしい事件であって、それは後白河院政の危機を指し示すにとどまらず、さらに進んでその悪行の故に清盛自らも滅ぶことまでも意味するものであったと指摘しているが、(37)これに関しては筆者も同様に考える。

しかし、先にあげた半井本『保元物語』だけは、清盛の悪行として鹿ヶ谷事件をも含んでおり、以後引き続く世の乱れの背景には崇徳院の怨霊があったとしているのが注目される。古態をとどめるとされる半井本が抽象的な記述をしているのに対し、延慶本『平家物語』や『源平盛衰記』が治承三年のクーデターと清盛の専横とを関連づけた具体的記述をしているのはなぜだろうか。これには、前者と後者とで編纂意図に違いがあったために生じたものと思われる。前者は崇徳院を中心に描いていくので、平清盛が「過分」になっていくのがいつのことか、とりたてて具体的に述べていく必要がなかった。それに対して、後者は平清盛を中心に描いていくので、清盛の「悪行」がいつどのようにして始まるのか、具体的に述べていく必要があった。こうした違いから、崇徳院怨霊に対する記述の仕方の違いが生じているのである。

寿永年間には、崇徳院怨霊に対して立て続けに対応がとられていく。五部大乗経の存在が語られていくのもこのときであった。『吉記』寿永二年七月十八日条でも、このころの世上物騒の状況が、崇徳院等の怨霊のためだとしている。

依二世上物忩一上西門院（統子）御二幸金剛院一事
今日、上西門院御二幸法金剛院之御所辺一、令レ成二怖畏一給歟、尤可レ然々々、近日京中京外運レ東運レ西、誠
是怨霊之所為歟、

鳥羽天皇の第二皇女上西門院統子は後白河院の准母となっていることから、崇徳院の怨霊の存在を恐れていたのであろう。寿永二年七月といえば、木曽義仲の軍が都に迫っており、二十五日には平家は安徳天皇とともに都落ちすることとなった。そして、混沌とした状況はさらに混迷の度合いを深めていくのである。

こうした中、頼長の怨霊に関しては、その政治的影響力を「悪気」として京師外に追却し、頼長に象徴される鳥羽院政期の政策不在・政治的混乱に対して政治的訣別を宣言するとともに、国政的観点から疫病予防措置として創設された鎮花祭が、京都今宮神社のヤスライハナであったとの指摘がなされている。そして、高雄神護寺法華会に「障」をなしたのも頼長の怨霊であって、その魔除けのために神護寺法華会にもヤスライハナが導入されたと考えられている。(38) 頼長・崇徳院の怨霊に対して、後白河院はさまざまな対応を迫られていったのであった。

（1）「『保元物語』における語り手の〈現在〉と崇徳院怨霊」（『国文学研究』一〇一、一九九〇年）。
（2）『玉英記抄・聾盲記・後奈良天皇宸記・土右記・白河上皇高野御幸記』〈増補続史料大成〉（臨川書店、一九六七年）。
（3）『大日本古文書石清水文書之一』田中家文書〔八幡宮寺宣命告文部類第六本〕一九。
（4）『愚昧記』安元三年五月十七日条。
（5）新制については、水戸部正男『公家新制の研究』（創文社、一九六一年）、棚橋光男『中世成立期の法と国家』（塙書房、一九八三年）などに詳しい。
（6）『日本紀略後篇・百錬抄』〈新訂増補国史大系〉（吉川弘文館、二〇〇〇年）。
（7）『群書類従』第三輯帝王部。
（8）安元三年の騒乱状況が、後白河院を追い込んでいく過程については、矢代和夫「古代最後の天皇御霊」（『境の

神々の物語』新読書社、一九七一年）で指摘されている。

（9）この火災については、多くの先学によって言及されているが、特に谷口廣之「平家物語内裏炎上の深層―日吉神火と熒惑入太微―」（『同志社国文学』三八、一九九三年）と関わる部分が大きい。

（10）『清獬眼抄』（『群書類従』第七輯公事部）『百錬抄』『玉葉』同日条。

（11）『歴代皇記』（『新訂増補史籍集覧』一）『皇帝紀抄』（『群書類従』第三輯帝王部）でも同様に、大火の原因を山王の怒りだとしている。

（12）『平家物語』でも、同様に大極殿焼失の例が載せられている。

（13）『定長卿記』（『歴代残闕日記』二八）元暦元年七月二十八日条。

（14）『西宮記』〈神道大系〉（神道大系編纂会、一九九三年）。

（15）『清獬眼抄』（『群書類従』第七輯公事部）。

（16）これとほぼ同文を『源平盛衰記』に載せる。

（17）真済天狗譚の変容については、小峯和明「相応和尚と愛宕山の太郎坊―説話の歴史―」（『早稲田実業学校研究紀要』一〇、一九七五年）、酒向伸行「天狗信仰の成立と台密―真済の問題を中心として―」（『御影史学論集』一三、一九九八年）などに詳しい。

（18）『平記・大府記・永昌記・愚昧記』〈陽明叢書〉（思文閣出版、一九八八年）。

（19）多賀宗隼「参議藤原教長伝」（『史学雑誌』五〇―四、一九三九年、のち『鎌倉時代の思想と文化』目黒書店、一九四六年所収）。

（20）原水民樹「崇徳院の復権」（『國學院雑誌』八七―八、一九八六年）。

（21）藤原教長については、多賀前掲論文のほか、岩橋小彌太「藤原教長」（『国語と国文学』一九五三年十二月号）、高崎由理「藤原教長年譜」（『立教大学日本文学』五六、一九八六年）等が有用である。

（22）『蔵人補任』。

（23）『時信記』（内閣文庫蔵）同日条。

（24）『公卿補任』。

(25)『群書類従』第十五輯和歌部。
(26)『日本歌学大系』第四巻。
(27)早良親王の御霊形成過程については、牛山佳幸「早良親王御霊その後―中世荘園村落の崇道社の性格をめぐって―」（竹内理三先生喜寿記念論文集下巻『荘園制と中世社会』東京堂出版、一九八四年、のち『【小さき社】の列島史』平凡社、二〇〇〇年所収）に載せる表によって整理されている。
(28)岩崎武夫「さまざまな熊野詣」（『週刊朝日百科日本の歴史』六四、一九八七年）。
(29)『百錬抄』建久三年二月十三日条。
(30)松本公一「後白河院の信仰世界―蓮華王院・熊野・厳島・園城寺をめぐって―」（『文化史学』五〇、一九九四年）。
(31)『百錬抄』安元元年六月十六日条。
(32)『玉葉』養和元年十月十四日条、二十日条、元暦二年八月二十一日条、『吉記』養和元年十一月十一日条、建保四年五月二十八日「道助法親王願文」（『鎌倉遺文』二二三三）。
(33)岡田荘司「後白河院と神祇の世界」（古代学協会編『後白河院』吉川弘文館、一九九三年、のち『平安時代の国家と祭祀』続群書類従完成会、一九九四年所収）。
(34)中村一郎「国忌の廃置について」（『書陵部紀要』二、一九五二年）。
(35)中村が指摘するように、『延喜式』では崇道天皇は国忌の中に載せられていないので、醍醐天皇の頃には公的には廃されていたと思われるが、近陵として別貢幣には預かっていた。
(36)諸本による蓮如説話に関する違いは、矢代和夫「『保元物語』・崇徳院と蓮如」（『日本文学』一五、一九六六年）に詳しい。
(37)原水民樹「清盛の悪行にかかわる夢想譚」（『徳島大学学芸紀要人文科学』三〇、一九八〇年）。
(38)河音能平「やすらい祭の成立―保元新制の歴史的位置を明確にするために―」（『日本史研究』一三七・一三八、一九七四年、のち「ヤスライハナの成立」と改題して『中世封建社会の首都と農村』東京大学出版会、一九八四年所収）。

第四章　崇徳院怨霊の鎮魂

一　崇徳院廟の建立

崇徳院怨霊に対してさまざまな対応がとられても、相変わらず世の不穏な状況は変わらなかった。寿永二年（一一八三）八月には平氏一門の人々二百余人の官職が剥奪され、その所領は没収された。そして、八月二十日には西海に落ちた安徳天皇にかわって、神器がないままでわずか四歳の尊成親王（後鳥羽）が践祚するという状況であった。このような混沌とした状況にあって、崇徳院の御霊を慰めるために、神祠の建立が後白河院から提言された。『玉葉』寿永二年八月十五日条には、

光長(藤原)来、伝二院宣一云、成勝寺之内、可レ被レ立二神祠一之由所二思食一也、其故者、近曾以来乱逆連綿、天下不レ静、依二彼冤霊一、有二此災難一之由、世之所レ思也、仍為レ令レ蕩二其霊魂一、立二神祠一、可レ待二影降一之由、叡慮所二一決一也、其間之儀可二計奏一者、申云、此事暗難二計申一、被レ問二例於外記一、随二勘申一、可レ有二其沙汰一歟者、光長云、可レ問二左(経宗)・内(徳大寺実定)両府一云々、此事、社歟廟歟、准二八幡宮、及北野宮例等一者、可レ為レ廟歟

云々、

とあり、最初は成勝寺内に神祠を建立しようとした。このとき、名称を「社」とするか「廟」とするか問題になっているが、八幡宮・北野宮という人を神として祀っているところは「廟」と号されたので、この場合も「廟」とすることで落ち着いた。八幡宮は応神天皇を祭神にしており宗廟とされ、北野宮は菅原道真を祀り、古くは天満天神廟・北野廟と呼ばれていた。(1)後白河院による神祠建立の決定は、安徳天皇にかわって践祚させた後鳥羽天皇の治世が安泰であるよう、崇徳院の神祠を建立して、怨霊の鎮魂を図るためになされたのである。すなわち、後鳥羽天皇は、天皇となったときから崇徳院怨霊と密接な関係があった。これが崇徳院怨霊と後鳥羽院怨霊とを重ね合わせるきっかけにもなっていく。さらに寿永二年閏十月二日条では、神祠をどう位置づけるかが問題になっている。

右中弁光雅（藤原）為二院御使一来、余依二念誦之間一、不レ出二客亭一、召二簾前一謁レ之、広庇也、光雅仰云、天下乱逆、連々無二了時一、是偏為二崇徳院怨霊一之由、世之所二謳歌一也、仍可レ建二神祠於成勝寺中一之由、叡慮有レ之、仰二彼寺行事弁光長一、有二其沙汰一之処、猶有二御思惟一、去比被レ訪二占者一処、占趣太不快云々、仍重被レ問下可レ有二改葬一哉否之由上、申二最吉之由一、仍就二其赴〔趣〕一可レ有二沙汰一之処、先規已邂二逅廃帝、及崇道天皇等之例一、大旨雖レ載二国史一、子細不レ詳、随又事幽玄、専難レ被二遵行一、随レ宜可レ被二計行一歟、被レ仰二彼息法印一、偏為二沙汰一、被二遂行一、叶二時議一歟、将又自レ院可レ被レ差二副別使一歟、可レ令二計申一者、兼又、日時於レ院可レ被レ勘歟、又其地如何、又准二廃帝等例一者、可レ被レ置二山陵一歟、如レ此之間事、委思量可レ令レ奏者、申云、先改葬之条、雖レ不レ可二必然一、偏就二御占之趣一、可レ被レ行之由被二仰下一、不レ可レ及二異議一、其上沙汰之趣、只可レ在二勅定一、但彼法印、当時現存、尤可レ有二便宜一歟、有二其人一ハ自レ院被レ副二御使一、有二何事一

哉、於二日時一者、尤於レ院可レ被レ勘歟、無二其人一ハ、又雖レ不レ被レ副レ人、何事之有哉、於二其所一者、暗只今難二計奏一、且被レ仰二‐合彼法印一尤宜歟、兼又被レ置二山陵一事、不レ可レ然歟、其故ハ中古以来依二遺詔一、代々帝王已無二此事一、旦為レ蕩二怨心一、被レ置二山陵一之条、不レ合二道理一、只就二仏教一不レ可レ過レ被レ奉レ訪二菩提一歟云々、光雅又云、平城上皇乱之時、弘仁被レ申二柏原(桓武)山陵一所一、任二彼例一保元乱之時、被レ申二安楽寿院一所一、今度之事、又尤可レ被レ申二彼寺一歟、而被レ加二法金剛院一如何、又可レ有二告文一哉、其使公卿歟如何者、申云、被レ申二両寺一尤可レ然、告文必可レ有二使者一、公卿四位殿上人之間、可レ依二時議一、則光雅帰了、此事惣無レ所レ拠歟、

これによると、天下の乱逆が止めどなく続き、世間ではそれが崇徳院怨霊のためであるとの噂が充満しており、そのため後白河院は成勝寺の中に神祠を建立する旨の命令を下した。そしてまた、改葬した方がよいとの占いの結果が出たため、そのようにすることにし、崇徳院の息、元性法印主導で諸事を進めたならよいかということが言われている。山陵を置くことに関しては、中古以来、代々の帝王はすでにしていないのでしないようにし、仏教のやり方で菩提を弔うのがよいのではないかと議論されている。

これと関連して思い起こされるのは、崇神天皇五年から疫病が流行して死者が多数にのぼり、それは大物主神の祟りであるとの託宣があったため、大物主神を祭ったが効果が現れず、大物主神の子である大田田根子に祭らせたところ疫病が静まったという話である。このことからもわかるとおり、祟りを鎮めるのには、祟っている人物の子孫が祭ると効果があると考えられていた。それとは反対に、祟っている人物の父母に対して祈願することも効果があると考えられていた。薬子の乱が起きたとき、平城上皇の父である桓武天皇が眠る柏原山陵に鎮圧を願ったのと同様に、崇徳院の父鳥羽院の眠る安楽寿院と母待賢門院璋子の眠る法金剛院で告文を奉読し、怨霊の

鎮魂を願おうとしている。死してなお父母は子に対しての権威をもち得たと考えられていたことがわかる。このように、ある人物が祟りを起こしていると判断されたとき、その親や子を通じて鎮魂を行うというのが原則であったと考えられる。

『吉記』寿永二年十一月十九日条に、

闘争堅固当二百三十三年一事
今年闘諍堅固、当二百卅三年一、而保元已後連々雖レ有二逆乱一、何時可レ及二今度一哉、於二根本一者、故不レ記レ之、偏是讃岐院怨霊之所為歟、天照太神不レ令レ奉レ守給一、雖二先世御果報一、可レ悲可レ歎、筆端難レ及、後代有レ恐、然而諸人定以記歟、慭録二大概一而已、

とあるように、保元の乱以降の逆乱は崇徳院の怨霊の所為であって、今度は天照大神の御守護もなく、それは後白河院の前世における行為に対する果報ではないかとも思われるが、あまりにも悲しみ嘆くべき事態におちいっていることが記されている。

崇徳院の神祠をどこに建立すべきかは、なかなか決着を見なかったが、寿永二年十二月二十九日に春日河原に建立することが決定された。『吉記』には、

奉二為崇徳院幷宇治左府一被レ建二仁祠一事、
今日奉二為崇徳院幷宇治左府一、春日河原保元戦場可レ被レ建二仁祠一事始也、明年正月十三日可レ有二棟上一、同十七日遷宮、院司式部権少輔範季（藤原）朝臣奉行云々、

とある。春日河原は保元の乱の戦場であったのとともに、崇徳院の御所があったところでもあった。これらはすべて後白河院の沙汰として行われている。(2) この地にはすでに千体阿弥陀堂が建立されていた。『山槐記』(3) 平治元年（一一五九）二月十二日条には以下のようにある。

天晴、午剋着二束帯一帯剣、参二千体新阿弥陀堂一、今日供養習礼也、先参レ院、次参二御堂一也、此堂者、先年乱逆之時、讃岐院出二城南宮一、繕二鳥合陣一之地也、然官軍放二火彼御所一焼失了、今課二太宰大弐清盛朝臣一所レ被二建立一也、仏者、鳥羽院御平生之時令二造立一給、未レ被レ建二立御堂一崩御了、三尺弥陀也、御周忌之間人々為二御追善一造加、仍其数余二于千体一、仍所レ残美福門院有二御沙汰一被二安置一云々、清盛朝臣侍等払二拭堂中一、右中弁親範（平）勤二行此事一

千体阿弥陀堂は平清盛が建立し、本尊は鳥羽院在世中に造立された三尺の阿弥陀如来で、人々が追善のために阿弥陀を造り加え、あわせて千体になったという。そして、二月二十二日に供養が行われた。西田直二郎は、保元の乱が起こった地に千体阿弥陀堂を建立して供養したのは、すでに冥々の畏怖があったためだとしている。(4) しかし、この千体阿弥陀堂とは、白河北殿にあって、長承元年（一一三二）に鳥羽院の御願寺として建立された宝荘厳院のことである。宝荘厳院は仁平二年（一一五二）十二月十八日に、鳥羽院・美福門院御幸のもと、三尺金色阿弥陀像百体の造仏供養が行われ、鳥羽院が亡くなった後の保元二年（一一五七）六月三日には、ここで追善のための法事が執り行われている。(5) 建立された当時は阿弥陀像は百体であったが、周忌の追善のために千体に追加したのであった。(6) このように、宝荘厳院は鳥羽院御願の寺院が転じて、鳥羽院追善のための寺院となっているのであって、西田が推定するような、保元の乱で亡くなった人々の鎮魂のための寺院ではなかった。この宝荘厳院と粟田宮とは、後に水路をめぐって相論が繰り広げられることになる。

社会が混乱した状況になると、それに便乗してさまざまなことを語る者が現れてくる。『玉葉』寿永三年正月五日条には、託宣と称してさもありなんと思われることを語っていく人物のことが記されている。

行隆（藤原）語云、我子息不レ論二男女一、有二霊魂託事一、及二大乱之時一必有二此事一、所レ謂崇徳院并宇治左大臣等霊魂

也、所レ言之事、如レ指レ掌、皆以符号、可レ謂二奇異一、此事敢不二口外一云々、余問云、当時有二其事一哉、答云、近則一昨日三日、有二託言事一、其趣、西海主再可レ帰二都城一、日本国神明併有二加護一、神璽宝剣、安穏可レ被レ奉二相具一也、而奉二相従一輩之中、無下可レ量二重事一之器上、仍恐自有下乖二神慮一之事上歟、若然者三神欲二紛失一、可レ悲云々、但十之八九有二帰レ都之運一云々、又云、凡武士等可二滅亡一之期也、於下欲レ乱二天下一之意趣上、如レ思遂了、於レ今者天下属二静謐一、我等欲二鎮居一云々、但於レ被レ立二神祠一者、全非レ所レ望、讃州墓所之辺可レ立二一堂一、又可レ修二仏事一云々、

ここでは、崇徳院怨霊は天下を乱すという思いをもう果たしたので、武士もそろそろ滅び、再び平穏な世が訪れるであろうとし、怨霊の静まる場所として神祠ではなく、讃岐の墓所の近くに一堂を建立して仏事を修してくれればよい、と託宣があったとしている。この託宣には、崇徳院怨霊が鎮まり、安徳天皇が神器を携えて都へ戻り、王権が維持されることを切望する様子がよくあらわれている。しかし、これは受け入れられることなく、崇徳院廟の建立は進んでいった。『吉記』寿永三年四月一日条では、御神体をどうするかについて議論されている。

崇徳院御正体可レ被レ用二何物一哉事、
式部権少輔範季(高倉)朝臣来談云、崇徳院御粉(ママ)社、毎時未定、御正体可レ被レ用二何物一乎之由有レ議、先被レ尋二兵衛佐局一、申云、年来御持仏普賢像、御在世時御愛物也、并御鏡当時見在、又以二木御枕一被レ奉レ造二仏像一、先被レ仰二合左府(経宗)一之処、可レ被レ安二如意輪普賢二体御枕、之外一、右府(九条兼実)被レ申云、二体之体無レ謂、可レ被(安脱カ)二如意輪一、今一体奉レ安二如経所一可レ有二其勤一歟云々、
被レ模二稲荷下社一事、
社司卜部之輩等所望未二事切一、又可レ被レ補二僧官一、材木被レ懸二津々一、寸法被レ模二稲荷社一、院司上卿民部卿(成範)也、而別当入道云、散位人有レ憚、加之保元敵人子也、閑院一族尤可二奉行一、其中大納言可レ宜歟、此条雖レ為二内々事一、経二奏聞一了、無二分明仰一、愚案、尤可レ然事歟、

これによると、御神体は兵衛佐局の意見によって決められた。兵衛佐は崇徳院との間に第一皇子重仁親王をもうけており、保元の乱の際には、崇徳院とともに讃岐へ下り、崇徳院が亡くなった後、兵衛佐は都へ戻った。(7)そのころ詠んだ歌には、

崇徳院につき奉りて讃岐国に侍りけるを、かくれさせ給ひにければ都にかへりのぼりける後、人のとぶらひて侍りける返事に申しつかはしける

君なくてかへる浪路にしをれこし袖の雫を思ひやらなむ(8)

とあり、愛する崇徳院が亡くなった後に一人で都へ帰らざるを得なくなった寂しさを切々と詠っている。都へ帰ってからは出家して勧修寺のあたりで暮らしていたという。その兵衛佐のもとに、院庁から崇徳院廟の御神体をいかにすべきかの問い合わせがあったのである。後白河院にしてみれば、保元の乱での敵味方云々よりも、現在の混乱した世上を回復に向かわせることが最大の課題なのであった。

兵衛佐は、御神体については、崇徳院が年来御持仏としてきた普賢菩薩像と御遺愛の鏡が今手元にあり、御愛用の木枕を材として造った仏像もあるので、これらを御神体とすべき旨を答えた。これに対して左大臣藤原経宗は、如意輪観音・普賢菩薩の二体を安置したらよいとした。そして右大臣九条兼実は、如意輪観音一体だけを御神体とし、もう一体は如経所に安置して別に勧修すべき旨を述べている。『吉記』では御神体がどうなったのか記していないが、『源平盛衰記』では、

御廟ノ御正体ニハ御鏡ヲ用ヒラレケリ、彼御鏡ハ先日御遺物ヲ兵衛佐局ニ御尋ネアリケルニ、取出テ奉リタリケル八角ノ大鏡ナリ、元ヨリ金銅普賢ノ像ヲ鋳付奉タリケリ、今度平文ノ箱〔手〕ニ納メ奉ラレタリ、

とあることから、御神体は崇徳院の御遺物である普賢菩薩が鋳付けられた八稜鏡となったとみなしてよいだろう。

そして堂の大きさについては、稲荷下社と同じくすることが決められた。祠官は卜部氏が所望していた。しかし造宮の上卿には院司の民部卿成範が当たっていたことが問題になった。成範は保元の乱で崇徳院側と前面に立って戦った信西の子であったからである。『吉記』寿永三年四月九日条でも、

造崇徳院社上卿被レ改事、子細、崇徳院社造宮上卿民部卿(成範)、保元合戦讎敵信西入道子也、人以相傾之由、大蔵卿奏二聞之一、仍被レ改二皇后宮大夫一云々、院中事散位奉行不レ可レ然事、尤可レ然事也、雖二院中事一、為二散位奉行一不二穏便一、況於二敵人子一乎、十五日可レ有二遷宮一、賀茂祭日遷宮不レ可レ然事、賀茂祭日不二甘心一事歟、

今日可レ有二改元定一之由、雖レ有二兼日議一、依二殿下御衰日一延引云々、頗無沙汰事歟、来十六日云々、

のように、成範では崇徳院の怨霊がさらに荒れ狂って世の中を転覆する恐れがあるので、替えるべき旨を後白河院に申し上げている。そして、四月十五日に崇徳院廟の造立がなった。『吉記』寿永三年四月十五日条でその様子を詳しく記している。

崇徳院宇治左府建二仁祠一遷宮事、今日、崇徳院・宇治左大臣、為レ崇二霊神一、建二仁祠一、有二遷宮一、以二春日河原一為二其所一、保元合戦之時、彼御所跡也、当時為二上西門院(統子)御領一、今被二申請一被レ建レ之、点二津々材木一造営、遷宮之間儀可二尋注一、院司権大納言(花山院)兼雅、式部権少輔範季(高倉)朝臣奉行之、被レ補二社司僧官等一事、神祇大副卜部兼友宿禰被レ補二社司一備二其事一、又被レ補二僧官一、其名可二尋注一、故入道教長(藤原)卿、彼院御寵女兵衛佐猶子也、天下擾乱之後、彼院并槐門悪霊、可レ奉レ祝二神霊一之由、故光能(藤原)卿為レ頭之時、被レ仰二-合人々一、其後行隆朝臣又奉行、又光雅光長等朝臣奉行之、或蔵人方、或官方也、今偏為二院御沙汰一、範季朝臣奉行、未レ知二可否一、朝家大事不レ如二此事一歟、先召二諸道勘文一、可レ及二群議事一歟、事不レ及レ広、只被レ仰二-合三丞相一有二沙汰一之、傍輩雖レ不レ可レ及二三公一、如レ此大事、争無二群議一哉、

愚案可レ被レ逐二北野之例一、神祇官強不レ加歟、

今日賀茂祭也、尤可レ被二相避一歟、但無二他日次一之上、不レ可レ憚之由、人々被二計申一云々、

成範にかわって院司の兼雅と式部の範季が奉行として廟建立の指揮をとっている。祠官には、神官として神祇大副卜部兼友が選ばれ、『源平盛衰記』によると僧官として教長の子で延暦寺僧の玄長が別当に、西行の子慶縁が権別当に補されたという。(9)

僧官には崇徳院に関係した人物が選ばれているのに対し、祠官には卜部氏が選ばれている。卜部兼友は平野流卜部氏であるが、なぜこの人物が祠官に選ばれたのであろうか。平野社の宮主は天皇践祚の夜、内膳司において竈神祭を行うことになっている。内膳司には、忌火・庭火・平野竈神の三神が祀られており、これらの神は最初東宮で祀られ、天皇践祚とともに内膳司に移し、譲位後は院御所に移されることになっていた。福原遷都の際、安徳天皇とともに内侍所と御竈神が渡御しており、(10)竈神は天皇の御体を守る霊物として、三種神器と同様に扱われており、譲位の後は院司が内膳司に伺候して釜を院御所に移し、院の御竈神を斎行し、天皇・上皇が崩御するとただちに釜は山に捨てられる(11)というものであった。(12)このように平野竈神は天皇護持に大きな役割を果たしており、それに勤仕していたのが平野流卜部氏であった。崇徳院廟は後白河院の沙汰として建立され、院の御体を護持するための廟であったため、それに長けていた平野流卜部氏が祠官として選ばれたのである。そのため、賀茂祭という朝家をあげての大行事が当日行われているにもかかわらず、院にだけ関わる事項として廟の遷宮が挙行されたのである。『百錬抄』同日条にも、

賀茂祭也、崇徳院并宇治左府廟遷宮也、件事、公家不二知食一、院中沙汰也、仍不レ被レ憚二神事日一也、

と記されている。兼友以降の兼清ら、平野流から分かれて崇徳院廟の祠官を勤める卜部氏は、粟田宮流と呼ばれ

て、以後廟の祭祀に関わった。

『師守記』暦応三年（一三四〇）三月五日条所引の勘例にも遷宮当日の状況が記されている。

元暦元年四月十五日癸酉、今夜　崇徳院廟遷宮也、一埒内並両廟西大院、東小宇治左大臣、其体如二常社一、檜皮葺但無二鳥居一、外埒築垣立門、

此間兼日被レ問二諸卿一云々、有二告文一、式部大輔俊経卿作也、被レ立二勅使一院廟権大納言兼雅卿・左大臣廟式部権少輔範季朝臣各読二申

宣命一、両社奉二安御体一、以二神祇権大副卜部宿禰兼友一被レ補二神主一、兼友申レ祝有レ幣、又有二供神物一云々、

件御廟、春日北、川原東、御倉西也、去十二月以後為二院御沙汰一、造営之、

行事別当式部権少輔範季朝臣、

造事前壹岐守定友奉之、

今日賀茂祭、廃務也、然而公家不二知食一、偏為二　院御沙汰一不レ可レ憚之由、有二沙汰一云々、

これによると、崇徳院廟が西側に、頼長廟が東側に並び立ち、檜皮葺きで鳥居はなく、外郭は築地塀で取り巻かれ、門が立っていたことがわかる。そして、崇徳院廟に対しては兼雅が、頼長廟に対しては範季がそれぞれ宣命を読み上げ、御神体を奉安している。

【卜部家系譜】（『神道大系卜部神道〈上〉』による）

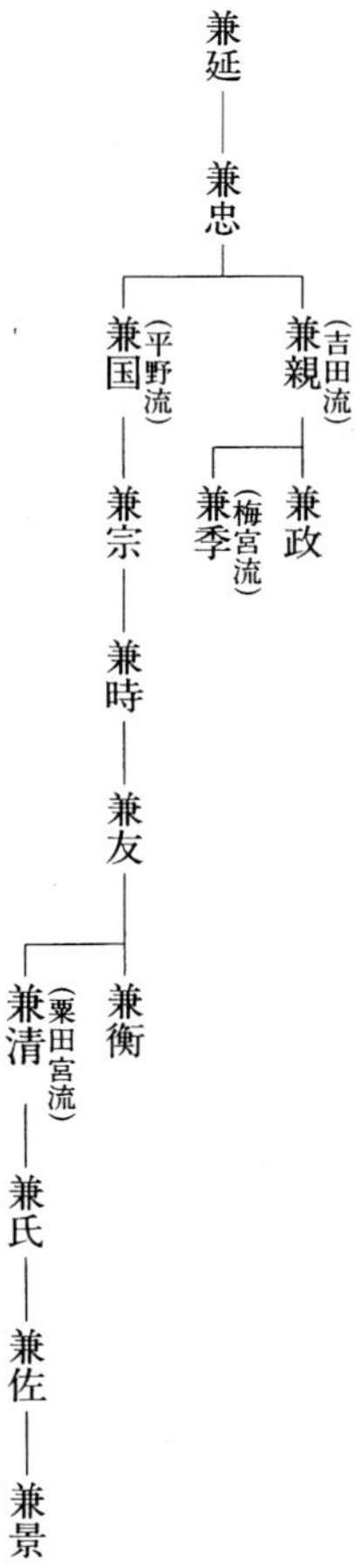

また、当日神霊に捧げられたとされる宗源宣旨が、九条尚経の日記『後慈眼院殿御記』(13)明応三年（一四九四）九月九日条に引用されている。

崇徳院御霊、神号者大明神也、宮社号者粟田宮是也、

神号宣

宗源神宣

崇徳皇帝荒御魂

今宜奉授大明神之号者、

従一位行左大臣藤原朝臣荒魂

今宜授大明神之号者、

六条判官源朝臣為義荒魂

今宜授小神之号者、

右依　今上皇帝（後鳥羽）　勅、神宣

御表之璽如件、

寿永三年四月十五日　上首神部正六位上伊岐宿禰貞継奉

神道長上侍従卜部宿禰兼貞

これによると、崇徳院の荒御魂に大明神の神号を、藤原頼通の荒魂に大明神の神号を、源為朝の荒魂に小神の神号を授けるとされているが、おそらくこれは偽文書と思われる。この文書は、後鳥羽院を祀る水無瀬御影堂において、粟田宮にならって水無瀬宮の号を賜るに際して、吉田兼倶から唐橋在数に提出された文書中に見られるものであり、吉田家が粟田宮に特別な関わりを保持していたことを主張するために偽作されたのであろう。粟田宮

祭祀には実際は平野流卜部氏が関わっていたのであり、吉田流卜部氏である兼貞は関わりをもっていなかったはずである。また、この文書の前には、大化六年（六五〇）二月十一日に、日本武尊・神功皇后・応神天皇・衣通姫の各御霊に対して神号・宮社号を与える旨の宗源宣旨が記されているが、これは明らかに偽文書である。宗源宣旨は室町時代の兼倶の時に形成されていったものであるから、これらの文書は日記が記された明応年間に作成されたものと推測される。ただ、この宗源宣旨自体は偽文書としても、崇徳院の神霊を荒御魂とする認識は当時からあったのではないだろうか。

その後、崇徳院と頼長の神霊は蛇と化して範季と兼友の夢中に出現したことにより、廟に確かに祀られたことが確認された。[14]

そして、崇徳院廟を建立したことを、白河院の成菩提院陵、鳥羽院の安楽寿院陵、待賢門院の法金剛院陵の三陵に報告するための後白河院の使者が派遣された。[15] 吉田隆長が後醍醐天皇に仕えた兄定房の談話を筆記し、あるいは日記から要事を抄出して十四世紀はじめに成立した『吉口伝』[16]に引用されている、そのとき御陵の前で読まれた宣命から、後白河院の崇徳院に対する心持ちがうかがわれる。

後白河法皇被レ申二崇徳院御廟事於白川院御陵一御書、使院別当参議(源)通親卿、行《真》|頓首再拝謹言、苟伝二皇統一以臨二赤県一、後遁二尊位一以入二玄門一、是皆　御陵願レ覆二扶持一、深図二遠慮一之所レ致也、隔二拝観一而畳二歳華一、恋二恩徳一而催二肝葉一、伏惟　崇徳院者聖霊之曾孫、眇身之長兄也、親雖レ存二友敬義一、已同二父子一、然間保元之比事出不レ図、上皇忽廻二虚舟於南海之浪一、遂促二晏駕於黄壚之塵一、眇身遥聞二別路於千里之外一、難レ忘二離憂於五情之中一、是以且上二崇徳之尊号一、亦祈二菩提之妙果一、爰頃年以来諸夏不レ静、遥乱二旁聞一、干戈属レ動、夢想之中、聊有レ所レ告云、保元之事怨心未レ尽之故也、仍殊占二勝

地於鳳城之東一、早立二霊廟於鴨河之側一、故差レ使乎謹二告御陵一、夫百王之運無レ窮、万機之政有レ跡、何依二一事之違乱一、不レ顧二四海之安危一、伏乞、御陵忝垂二哀矜一、答二此祈謝一、改二彼妄執一、還レ鎮二護我朝一、永潜衛二眇身一、兵革忽取、人民惟安、一天静謐、五穀豊饒、行―頓首再拝謹言、

阿闍梨行―言

元暦元年(一一八四)四月廿二日

鳥羽院御陵、用同状、但曾孫字改嫡嗣、使別当参議左大弁経房卿

待賢門院御陵、用同状、但曾孫字改所生、使別当参議右大弁兼光卿

已上両陵作者同前、

参議式部大甫藤原俊経卿

これによると、崇徳院は保元の乱によって遠く流されても、都のことが忘れがたく、「崇徳」の尊号を奉ることによって菩提の心を成就できるようにしたけれども、源平の内乱は静まることがない。後白河院の夢想では、保元の乱による崇徳院の怨心がいまだ晴れていないからそのような状態にあるということであった。よって勝地を選んで崇徳院廟を鴨川の側に建立して怨霊を慰めた。さらには白河院・鳥羽院・待賢門院の御陵に使いを遣わして王権の守護を懇願し、崇徳院の「妄執」を改めさせ、天下泰平の世に戻り、人民が平穏に暮らせ、五穀豊穣が訪れることを祈願している。

待賢門院璋子は崇徳院の母であるが、父については問題がある。系譜上は父は鳥羽院であるが、『古事談』「待賢門院入内事」に、

待賢門院ハ、白川院御猶子之儀ニテ令二入内一給、其間法皇令二密通一給、人皆知レ之歟、崇徳院ハ白川院御胤子云々、鳥羽院モ其由ヲ知食テ、叔父子トゾ令レ申給ケル、依レ之大略不快ニテ令レ止給畢云々、

とあるように、崇徳院は白河院が待賢門院と密通してできた子であり、人々はみなこれを知っており、鳥羽院もそのため崇徳院のことを「叔父子」と呼んでいた。こうしたいきさつがあるため、子崇徳院の妄執を改めさせるために、親である白河院・鳥羽院・待賢門院の御陵に使いが派遣されたものと思われる。死して後も親は子に対して支配力を保持していたのである。

また、『吉口伝』には、先の文書に引き続き、近年の状況について述べた吉田定房の書状が載せられている。

世上未二静謐一、所々悪党猶蜂起、天下之為レ体、心苦敷歎存候、倩案、此事寿永・元暦之比逆乱旁聞、兵革不レ休之時、後白川法皇御夢想云、保元之事怨心未レ尽之故也云々、此条被レ載二御書一之上ハ不レ及レ費二他詞一候、且元暦元年四月廿二日、被レ申二白河院御陵一（成菩提院）、御書案如レ此、委可レ有二御了見一候歟、此外同被レ告二申二陵一（鳥羽院・待賢門院）、旨趣同前也、保元之乱者崇徳・後白河両院之御相克也、後白河法皇者被レ守二鳥法皇御素意一乎、崇徳院叡旨背二其理一歟、然而依二御怨心一忽被レ成二天下之逆乱一歟、何依二一事之違乱一、不レ顧二四海之安危一云々、謂一事違乱ハ保元兵乱事歟、天下安危依二彼御怨心一歟、然則代代明主雖レ非二御子孫一為レ鎮二天下怨霊一、殊被レ崇二敬粟田宮一（崇徳院御廟）者、政道之故実併此由来也、以レ之思レ之、今廷弱之正、為二一天下一、剰及二所々之動乱一、匪二直也事一御〔候カ〕、若是遠所之御怨念之所レ致歟、被二宥申一之条、可レ為二都鄙静謐之基一歟、元暦之聖代猶以如レ此、何況当時之政道、大略有名無実、未レ聞二如レ此之例一、天道も神慮も難レ測時分候、天下之安危已迫レ于レ喉候、能々可レ被レ廻二賢慮一候歟、愚老為二天下静謐一申レ之、為レ私全不レ申レ之、此等次第参二向関東一之次、委可レ申所存之由思賜之処、依二路次之怖畏一于レ今延引候、其子細御存知事候之上ハ不レ能二委曲一候、早速退治之御沙汰候者可レ為二本望一候、此事且為二御心得一令レ申候、且去年も此御書事申所存候処、凡近日之機嫌旁雖下非レ無二思慮一候上、無レ私所存委述二子細一候也、可レ有二御計一候乎、

謹言、

三月三日　　　定房

これによると、寿永・元暦のころ、兵革が相次いで世が混沌とした状況にあるとき、後白河法皇が夢に見たことには、保元の乱によって讃岐に流された崇徳院の怨心がいまだ晴らされていないためにそのような状況が起こっているということであった。崇徳院の怨心は一時にとどまらず、ずっと天下の安危を左右していると考えられ、粟田宮を建立することによって、怨霊を鎮めようとしてきた。しかしそれでもなお収まらず、南北朝の動乱までも崇徳院の怨霊に起因するものではないかと述べている。

このように崇徳院廟が建立されたことは、怨霊の鎮魂という点で非常に重要な意味をもっているが、それで完了したわけではなく、後々まで、何か大きな動乱があると崇徳院の怨霊に結びつけるということが行われていたのである。

二　後白河院の病と崇徳院怨霊

寿永年間に崇徳院廟が建立されて以降は、しばらく崇徳院怨霊に関する記事は見られないが、後白河院が崇徳院怨霊をより一層強く認識したのは、建久二年（一一九一）に自身が病に冒されたときであった。閏十二月には、「御不食之上、御痢病相二-加之一、大略憑少之体令レ存歟」という状態であり、[17]二日からは後白河院病気快癒祈願を込めた御逆修が長講堂で開始された。こうした中で、『玉葉』建久二年閏十二月十四日条には、

今日、頗御痢病有レ隙之由所レ示也、崇徳院并安徳天皇等崩御之所建二一堂一、可レ資二彼御菩提并亡命之士卒滅罪之勝因一事、可二申沙汰一之由、仰二泰経（高階）一了、

写真2　崇徳天皇陵

のように、後白河院は、崇徳院と安徳天皇が崩御した讃岐国と長門国にそれぞれ堂を建立して菩提を弔い、それぞれの乱でなくなった人々の霊の鎮魂を行うよう命じている。

讃岐の崇徳院墓所に三昧堂を建立すべき旨は、安元三年の崇徳院怨霊が認識された初期の段階ですでに議論されていたが、沙汰やみになっていた。後白河院はそのことが気にかかっており、病に冒された建久二年末に再び堂の建立を提言したのであった。そして今回は崇徳院とともに安徳天皇の菩提を弔うための堂の建立も行おうとした。

寿永二年七月に平氏とともに安徳天皇が西海に落ちていったとき、翌月の神祇官や陰陽寮の卜占では、安徳天皇の還御を待つべきであると出ていたのに対し、後白河院はあえて新帝の即位を推し進めたのであった。その後安徳天皇は壇ノ浦の海中に沈むという非業の死を遂げたので、後白河院は、事実上安徳天皇の皇位を無視した皇位継承を遂行していたために、安徳天皇の怨霊も意識することになったのである。

閏十二月十六・二十・二十一日にも両者の堂の建立のことが問題となっており、二十二日には以下のようにある。

一、崇徳院御陵辺讃岐国、立二一堂一可レ被レ置レ仏事、
一同尤申二可レ然之由一、民部卿(経房)申云、讃岐国、本置二仏寺一、寄二田園一事在レ之云々、委可レ被レ尋歟云々、

件沙汰、可レ為二院沙汰一哉、又可レ為二公家沙汰一哉事、人人申状不二一同一、但多分可レ被レ下二宣旨一云々、

余同レ之、

一、国忌山陵事、

兼光(藤原)卿申云、此事、已上或不レ可レ然、或又同レ之、余出二不審一云々、已建二廟基一擬二神明一、今更被レ置二国忌山陵一如何、人々尤称二可レ然之由一、但可レ為レ例之由、仰二宗頼一了、

一、崇徳院成勝寺事、

民部卿経房、申二出此事一、已上人々同レ之、

一、官幣事、

大略申二可レ被レ立之由一、但余重出二不審一云々、於下被レ列二四度祭、并廿二社一之条上者、忽不レ可レ然、退委被レ尋之後、可レ有二左右一、先依二院御悩一、臨時可レ被二奉幣一歟、而三ケ条可レ有レ議也、

一ハ任下寛和三年円融院院号以後被レ奉二幣北野一之例上、只自レ院被レ奉二東遊走馬等一、退可レ有二公家奉幣之沙汰一歟、二ハ、只自二公家一、任二永延三年北野宮初度奉幣例一、臨時可レ被二発遣一歟、三ハ、縦雖二不例一、四度祭、廿二社等、毎年二季歟、一季歟、定二式日一、可レ被レ立二官幣一歟、此三ケ条之間、一同可レ被レ申者、

左大臣、左衛門督、別当、左大弁等、自二公家一臨時可レ被二奉幣一、此内、左大臣(実房)自二両方一可レ被レ奉云々、

右大臣(兼雅)、民部卿、大宮権大夫、今度只自レ院被二奉遣一、退委有二沙汰一、可レ及二官幣一者、余当時、臨時之幣、公家院之間事、偏可レ依二勅定一、於二此条一者、殊可レ随二叡慮一之趣也者、

右大臣申云、若有二官幣一者、廟号無レ謂、尤可レ有二別号一、川原宮可レ宜云々、人々有二服膺之気一、別当云、廟号又不レ可レ有レ難云々、余云、元暦、自レ院被レ献レ幣、彼時有二沙汰一歟、可レ被レ尋二告文之趣一歟、

一、安徳天皇御事、

長門一堂事、一同可レ然、国忌山陵事同前、但可レ依二崇徳院例一

依レ不レ擬二神社一、無二奉幣之沙汰一也、

可レ問レ例之由、仰下事等、

一、雖レ無二遺詔一、不レ置二国忌山陵一例事、

一、不レ列二四度祭、廿二社一之社、別預二官幣一例事、

一、被レ献二幣帛於廟基一、若宮寺之宣命文事、

一、奉レ祝二神明一之後、被レ置二国忌山陵一例事、

可レ被レ尋二讃岐国一事、

崇徳院御陵、有二堂舎一哉事、

被レ置二何仏事一哉事、

寺領田薗子細事、

ここではまず、讃岐の崇徳院陵に堂を建て、仏像を安置すべきかどうかということが議論され、これについては建てることで諸人の意見が一致した。すでに讃岐において仏寺が建立されていたのを、都の人々は認識しておらず、讃岐に寺の実態を問い合わせることになった。国家による祭祀とは別に、在地において崇徳院の御霊を慰める動きが早くから起こっていたのである。国忌・山陵を置くべきかどうかということについては、いまさらそうするまでもないという意見が大半を占めた。成勝寺についての評定は不明だが、堂宇を修造して法華八講を勤修することにしたのであろう。崇徳院廟が官幣に預かるかどうかということについては、臨時の奉幣が行われるこ

とでは意見が一致した。また、右大臣花山院兼雅は、官幣に預かるようになるのならば、崇徳院廟のように廟号がついていたのでは不適当だとして、賀茂川の春日河原に建立されていたことから、「川原宮」としたらどうかという意見を出している。しかし、これは受け入れられず、そのまま崇徳院廟という名称が続く。また、安徳天皇については、崇徳院と同様に長門に堂を建てることでまとまった。そして、『玉葉』建久二年閏十二月二十八日条では、

　崇徳院讃岐国御影堂領、可レ給二官符一又長門国可レ建二一堂一之由、可二宣下一者、皆任二御定一、可二宣下一之由、仰了、役夫工之外事等、余奏請事等也、今日被レ発二遣山陵使一、崇徳院廟、可レ立二官幣一之由、被レ告二申安楽寿院一也、上卿藤中納言定能卿、使大宮権大夫光雅卿、余免二告文内覧一也、

のように、讃岐の崇徳院陵に御影堂が建立されて官符に預かり、崇徳院廟が官幣に預かることになったということが、鳥羽院陵に山陵使が下って報告された。そして二十九日に奉幣に預かった。安徳天皇の場合は、元来あった阿弥陀堂を再興して御影堂が中につくられ、安徳天皇を祀る寺というように性格が変わっていった[18]。

　ところで、讃岐の崇徳院陵に堂を建立する旨が都で決定される以前の讃岐の状況はどうであっただろうか。直接の史料は残されていないが、『白峯寺縁起』には、

　さて同(長寛二年)九月十八日戌の時に、当寺の西北の石巌にて荼毘したてまつる。これも御遺詔の故なり。国府の御所を、近習者なりし遠江阿闍梨章実、当寺に渡て頓證寺を建立して、御菩提をとふらひたてまつる。

とあり、崇徳院が亡くなってほどなくして、白峯寺の域内に院の近習者であった章実が讃岐国府にあった崇徳院御所を移して頓證寺を建立して、崇徳院の菩提を弔ったとされている。そして、

　安元三年七月廿九日、讃岐院と申しゝを改て、崇徳院とぞ追号申されける。其外或は社壇をつくり弥崇敬し、

或は庄薗をよせて御菩薩をとふらふ。今の青海・河内は治承に御寄進、北山本の新庄も文治に頼朝大将の寄付にて侍るなり。

とある。青海・河内は松山庄内の地名であり、先にあげた『玉葉』建久二年閏十二月二十二日条で「本置二仏寺一、寄二田園一事在レ之云々」と記されているのがこのことをさしているのだと思われる。『讃岐志』(19)所収「讃岐国白峯寺勤行次第」によると、

写真3　白峯寺

後嵯峨院御勅願所号二千手院一、土御門院御願、

一、千手院堂料所松山庄一円并勤行次第、十一不断行法、毎日同供僧廿一口、人別三升供毎日分田在之、松山庄内 夜番供、僧役

とあり、松山庄は後嵯峨院の勅願所として建立された千手院堂の料所とされている。千手院堂は白峯寺内に建てられた堂で、崇徳院の菩提を弔うために理趣三昧などが行われた。北山本新庄は京都の崇徳院御影堂領であり、これについては後で述べるが、「讃岐国白峯寺勤行次第」によると、「正月六日御修正、七日勤行次第在之、料所西山本新庄在之」とあるので、西山本新庄が千手院堂料所なのであった。寄進の時期は、頼朝と結びつけて早められ、権威づけられたのであろう。ここで重要なことは、讃岐の地においては崇徳院の怨霊が都で意識されてくるのとは別に、それより以前に御霊を祀ることが行われていたということである。これらは崇徳院に対する敬愛の念から出たもので

あり、怨霊鎮魂のためではなかった。[20]

頼朝もみずから法華経を読誦して後白河院の病気平癒を祈ったり、伊勢神宮への奉幣、数々の修法が行われたりするが、そのかいなく後白河院は建久三年三月十三日、腹腔に水がたまって腫れ、のどが渇き排尿も困難となり亡くなった。十一月十六日には、後白河院が亡くなってからはじめて崇徳院廟で祭が挙行され、以降粟田宮と称されることになった。『師守記』暦応三年（一三四〇）三月五日条には、建久三年十一月十六日に祭使が派遣された際の宣命が引用されている。

粟田廟乃□〔広〕前尓恐美□〔恐〕美毛申賜者久度申久去元暦元年己巳尓山城国愛宕郡下粟田郷尓択地勢弖祐廟基志与利以降多干戈
永戢弖国富刑清利夕賽之思比年序差積礼利因茲弖殊尓有所思食弖僕尓取地名弖立弖為宮号須始自今年弖限以永代志弖
専整儀度弖可儼祭祀志但至于後年者八月廿六日乎定弖可為式日志抑祭神弖求福礼者神必祐須度伊倍利仍設祭奠弖所仰冥
応奈利故是以吉日良辰乎択定弖従五位下行内蔵助清科朝臣重宗乎差使弖礼代乃御幣乎令捧持弖奉出賜布掛畏岐尊廟
此状乎平久安久聞食弖自今以後和弥与尊崇乃叡情尓答志弖祈尓鎮護乃御慈乎垂給弖云々取要

廟が粟田郷にあったことから、粟田宮という名称にし、以降崇徳院が亡くなった八月二十六日に祭礼が行われることになった。[21]そして翌年からは八月の中酉の日に祭が行われることになり、[22]成勝寺と同時に法華八講などが挙行されている。[23]

一方、『後慈眼院殿御記』明応三年（一四九四）九月九日条所引の官宣旨には、後白河院の宝算六十を賀し、粟田宮の宮号が文治二年（一一八六）十二月二十八日に授けられたことが記されている。

左弁官下神祇官

応下以二崇徳院御廟堂一預中宮号上事

右得二彼社今月廿六日奏状一偁、謹検二案内一、当庿者為二人皇七十五代之国王一、天下擁護之霊廟也、爰去保元以来、四海之乱逆、一朝之動作、不レ知レ所二以休一、因レ茲元暦元年四月十五日既被レ授二申神号一以降、為二神社霊庿一者也、望請天裁、因准二先例一、被レ下二宮号宣旨一者、今鎮座之地粟田郷也、仍奉レ号二粟田宮一、奉レ祈二聖暦之宝算一者、正三位行権中納言源朝臣通親宣、奉レ　勅依レ請者、宜承知、依レ宣行レ之、

文治二年十二月廿八日　　大史小槻宿禰(広房)判奉

右少弁藤原朝臣(親経)判

この官宣旨については、村田正志がすでに言及しているように[24]、後鳥羽院の水無瀬御影堂において、粟田宮に準じて水無瀬宮の号を賜るに際して、吉田家により偽作されたものと思われる。この文書とともに提出された宗源宣旨が明らかな偽文書であったことは、先に述べたとおりである。

三　後白河院没後の粟田宮

後白河院が亡くなると、朝廷の崇徳院怨霊に対する怖れは次第に弱まり、天変地異も崇徳院怨霊が原因であるとされることはなくなっていた。そして、祭礼は年中行事に組み込まれ、粟田宮を特別視することも少なくなっていった。建久五年（一一九四）閏八月二十八日の「後鳥羽天皇宣旨」[25]では、粟田宮の社殿が早くも破損したり、いまだに竈殿が建立されていなかったり、年貢が未済であったりすることを粟田宮司が訴え、それに対して、違例を改めて神事を勤修するよう後鳥羽院が命じている。

宣旨

粟田宮司申請神事違例四ヶ条事副本解

一、幣料庭積不法事
仰云、内蔵寮任二式数一令二弁備一
一、御殿并築垣傾倚破損事
仰、被レ定二造宮使一之間、可レ令三社家加二修理一
一、竈殿未作事
仰、令レ催二促成功之人一
一、庄々年貢未済事
仰、令レ催二促庄家一
右、宣旨可下令二下知一給上之状如件、
建久四〔五〕後八月廿八日　民部卿経房（藤原）
謹上　左中弁殿（藤原親経）

この宣旨をうけてか、『三長記』建久七年（一一九六）十二月十三日条によると、改築が行われて、遷宮がなされている。

その後、粟田宮は何度か賀茂川の洪水にあったため、嘉禎三年（一二三七）に東の地に遷座されたが、(26) それでも水害を免れなかった。建長八年（一二五六）八月十七日には放火により焼亡したが、御正体の鏡は「只今非下可レ被二鋳改一之儀上」とのことで、無事だった。放火は盗人によるもので、この盗人は河合社・平野社・法成寺惣社等にも押し入っていたが、やっとのことで捕らえられ、一件落着した。(27) このころの粟田宮社領としては、遠

江国勝田庄上下村本家職・筑前国原田庄・石見国長野庄・越前国榎富庄・摂津国浜田庄があり、[28] これらの所領をもとに再建されたものと思われる。そのため藤原経広・阿部晴房・惟宗宗兼が粟田宮造営の功をもって官を得ている。[29] 粟田宮が旧に復し、神慮にかなったためか、光耀するという怪異も生じている。[30]

崇徳院怨霊に対する畏怖の念は、後白河院の死去とともに薄れ、粟田宮での祭祀は年中行事化していったのだが、后妃の安産祈願の場合は、粟田宮も対象になっていることは興味深い。『公相公記』[31] 宝治元年（一二四七）九月二日条には、後嵯峨院の中宮姞子の御産御祈のために、諸社に対して神馬が献じられている。その対象となったのは、平安時代以来の二十二社のほか、熊野、今熊野、新日吉、粟田宮崇徳院廟、後白川院法花堂、後鳥羽院法花堂を加えた計二十八社である。また、『公相公記』[32] 建長六年（一二五四）閏五月三日条には、同じく姞子の御産御祈のために、二十二社のほか、熊野本宮、今熊野、新日吉、崇徳院・後白川院法花堂、後鳥羽院法花堂、西園寺惣社に神馬が献じられている。西園寺惣社は姞子が西園寺家の出身であったことによると考えられる。[33] 後白河院と後鳥羽院は、後嵯峨天皇の直接の先祖であるため祈願の対象とされているのだが、[34] 崇徳院は直接の先祖でないのに祈願の対象となっているのには、特別な理由が存したからであろう。金刀比羅本『保元物語』によると、崇徳院は「皇を取って民となし、民を皇となさん」と誓ったとされているので、皇位継承に大きな影響を与えると考えられていたものと思われる。そのため崇徳院の御霊に祈願して、安産を願ったのではないだろうか。

粟田宮は南北朝期になると、粟田宮の南に位置する宝荘厳院との間で用水路をめぐって紛争が起こっている。[35]『東宝記』[36] によると、宝荘厳院は正中二年（一三二五）に後醍醐天皇から東寺へ寄せられて以来東寺の管理下にあり、そのため現在でも聖護院東寺領町の名をとどめている。延文元年（一三五六）五月の日付を有する「宝荘厳院用水指図」[37]（第3図）によると、賀茂川から引かれた用水路は、粟田宮の敷地を横切って、宝荘厳院に通じ

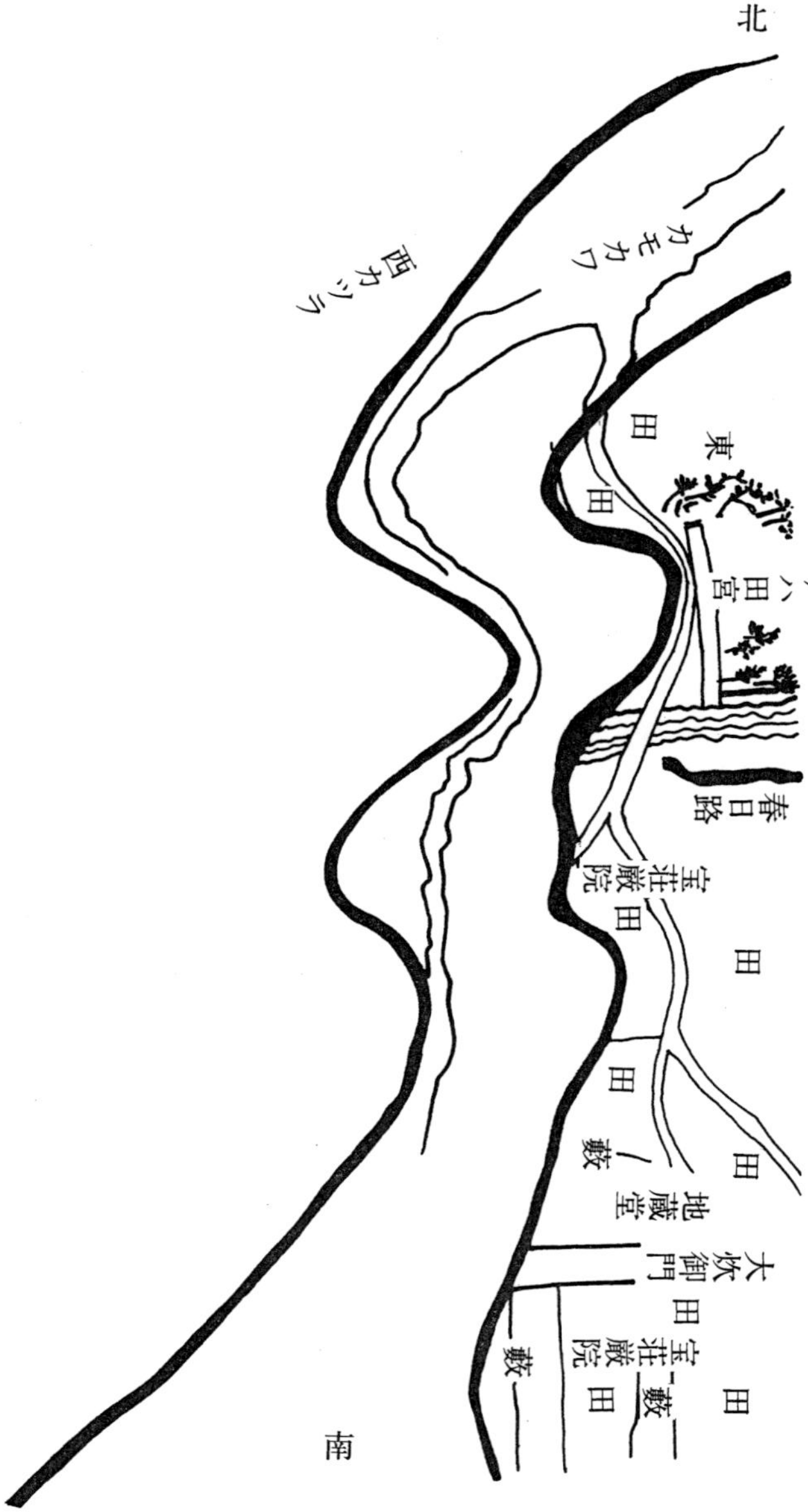

第3図　宝荘厳院用水指図（東寺百合文書タ函10号）

ている。そのため、粟田宮はしばしば水害を被り、粟田宮によって水害防止施設が整備されたが、それは宝荘厳院にとっては水路の妨害となった。宝荘厳院は水路の確保を図るため、粟田宮の水路妨害を朝廷に訴えた。そして、文和四年（一三五五）四月七日の「後光厳天皇綸旨」(38)によって宝荘厳院の主張が認められて、粟田宮の妨害停止が命じられた。これに対して粟田宮の俗別当兼継宿禰は、用水によって境内が被害を被る旨を訴え、文和五年三月二十四日の「後光厳天皇綸旨」(39)によって、宝荘厳院に水路の変更が命じられた。しかし実際は水路の付け替えは行われず、粟田宮と宝荘厳院との間で、相論が行われている。

　この相論の過程で、山下四郎左衛門尉が大炊御門河原に地蔵堂を造営したが、宝荘厳院側はこれを当院敷地の押領だと訴えている。(40)この地蔵堂は先にあげた「宝荘厳院用水指図」にも記されているが、「宝荘厳院敷地指図」(41)には、粟田宮と宝荘厳院の境は春日通であって、地蔵堂は宝荘厳院阿弥陀堂敷地等の南西辺に接して描かれている。この指図はおそらく山下四郎左衛門尉の不法を訴えるために東寺側で書き記されたものであろう。そして、地蔵堂を建立したという山下四郎左衛門尉は、粟田宮に関連する人物であったと思われる。(42)地蔵堂建立という実力行使によって、粟田宮は、春日通と大炊御門通の間の地は粟田宮の地であることを主張しようとしたのであった。

　ゆえに、「後白河上皇院宣写」(43)は、この相論の過程で、粟田宮側がもと宝荘厳院阿弥陀堂のあった地の所有権の主張をするため作成された文書であったものと推測される。文書は以下のとおりである。

院宣
粟田宮御敷地境内事、東限女院高岸、西限河原、南限大炊御門大路之通、北限中御門大路之通者也、此内籬垣分方卅六丈、御廟宮之南有二阿弥陀堂一、為二俗別当職一、可レ被レ全二管領一者、依
院宣、執啓如レ件、

寿永三年四月十五日　　左衛門佐親雅（藤原）

謹上　侍従大副殿

この文書とならんで、「粟田宮敷地古図」(44)（第4図）も作成されたと考えられる。ここで問題となるのが、境内地の南境で、大炊御門大路の通を粟田宮の敷地の南限としており、春日通と大炊御門通の間が現在「押領」されていると主張している点である。そしてさらには、阿弥陀堂は崇徳院の菩提を弔う看経所であって、粟田宮がその管理をしていたとまで主張している。先にも述べたとおり、阿弥陀堂とは鳥羽天皇の御願の宝荘厳院阿弥陀堂であることは疑う余地がない。宝荘厳院の堂舎は承久三年（一二二一）四月十八日に焼亡しており、(45)以後阿弥陀堂のあった地は田となっていたため、後白河院に仮託して右のような無謀な主張をする余地が生じたのであろう。

そうすると、同じ粟田宮文書で、粟田宮が所領の根拠として主張している以下の「後白河上皇院宣写」(46)に関しても、正文が存在していた可能性はきわめて低いと言わざるを得ない。

一院《院宣》御領美作国江見庄・筑前国原田庄・越前国榎富庄・丹波国栗村東西・紀伊国高家庄等事、各為㆓一円神領㆒、限㆓永代㆒、所㆑被㆑寄㆓付粟田宮㆒也者、依

院宣、執啓如㆑件、

寿永三年八月廿六日　　左衛門佐親雅

謹上　侍従大副殿

先にも述べたように、建久三年以降「粟田宮」と称されるようになるので、寿永三年の段階ではまだ「粟田宮」とは呼ばれていないはずである。粟田宮の所領が退転した際に、後白河院以来の由緒ある旨を記した院宣を示して、所領の確保を図っていったのだろう。

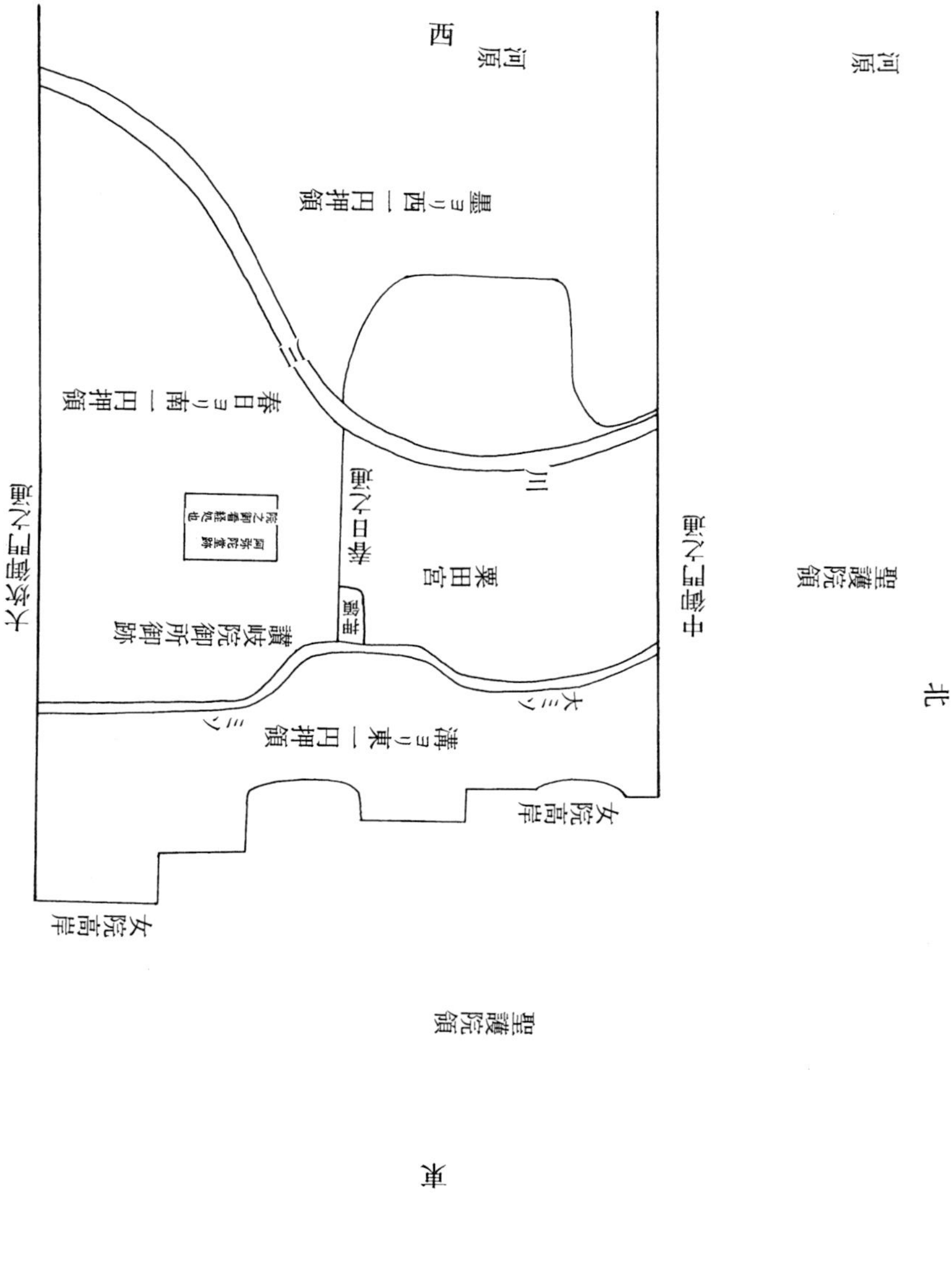

第4図　粟田宮敷地古図
（宮内庁書陵部蔵）

阿弥陀堂のあった土地は、さらに応安七年（一三七四）にも、青蓮院と東寺との間で相論が行われている。その際粟田宮神主から申状が提出されている。(47)

(端裏書)「粟田宮神主申状案」

粟田宮公文所清綱申

当宮境内神田内大炊御門河原、数年為二当宮領一、于レ今当知行無二相違一、随而宝荘厳多年為二朝恩一、前民部大輔知広知行之時、敢無二相違一之処、号二東寺一致二違乱一之条、希代事、早止二彼妨一、可レ全二管領一之由、為レ被レ下二綸旨一、粗言上如レ件、

応安七年九月　日

そして、同年十月八日の「後円融天皇綸旨」(48)によって青蓮院側である橘知広に下された綸旨を召し返し、東寺が支配する旨を認めている。

阿弥陀堂敷地事、依レ為二宝荘厳院内一、代々執務管領之由、申二所存一之間、去月廿二日所レ被レ下二知広一綸旨、被二召返一畢、可レ令二存知一之由、可下令二下知一給上之旨、天気所レ候也、仍上啓如レ件、

十月八日

謹上　(定憲)東寺長者僧正御房

このような変遷を遂げた粟田宮であったが、応仁の乱以降は荒廃し、天文の頃には神璽はことごとく平野社へ移したという。(49)これは粟田宮の祭祀を平野流卜部氏が行っていたことによるものである。

四　崇徳院御影堂の建立

崇徳院怨霊鎮魂のための施設は、粟田宮だけにとどまらなかった。粟田宮内にも崇徳院御影堂が建立されたが、崇徳院に関連した人々によって、京都にはもうひとつ別の崇徳院御影堂が建立された。『愚管抄』巻第五に、

新院ノ御ヲモイ人ノ烏丸殿トテアリシ、イマダイキタリケレバ、ソレモ御影堂トテ綾小路河原ナル家ニツクリテ、シルシドモ有リトテヤウ〳〵ノサタドモアリキ。　（二六三頁）

とあることや、『門葉記』[50]巻第百四十七（雑決補四）所引正中三年（一三二六）二月二十七日の綸旨に、

崇徳院御影堂領但馬国片野庄事、忠深雖レ帯二烏丸局以来之相伝一、請超相二具次第証文一、避二与堂家一之上者、難レ称二本領主一之余流歟、而良禅僧正更立二別相伝及他門相承一之条不レ叶レ理、致三早有二御管領一可レ被二当堂興隆一者、天気如レ此、以二此旨一可下令レ洩二啓上乗院宮（益性法親王）一給上、仍執達如レ件、

正中三年二月二十七日

権右中弁（高倉経躬）判奉

謹上　大納言法印御房

とあることにより、崇徳院御影堂は、崇徳院の寵愛を受けた烏丸局という女性が、綾小路河原の自宅に建立したものであったことがわかる。綾小路河原とは建仁寺の北西一帯をさすが、現在では建仁寺の東、歌舞練場の敷地の裏側に「崇徳天皇御廟」と刻まれた石柱が建てられており、その中には小さな墳丘がある。御影堂には崇徳院の御影が安置されていたが、その写しと考えられるものが六波羅蜜寺と白峯神宮に残されている。[51]『華頂要略』[52]第八十三、付属諸寺社第一山城国愛宕郡には以下のように記されている。

粟田宮

崇徳院御影堂

在愛宕郡粟田郷、

本尊阿弥陀脇士毘沙門地蔵不動馬頭、

治承四年庚子、建立本願阿波内侍号烏丸局、法名仏種、知足院入道公種女大納言局法名観如、仏種ノ姪也、崇徳帝御在位奉公之人也両人、始東山雙林寺辺構二草庵一半丈六阿弥陀造立、奉懸御影図画、

其後為二後白河院御願寺一、治承四年四月十五日、右大将頼朝為レ造二宮御堂建立一、安二置件阿弥陀並御影等一念仏三昧、先院御菩提訪申、仍五箇庄被二申寄一、但馬国片野庄号熊田・讃岐国北山本新庄並福江・越後国大槻庄・遠江国勝田庄・能登国大屋十箇村云々、

文治元年乙巳八月廿六日、御国忌始被レ備二御供一、

承久元年己卯五月一日、始常燈、

承元々年丁卯正月十七日夜焼失、同十八日未火消始作事造立于時検校、慈円僧正其後数十年ヲ経テ坊舎荒廃零落云々、

応永八辛巳年頃、定行事良観当寺移住坊舎起立于時検校、尊道親王、

元弘三年癸酉十二月廿三日、以二大法師良信一、補二崇徳院御影堂禅衆職一于時検校青蓮院、別当法印権大僧都、

当御影堂検校職

開祖　仏種尼

当代構別庵号光明院　御影堂置六禅衆

――年八月九日遷化

第二　観如尼

――年五月九日遷化

第三　慈円大僧都

此後代々青蓮院門主為㆓当院検校㆒、以㆓遠江国勝田庄㆒為㆓検校職分㆒御知行被㆑付㆓青蓮院門跡㆒云々、

これによると、崇徳院の菩提を弔うために、天皇在位中に奉仕していた知足院入道公種の女である阿波内侍烏丸局とその姪の大納言局が、東山雙林寺辺に半丈六の阿弥陀如来と崇徳院の御影図画を掲げた草庵をつくったのだという。このように崇徳院の関係者によって私的に造られた草庵が、後白河院によって御願寺にされたとするのは、『愚管抄』の記事とつながる。治承四年（一一八〇）四月十五日に頼朝によって御影堂が建立され、念仏三昧が行われ、造営料所として但馬国片野庄・讃岐国北山本新庄・越後国大槻庄・能登国大屋十箇村が寄進されたという。しかし、治承四年四月には源頼朝はまだ挙兵していないので、このとき頼朝が関わっているはずはない。頼朝は崇徳院法華堂の建立に熱心であったので、それとの関係で仮託されていったのだろう。

写真４　崇徳天皇御廟

『吾妻鏡』元暦二年（一一八五）四月二十九日条には、

今日、以㆓備中国妹尾郷㆒、被㆑付㆓崇徳院法華堂㆒、是為㆓没官領㆒、武衛（源頼朝）所㆘令㆓拝領㆒給㆖也、仍為㆑奉㆑資㆓彼御菩提㆒、被㆑宛㆓衆僧供料㆒云々、

とあり、備中国妹尾郷が、源平合戦後、平家没官領として頼朝の手に渡り、

表1 崇徳院関連荘園

国名	郡名	荘園名	本家・領家	出典	年月日	伝来
山城	乙訓	久世御園	成勝寺領	書陵部所蔵祈雨法御書裏文書(平五〇九八)	久安元年12月27日	右衛門督家寄進
摂津	西成	難波庄	成勝寺領	書陵部所蔵祈雨法御書裏文書(平五〇九八)	仁平4年6月3日	阿闍梨教智寄進
摂津	武庫	浜田庄	粟田宮領	崇徳院御影堂領目録(門葉記)	建長8年9月29日	
遠江	榛原	勝田庄	崇徳院御影堂領(領家職)	崇徳院御影堂領目録	建長8年9月29日	洞院摂政記 天福元年7月25日条崇徳院御領
			粟田宮領(本家職)	崇徳院御影堂領目録	建長8年9月29日	
近江	神崎	伊波庄	成勝寺領	愚昧記裏文書(平二四六七)	永治2年4月3日	
信濃	水内	弘瀬庄	成勝寺領	書陵部所蔵祈雨法御書裏文書(平五〇九八)	久安2年11月3日	大法師行智寄進→後白河院領
越前	坂井	榎富庄	粟田宮領	後白河上皇院宣写(平補一四八)	寿永3年8月26日	後白河院領→
			崇徳院御影堂領	崇徳院御影堂領目録	建長8年9月29日	
能登	鳳至	大屋庄	崇徳院御影堂領	崇徳院御影堂領目録	建長8年9月29日	華項要略 源頼朝?→
越後	蒲原	大槻庄	成勝寺領	門葉記(華項要略八三)		後白河院領→
			崇徳院御影堂領	崇徳院御影堂領目録	建長8年9月29日	成勝寺領→
丹波	船井	胡麻庄	成勝寺領	書陵部所蔵祈雨法御書裏文書(平五〇九八)	久安元年12月日	阿闍梨寛季寄進
丹波	何鹿	栗村庄	粟田宮領	後白河上皇院宣写(平補一四八)	寿永3年8月26日	後白河院領→
			崇徳院御影堂領	洞院家記(鎌三三九六九)	徳治2年5月14日	
丹波	多紀	福貴園	成勝寺領	書陵部所蔵祈雨法御書裏文書(平五〇九八)	天養2年8月18日	民部卿入道家寄進
但馬	養父	朝倉庄	成勝寺領	但馬国大田文(鎌一五七七四)	弘安8年	

但馬	出石	片野庄	崇徳院御影堂領	崇徳院御影堂領目録	建長8年9月29日	
出雲	意宇	揖屋庄	成勝寺領	書陵部所蔵祈雨法御書裏文書(平五〇九八)		下野前司(藤原)資憲朝臣寄進
出雲	飯石	飯石庄	成勝寺領	書陵部所蔵祈雨法御書裏文書(平五〇九八)	仁平2年8月15日	上座法橋増仁寄進
石見	美濃	長野庄	粟田宮領	崇徳院御影堂領目録	建長8年9月29日	
美作	英多	江見庄	粟田宮領	後白河上皇院宣写(平補一四八)	寿永3年8月26日	後白河院領↓
美作	勝田	勝田庄	成勝寺領	長兼卿記	建仁元年5月29日	
備前	上道	福岡庄	崇徳院法華堂領	吾妻鏡	文治元年5月1日	源頼朝寄進
備中	都宇	妹尾庄	崇徳院御骨三昧堂領	藤原公廉備中国妹尾荘和太方領家職譲状(藤波家文書)	正和4年5月23日	福岡庄の替え
周防	熊毛	多仁庄	成勝寺領	書陵部所蔵祈雨法御書裏文書(平五〇九八)		
紀伊	日高	高家庄	粟田宮領	後白河上皇院宣写(平補一四八)	寿永3年8月26日	後白河院領↓
周防	熊毛	多仁庄	成勝寺領	書陵部所蔵祈雨法御書裏文書(平五〇九八)		
讃岐	阿野	山本庄	崇徳院御影堂領	崇徳院御影堂領目録	建長8年9月29日	
讃岐	阿野	松山庄	白峰寺領	讃岐志		後嵯峨院寄進
筑前	怡土	原田庄	粟田宮領	後白河上皇院宣写(平補一四八)	寿永3年8月26日	後白河院領↓
豊前	築城	伝法寺本庄	成勝寺領	宇佐大鏡	仁平2年	

さらには崇徳院の菩提を弔うために崇徳院法華堂に寄進され、衆僧の供料にあてられていることが記されている。これが、頼朝が崇徳院法華堂と関係する最初の記事である。

この法華堂は御影堂とは別に存在していたものなのか、さらには、法華堂が粟田宮にあったものか、綾小路河原にあったものか、論者により見解が異なっている。まず、法華堂が御影堂と同一であることは、「水無瀬神宮文書」において、後鳥羽院の御影を安置する御影堂が法華堂とも呼ばれていることからもわかるとおり、同一の建物である。御影堂で法華三昧が修されることから法華堂とも呼ばれたのである。粟田宮か綾小路河原かについては、『華頂要略』に頼朝に関わる伝来を記すことから、綾小路河原の御影堂とするのが自然であろう。

また、『吾妻鏡』元暦二年五月一日条には、

> 武衛(頼朝)被レ遣二御書於左兵衛佐局一、是　崇徳院法花堂領新加事也、去年以二備前国福岡庄一、被二寄進一之処、牢籠之間、取二替之一被レ進二妹尾尼一畢、為二供仏施僧之媒一、可レ被レ奉レ訪二御菩提一之趣被レ載レ之、件禅尼者武衛親類也、当初為二彼　院御寵一也云々、

とあり、頼朝が兵衛佐局に書を遣わして、崇徳院法華堂領のことについて述べている。先に述べたように、彼女は崇徳院の寵人であったが、頼朝の親類であったこともここからわかる。この点に関しては、兵衛佐の母が頼朝の母の叔母、したがって兵衛佐と頼朝の母とは、従姉妹であったと考えられている。[53]

元暦二年五月一日条では、寿永三年に平家没官領であった備前国福岡庄が崇徳院法華堂領として寄進されたのだが不都合が生じたため、その替えとして妹尾郷があてがわれ、妹尾尼に寄せられたことを記している。不都合とは、『吾妻鏡』文治四年十月四日条に「以二右衛門権佐定経(藤原)奉書一、被二仰下一之備前国福岡庄事、今日所レ被レ進二御請文一也」として、福岡庄について後白河院から仰せ下されたことに対する、頼朝の請文が残されていることからうかがえる。[54]

> 先日所下被二仰下一候上之備前国福岡庄事、被レ入二没官注文一、下給候畢、而宮法印(元性)御房難レ令レ勤二修讃岐院御国忌一之由、被二歎仰一候之間、以二件庄一可レ為二彼御料一之由申候て、無二左右一不レ知二子細一、令二　奉進一候

畢、此条非二別之僻事一候歟、而今如レ此被二仰下一候、早随二重御定一、可レ令二左右一候、御定之上、雖二一事一、何令レ及二緩怠一候、以二此趣一可下令二披露一給上候、頼朝恐惶謹言、

十月四日　　頼朝在裏判

進上　右衛門権佐（定経）殿

これによると、福岡庄は平家没官領であり、それが頼朝に下賜されたものであった。頼朝は福岡庄を崇徳院法華堂領として寄進するが、それに対して後白河院から異議がとなえられ、かわって備中国妹尾郷が寄進された。その理由については、福岡庄については後白河院と密接に関わる「子細」があったためとしかわからない。

一方、妹尾郷には平清盛の家人であった妹尾兼康がおり、木曽義仲から派遣された今井兼平を将とする追討軍によって滅び、平家没官領となったのであった。さらに、「備中国妹尾庄和太方領家職譲状[55]」には、

譲渡　所領事

備中国妹尾庄和太方領家職半分事

右、所領者、外祖相伝之地也、仍子細譲二与侍従季継一畢、更以不レ可レ有二他妨一、此所為二高野山　崇徳院御骨三昧堂領一之間、関東自余之恒例・臨時之課役、不レ可二勤仕一之地也、然者有レ限御仏事米、無二懈怠一可レ令二備進一之矣、仍所二譲渡一之状如件、

正和三年（一三一五）五月廿三日

正四位下藤原朝臣（公兼）（花押）

とあり、妹尾庄和太方半分の領家職が公兼から子息季継に譲られているが、そこは高野山御骨三昧堂領であった。

寛元四年（一二四六）五月日「金剛峯寺調度文書目録[56]」には「崇徳院相折帳一通　成宝僧正御時」とあり、成宝が

僧正であったのは承元三年（一二〇九）であるので、(57)おそらくこのときに崇徳院御骨三昧堂領として寄進されたものと思われる。讃岐で荼毘に付された崇徳院の遺骨が分骨されて高野山に運ばれ、そこに三昧堂が造られて崇徳院の菩提を弔うための追善供養が行われたのであろう。高野山への納骨は十二世紀初頭には形成され、十二世紀中頃にはさかんに行われ、上層貴族から受領級の貴族の女性にも及び、追善仏事を高野山で行って利益の強化を願うことが行われていたことが指摘されているので、(58)崇徳院の場合も同様に御骨が分骨されて高野山に納骨されたものと推測される。

崇徳院御影堂の所領に関しては、さらに青蓮院の記録を編修した『門葉記』に記されている。『門葉記』巻第百四十（雑決一）所収建長八年（一二五六）九月二十九日「崇徳院御影堂目録」(59)には、崇徳院御影堂領として、「遠江国勝田庄上下村領家職・但馬国片野庄・越後国大槻庄・讃岐国山本庄・能登国大屋庄寄進所」があげられているので、頼朝の寄進云々ということは疑わしいものの、崇徳院御影堂領が設置されたことは確かである。

片野庄は弘安八年（一二八五）但馬国大田文(60)にも崇徳院御影堂領として見られ、徳治二年（一三〇七）五月二十五日の「公賢奏事事書」(61)や、また先にあげた正中三年（一三二六）二月二十七日の「後醍醐天皇綸旨」にも崇徳院御影堂領として見られることから、鎌倉期を通じて同領であったことがわかる。

山本庄は建武三年（一三三六）十二月十八日の「後光厳上皇院宣案」(62)に、

崇徳院御影堂領讃岐国北山本新庄・但馬国行〔片〕野庄・遠江国勝田庄・越後国大槻庄・能登国大屋庄、粟田宮門跡領近江国奥島庄、真如堂柳谷督三品遺領不レ可レ有二相違一之由　院（光厳上皇）宣所レ候也、以二此旨一可下令レ洩二啓上乗院宮（益性法親王）一給上、仍執達如レ件、

建武三年十二月十八日　参議判

謹上大納言法印御房

のように、北山本新庄と見え、益性法親王に安堵されているが、この荘園は『華頂要略』第八十三付属諸寺社第一山城国愛宕郡に「門葉記曰」として、「文治年中号㆓山本庄㆒、後年分㆑二号㆓本庄新庄㆒、本庄者八幡知行、新庄者御影堂領、」とあることから、もとは山本庄であったが、本庄は石清水八幡宮領刈田郡山本庄となり、新庄が北山本新庄と呼ばれたようである。治承四年に頼朝が寄進したとされるときに「北山本新庄」と呼ばれているのは、建長八年以降に「山本庄」から「北山本新庄」とかわった知識に基づいて書かれていることがわかる。また、『白峯寺縁起』では北山本新庄は文治年間に頼朝が頓證寺に寄進したことになっているが、文治年間にはまだ讃岐御影堂は建立されていないのでありえないし、他の荘園とともに、北山本新庄は讃岐崇徳院御影堂ではなく、京都の崇徳院御影堂に対して寄進されたものと思われる。

大槻庄も同様に『華頂要略』第八十三付属諸寺社第一山城国愛宕郡に「門葉記曰」として、「此庄本成勝寺領也、而彼寺炎上以後当寺被㆓申寄㆒」と見られることから、もとは成勝寺領であり、ついで『吾妻鏡』文治二年（一一八六）三月十二日条所収の文治二年二月日「関東知行国々内乃貢未済庄々注文案」に「院御領大槻庄」と見えることから、後白河院領となったことがわかる。これが後白河院から寄進されて崇徳院御影堂領となり、それがさらに益性法親王に安堵されたのである。そして暦応三年（一三四〇）四月には、益性法親王から青蓮院宮慈道法親王に譲られている。(63)大屋庄も同様に、崇徳院御影堂領だったものが益性法親王に安堵されている。

五　源頼朝にとっての崇徳院怨霊

源頼朝の神祇信仰に関しては、八幡、伊勢、伊豆・箱根に対する崇敬とともに、神社全般に対して厚い信仰を抱き、奇瑞・前兆・神託・前例の類を非常に重んじる人間であったことが指摘されている。(64)『玉葉』寿永二年（一一八三）十月四日条には、頼朝から後白河院に宛てられた三ヶ条の奏請がのせられている。

一、可レ行二勧賞於神社仏寺一事、

右日本国者神国也、而頃年之間、謀臣之輩、不レ立二神社之領一、不レ願二仏寺之領一、押領之間、遂依二其咎一、七月廿五日忽出二洛城一、散二‐亡処所一、守二‐護王法一之仏神、所下加二冥顕之罰一給上也、全非二頼朝微力之所一レ及、然者可レ被レ行二殊賞於神社仏寺一候、近年仏聖燈油之用途已欠、如レ無二先跡一、寺領如レ元可レ付二本所一之由、早可レ被二宣下一候、

ここではまず第一に「右日本国者神国也」と述べ、神仏を特に敬うべき旨が説かれている。このほか、頼朝が差し出した文書の中には、日本は神国であるという文言が散見される。これは形式的な文言ではなく、神慮によって平氏が倒れ、源氏が興隆したとの確信があったからにほかならない、衷心からの言説であった。ゆえに、当時大きな問題となっていた崇徳院怨霊に対して、頼朝は最大の配慮を示したのである。

成勝寺については、すでに言及してきたが、頼朝にとっても成勝寺の修造は非常に重要なことがらであった。成勝寺は六勝寺の中でも最も不明な寺のひとつであり、『成勝寺供養式』(65)によると、保延五年（一一三九）に供養され、金堂（七間四面）・東西軒廊・経蔵・鐘楼・南大門・東門・西門・北門があったほか、平安末に作成されたと推測される『成勝寺年中相折帳』(66)からは、観音堂・五大堂・惣社・宝蔵などがあったことがわかるほかは、具体的な堂舎の状況はわからない。頼朝は文治元年に実質的な全国支配権を獲得すると、翌年には早くも成勝寺の修造を命じている。『吾妻鏡』文治二年六月二十九日条には、

成勝寺興行事、被レ申二京都一、凡神社仏寺事興行最中也、

（中略）

成勝寺修造事、可レ被二忩遂一候也、若及二遅怠一候者、弥以破損大営候歟、就中被レ修二復当寺一者、定為二天下静謐之御祈一歟、然者国ニモ被二宛課一候テ、忩御沙汰可レ候也、以二此旨一可下令二申沙汰一給上候、頼朝恐々謹言、

六月廿九日　　　　頼朝裏御判

進上　帥中納言殿（経房）

とあり、頼朝は諸国にあてて、成勝寺の修造を速やかに行い、天下静謐の祈禱をするように命じている。頼朝は前年の十一月二十九日に、日本国惣追捕使・日本国惣地頭に任命され、諸国に守護・地頭を設置するなど、全国的政権として権力を拡大させており、六月二十一日には、院宣を得て諸国武士の乱行を停止させるなどしていた。こうした勢力を全国に拡大していく早い時期に、崇徳院の菩提を弔う成勝寺の修造を頼朝が命じていることは、当時の国家にとって崇徳院怨霊の鎮魂を行うことが重要な課題となっていたことがうかがわれる。

頼朝は、保元の乱の際に後白河天皇側に立って崇徳院を襲撃した義朝の息であり、義朝の後をうけて源氏の棟梁となった。ゆえに個人的レベルで崇徳院怨霊の攻撃の対象となることを危惧していたことが予想される。しかし、それだけにとどまらず、日本を統治していくにあたって、為政者たる者には、国家の中枢を震撼させていた怨霊という事象に正面から取り組み、その鎮魂を行うことにより国家の安寧をはかることが要求されていたのである。[67]

また、建久八年（一一九七）十月四日「源親長敬白文」[68]によると、頼朝は全国に八万四千基の宝塔を造立し、保元の乱以来諸国で亡くなった人々の霊の鎮魂をしている。

敬白　五輪宝塔三百基造立供養事

鎌倉殿八万四千基御塔内源親長奉レ仰レ勧二進五百基一、但馬国分三百基、於二御祈禱所進美寺一、奉二開眼供養一、但六十三基者、当寺住僧等造立、自余者国中大名等所造、

右、宝塔勧進造立意趣者、去保元元年鳥羽一院早隠二耶山之雲一、当帝新院(崇徳)(後白河)自レ諍二一天一已来、源氏平氏乱頻蜂起、王法仏法俱不レ静、就中前太政大臣入道静海(平清盛)忽誇二朝恩一、廻二趙高之計一、恣傾二王法一、継二守屋之跡一、頻滅二仏法一、所謂、聖武天皇之御願、□□盧舎那仏灰燼、後白河院之玉体幽閑(閉)之間、九重之歎七道之愁、何事過レ之哉、爰我君前右大将源朝臣(頼朝)代レ天討二王敵一、通レ神伏二逆臣一、早払二一天之陣雲一、速静二四海之逆浪一、都鄙貴賤、無レ不レ開二歓喜咲一、但行二追罰一加二刑害一間、夭亡之輩数千万矣、被レ馳二平家一趣(赴)二北陸一輩者、消二露命於篠原之草下一、被レ語二逆臣一渡二南海一族者、失二浮生於八島之浪上一、如レ此類、遺二恨於生前之衢一、含二悲於冥途之旅一歟、須下混二勝利於怨親一、頒中抜済於平等上焉、伝聞、以レ怨報レ怨者、怨世々無レ断、以レ徳報レ怨者、転レ怨為レ親、因レ茲尋二阿育之旧跡一、造二立八万四千之宝塔一、仰二豊財薗之利益一、書二写宝篋印陀羅尼一、即於二諸国霊験之地一、敬遂二供養演説之誠一、（中略）伏乞、五輪宝塔宝篋神呪、救二討罰之亡率(卒)一、導二法界之群類一、敬白、

建久八年丁巳十月四日午時

勧進奉行司源親長敬白

この文書では、八万四千基のうち但馬国分の三百基を造立供養することが述べられているが、同様の命令は諸国に出されたと推測される。頼朝は、造塔により、亡くなった人々の「怨」を「親」に転じさせ、源平合戦以来王法仏法ともに動揺している状況を鎮めようとしている。こうしたことからも、頼朝は単なる東国政権の統括者としての立場ではなく、全国にわたって支配権を行使し、早急の課題となっている宇内の静謐という問題を、天皇

になりかわって遂行していると言える。

頼朝と崇徳院怨霊との関係についてさかのぼると、『吾妻鏡』文治元年九月四日条には、勅使の大江公朝が帰洛の際、

崇徳院御霊殊可レ被レ奉レ崇之由事等、被レ申二京都一、是可レ奉レ添二 朝家宝祚一之旨、二品御存念甚深之故也云々、

のように、むしろ妻である政子の方が崇徳院怨霊に対する認識が深く、朝家にとって重大な事項であると伝えるようにと述べている。また、『吾妻鏡』文治元年十二月二十八日条には興味深い記事を載せている。

御台所《(政子)》御方祇候女房下野局夢、号二景政《(鎌倉)》一之老翁来申二二品一云、讃岐院於二天下一令レ成レ祟給、吾雖二制止申一不レ叶、可レ被レ申二若宮別当一者、夢覚畢、翌朝申二事由一、于レ時雖レ無二被レ仰之旨一、彼是誠可レ謂二天魔之所変一、仍専可レ被レ致二国土無為御祈一之由、被レ申二若宮別当法眼坊《(円暁)》一、加之以二小袖長絹等一、給二供僧職掌一、邦通《(藤原)》奉二-行之一、

北条政子に仕える女房である下野局の夢に鎌倉権五郎景政が現れて、政子に言うことには、崇徳院が天下に祟りをなすことをやめるように自分が申したけれども叶わなかったので、鶴岡八幡宮別当に祈禱をするように申してくれとの夢であった。こうした夢は何か天魔のなせるところであろうと、実際に国土無為の祈禱をするように鶴岡八幡宮別当円暁に頼んだとある。おそらくその祈禱は行われたであろう。

鎌倉権五郎景政は八幡太郎義家に従って後三年の役に参戦し、征矢で右目を射抜かれたが、その矢を抜かずに敵に答えの矢を射て討ち取ったという逸話の持ち主で、『保元物語』や『平家物語』において、大庭景能や梶原景時ら子孫の名乗りの中に言及される人物であった。『新編相模国風土記稿』によると、鎌倉郡山之内庄坂之下

村には景政の霊を祀ると言われる御霊社があり、眼を患う者はこの社に祈誓すれば往々にして霊験があるという。[69] 夢想によると景政の霊は良い霊として登場し、悪霊の崇徳院を宥めているが、崇徳院の地位の方が上であるので制止できないでいると理解することができる。夢想であるので、これがそのまま下野局の霊魂に対する認識であると言うことはできないが、霊魂の集まる世界があり、そこにも上下関係が付随しているという現実認識を多少とも反映した結果であろう。

後白河院による過剰とまで言えるほどの崇徳院怨霊への対応は、歴代天皇に列するための山陵の整備から始まり、崇徳という謚号の宣下、菩提寺である成勝寺での法華八講という国家的な作法に至った。しかし、ここまでは、これまであった建物を調えたり、形式上の復権を果たすだけですむ行為である。次に行われた崇徳院廟・粟田宮の建立は、京都内の一地所を点定して恒常的施設として鎮魂をもっぱらにする廟を建てるわけであり、実在の天皇が神として祀られた初めての例である。このことによって京都に住む人々にとっては、崇徳院怨霊の存在が目に見える形ではっきりと意識されることとなった。そして私的に建立された崇徳院御影堂を国家の施設として位置づけ、高野山崇徳院御骨三昧堂までも建立されたのである。怨霊に対するこのような対応は空前絶後であり、崇徳院はまさしく日本最大の怨霊だったのである。

為政者はもとより、精神世界を司っている仏教者にとって、怨霊はより一層恐ろしい存在であった。保元の乱以来、王法仏法相依が崩れ、武者の世となって混乱が続いていることは、崇徳院の怨霊のためであると認識されていた。慈円は元久元年（一二〇四）朝廷の御祈願所として大懺法院を三条白川の地に建立したが、翌元久二年四月、後鳥羽院の命により祇園の森東方の吉水の地を卜して八月に移転が完了した。そして翌建永元年七月十五日には、熾盛光堂の造営が成り、慈円は新伽藍落慶のための寺規を草した。[70] それが「大懺法院条々起請事」[71] であり、その発願文中で以下のように述べている。

今御願之旨趣、日々必啓二三宝一、一々欲レ得二感応一、興廃盛衰之道者、仏神利生之門也、漢家王莽会昌光武大宗、本朝安康武烈仁賢顕宗、人皆知二善悪文書所一レ載也、欽明天皇御宇仏法将来之後、一向以二仏法一守二王法一以来、廃帝陽成之悪、延喜天暦之善、推不レ弁レ知レ之哉、然保〔元〕之以後乱世之今、怨霊満二一天一、亡卒在二四海一、雖レ然未レ聞二抜済之徳政一、亦無二中興之朝議一歟、春夢中紅涙流レ袖、秋眠之間丹心焼レ胸、済二度彼怨霊一、扶二助此朝家一、唯在二仏法之法力一、専帰二対治之治術一、因レ之図レ仏写レ経開眼開題、法花弥陀両箇之三昧、貴賤上下之所用、無二無三之作善者也、就中崇徳院聖霊知足院怨霊、浮二済度之舟於追福之流一、祈二発願之志於三宝之誓一、定叶二宗廟社稷之神慮一、方為二三宝利物之本懐一者歟、然則怨霊亡卒之満レ国、依二作善之廻向一捨レ邪帰レ正抜レ苦与レ楽、仏法王法之告時、以二仏神之冥助一転レ禍為レ福安穏泰平、祈願無レ私、已是仏神利生御素意也、冥薫有レ実、豈非二教門方便之誠説一哉、仰願十五尊、伏乞三大乗、悲願惟深、感応勿レ謬而已、

すなわち、保元の乱以降乱世となり、怨霊が天下に満ちており、その中でもとりわけ崇徳院と知足院藤原忠実の怨霊が問題とされている。そしてこれらの怨霊を済度して朝廷を助けるのはただ仏法の法力しかなく、そのために大懺法院で仏を図したり、写経したりして、法華と阿弥陀の本願にすがることによって王法仏法相依が保たれるのであると述べており、これは慈円の『愚管抄』にも共通して述べられている考え方である。このことから、社会体制の転換という点で、源平合戦よりも保元の乱の方がより重大な事件だと思われていたことがわかる。

後白河院が亡くなって以降は、個々の具体的な災異の原因が崇徳院の怨霊に求められることはなかったが、日本社会全体の大きな流れとして、保元の乱以降の武士の台頭に伴う混乱は崇徳院の怨霊と関連づけられていた。

武士の台頭はすなわち王家の凋落を意味しており、王家とともに国家を支えていた顕密仏教に関わる僧は、それを敏感に察していたのであった。

（1）寛和二年七月二十日慶滋保胤「賽菅丞相廟願文」（『本朝文粋』〈新日本古典文学大系〉）、『中右記』大治五年四月二十八日条。
（2）『百錬抄』にも同様の記事がある。
（3）『山槐記』〈増補史料大成〉（臨川書店、一九九三年）。
（4）西田直二郎『京都史蹟の研究』（吉川弘文館、一九六一年）二八〇頁。
（5）『兵範記』仁平二年十二月十八日条、保元二年六月三日条。
（6）百体・千体と仏像を安置するのは当時の流行で、白河院の蓮華蔵院、鳥羽院の得長寿院、後白河院の蓮華王院などにその例がある。
（7）角田文衞は、兵衛佐が都へ戻った時期に関して、崇徳院が亡くなって四十九日をすました後、すなわち長寛二年（一一六四）の十月下旬のことであったとしている（「崇徳院兵衛佐」『王朝の明暗』東京堂出版、一九七七年）。
（8）『玉葉和歌集』巻第十七、第二四〇九番。
（9）『尊卑分脈』によると、西行の子には権律師隆聖はあるが、慶縁は見られない。
（10）『師守記』〈史料纂集〉（続群書類従完成会、一九七二年）延文元年三月二十一日条裏書。
（11）『兵範記』保元元年七月二日条。
（12）岡田荘司「吉田卜部氏の成立」（『國學院雑誌』八四―九、一九八三年、のち『平安時代の国家と祭祀』続群書類従完成会、一九九四年所収）。
（13）『九条家歴世記録二』〈図書寮叢刊〉（明治書院、一九九〇年）。
（14）『吉記』寿永三年四月二十五日条、『玉葉』寿永三年五月十三日条、『愚管抄』巻第五。
（15）『吉記』寿永三年四月二十六日条。

(16)『続群書類従』第十一輯下公事部。
(17)『玉葉』建久二年閏十二月十二日条。
(18)石田拓也「長門国赤間関阿弥陀寺―長門本平家物語の背景―」(『軍記と語り物』一四、一九七八年)。
(19)内閣文庫蔵。
(20)坂出周辺には現在でも崇徳院の伝承を伝える地が多数残っている。二、三例をあげると、坂出市林田町の綾川右岸にある「雲井御所」は、国司庁の主席官人である綾高遠の家のあったところで、崇徳院が讃岐に流されてきたとき初めて滞在した場所で、三年ほど居住した後、鼓岡の木の丸殿に移ったという。坂出市西庄町弥蘇場に鎮座する白峰宮は、崇徳院が鼓岡で亡くなった際、残暑の折だったので遺体の腐損を恐れて、この地の野沢井に浸しておいた場所で、後に聖地として神社が建立されたという。坂出市青梅町に鎮座する「煙の宮」は、崇徳院を白峯山で荼毘に付したとき、その煙がたなびいてここに落ちたので、宮を建てて上皇を祀り、村民は氏神として崇敬したという。またの伝えでは、荼毘の煙はなびいてここで輪を作り、その輪の中に尊号の文字が現れ、煙の消えた後には一つの玉が残っており、これは上皇が大切にしていた玉であったという。これらの伝承については、山内益次郎「崇徳院慰霊」(『今鏡の周辺』和泉書院、一九九三年)、鎌田共済会郷土博物館編『崇徳上皇御遺跡案内』(一九七八年)、三木豊樹『真説崇徳院と木の丸殿』(香川時評社、一九六四年)などにまとめられている。
(21)粟田宮については、原水民樹「崇徳院信仰史稿」(一)(『徳島大学総合科学部言語文化研究』四、一九九七年)に多くの史料が提示されている。
(22)『師光年中行事』『帝王編年記』。
(23)『三長記』〈増補史料大成〉(臨川書店、一九六五年)建仁元年八月二十二・二十三・二十四・二十五・二十六日条。
(24)村田正志「粟田宮の創建」(『国文学』四六、一九四三年四月、のち『村田正志著作集五　国史学論説』思文閣出版、一九八五年所収)。
(25)『綸旨抄』三(『鎌倉遺文』七五一一)。
(26)『百錬抄』。

(27)『経俊卿記』〈図書寮叢刊〉建長八年九月五・十・二十三・二十四・二十五日条、康元二年閏三月二日条。
(28)「崇徳院御影堂目録」『門葉記』巻第一四〇雑決一（『大正新修大蔵経』図像部）。
(29)『経俊卿記』正嘉元年八月十一日条。
(30)『経俊卿記』正嘉元年八月十四日条。
(31)『御産部類記』〈図書寮叢刊〉十六綜子内親王所引。
(32)『御産部類記』十六雅尊親王所引。
(33) 原水前掲論文。
(34) 高倉・土御門天皇も直接の先祖であるが、祈願の対象となっていないのは、後白河や後鳥羽のような強力な力を発揮した天皇ではなかったため、没後も力を持たなかったと考えられていたからであろう。
(35) 相論の詳細については、上島有編『東寺文書聚英』（同朋舎出版、一九八五年）の解説に詳しい。
(36) 東宝記刊行会編『国宝東宝記原本影印』（東京美術、一九八二年）。
(37) 東寺百合文書タ函一〇号。西岡虎之助編『日本荘園絵図集成』上（東京堂出版、一九七六年）では、伴信友が文化年間に東寺百合文書を謄写した『東寺古文零聚』所収の「山城国宝荘厳院敷地用水指図」に解説を加え、「原図は失われたと思われる」としているが、本指図はその原図に相当する。
(38) 東寺百合文書ル函四九号。
(39) 東寺文書教二（『東寺文書聚英』所収）。
(40) 延文六年十月日「宝荘厳院領用水相論文書案」東寺百合文書ケ函四七（二号）。
(41) 東寺文書教五（『東寺文書聚英』所収）。
(42) 現在、聖護院の東に位置する積善院準提堂には、「崇徳院地蔵」が安置されている。この地蔵は崇徳院の霊を慰めるために粟田宮付近に祀られ、ストクインがヒトクイとなまり、人喰い地蔵と呼ばれていたが、明治以後現在の地に祀られたという。地蔵堂造営は崇徳院の霊魂と関わると思われるので、伝承を信じるならば、積善院準提堂の地蔵はこのときのものかもしれない。
(43) 天理大学附属天理図書館所蔵粟田宮文書（『平安遺文』補一四六では、「吉田宮」とするが、「粟田宮」の誤りである)。
(44) 宮内庁書陵部蔵。吉田家所蔵の古図を元治元年(一八六四)十二月九日に写した旨が明記されている。
(45)『百錬抄』。
(46) 天理大学附属天理図書館所蔵粟田宮文書(『平安遺文』補一四八では、筑前国「田原庄」とするが、「原田庄」の誤りである)。
(47)『東寺百合文書』ル函七一号(『大日本史料』第六編之四十一)。
(48)『東寺百合文書』ヤ函二二四号(『大日本史料』第六編之四十一)。
(49)『讃岐国名勝図会』(『日本名所風俗図会』)所引「平野社記」。
(50)『大正新修大蔵経』図像部。
(51) 西田前掲論文。
(52) 東京大学史料編纂所蔵本。
(53) 角田文衞「崇徳院兵衛佐」(『古代文化』二六―九、一九七四年、のち『王朝の明暗』東京堂出版、一九七七年所収)。
(54) 水野恭一郎「備前国福岡荘について」(藤原弘道先生古稀記念会編『藤原弘道先生古稀記念史学仏教学論集　乾』一九七三年、のち『武家時代の政治と文化』創元社、一九七五年所収)。
(55) 藤波家文書(『岡山県史』第一九巻編年史料)。
(56)『大日本史料　高野山文書』続宝簡集十四。
(57)『東寺長者補任』(『群書類従』第四輯補任部)には、成宝は承元三年五月二十二日に「任権僧正」、同年十二月二日に「辞僧正并長者六十九」とある。
(58) 白井優子『空海伝説の形成と高野山』(同成社、一九八六年)二九二頁。
(59)『大正新修大蔵経』図像部。
(60)『鎌倉遺文』一五七七四。
(61)『洞院家記』(『鎌倉遺文』二二九六九)。

(62)『華頂要略門主伝』第一七補遺（『大日本仏教全書』）。

(63)『三条市史上巻』（三条市史編集委員会、一九八三年）、『燕市史資料編I前近代編』（燕市、一九八八年）。

(64)平泉隆房「源氏の神祇信仰についての二・三―とくに源頼朝を中心として―」（『神道史研究』二九―一、一九八一年）、山本幸司『頼朝の精神史』（講談社、一九九八年）二一六頁。

(65)『諸事供養部類』（『続群書類従』第二十六輯下釈家部）。

(66)書陵部所蔵祈雨法御書建久二年五月裏文書（『鎌倉遺文』五〇九八）。

(67)崇徳院怨霊と頼朝との関係については、福田晃「崇徳御霊と源頼朝―「夢合せ」とかかわって―」（福田晃・真鍋昌弘・吉田榮治編『幸若舞曲研究』八、三弥井書店、一九九四年）においてもふれられている。

(68)但馬進美寺文書（『鎌倉遺文』九三七）。

(69)蘆田伊人校訂・圭室文雄補訂『新編相模国風土記稿』（雄山閣、一九九八年）。現在もこの地にあり、神社の由緒書によると、大庭・梶原・長尾・村岡・鎌倉の平氏五家が先祖を祀る神社として五霊神社が建てられ、その五霊が御霊にかわり、いつしか祭神が景政公一柱になったという。

(70)大懺法院建立については、多賀宗隼『慈圓の研究』（吉川弘文館、一九八〇年）に詳しい。

(71)『門葉記』巻第九一勤行二。

第五章　崇徳院怨霊譚の誕生

一　崇徳院天狗化生譚の形成

江戸時代には、日本全国の代表的天狗として八天狗があげられている。それは、愛宕太郎坊・鞍馬山僧正坊・比良山次郎坊・飯綱三郎・大山伯耆坊・彦山豊前坊・大峯前鬼坊・白峯相模坊のことである。この中の白峯相模坊は、崇徳院の怨念が強かったため、その魔縁に引かれてそばに仕えるようになったとされている。この話は、讃岐の白峯には崇徳院が埋葬され、菩提を弔うための御影堂が建立されており、『保元物語』では、崇徳院が生きながらに天狗の姿となったことが記されていることから、それに基づいて作られた伝説であった。

半井本『保元物語』「新院血ヲ以テ御経ノ奥ニ御誓状ノ事付崩御ノ事」に、崇徳院は「御グシモ剃ズ、御爪モ切セ給ハデ、生ナガラ天狗ノ御姿ニ成セ給テ」とあり、天狗の姿になったことが記されている。しかし、なぜ崇徳院の姿を天狗として描く必要があったのであろうか。『保元物語』のこの部分では、崇徳院は保元の乱によって讃岐に流され、後生菩提のために五部大乗経を書写し、それを都へ置こうとしたが許されなかったため、舌の先を食い切って、経の奥に日本国の大悪魔となろうという誓状を記し、その後は髪も切らず爪も切らないで、生きながらの天狗の姿になったとしている。そしてその後に平治の乱が起こったことを記しており、天狗の姿と化した崇徳院によって平治の乱が引き起こされたという内容になっている。つまり天狗とは、この世に恨みを残したことにより天下に災異をもたらす存在として意識されていたのであった。(1)

これは、『天狗草紙』三井寺巻に、天狗の好むものとして、「はたたかみ（激しい雷）・いなつま・にわかせうまう（焼亡）・つしかせ（辻風）・やふれたる御くわんし（御願寺）・人はなれのふるたう（古堂）」とあげられているのと共通する点である。鎌倉本『保元物語』では崇徳院の姿を「柿の頭巾柿の御衣を召つゝ」「只今に天狗にも成出させ給ぬと見へたり」のように、天狗に柿色の頭巾と衣を結びつけている。山伏は柿色の衣をつけ、山の霊力を身につけた人ならぬ聖なる存在とみなされ、関渡津泊を自由に通行できたが、(2)鎌倉本のこの箇所からは、天狗と山伏との結びつきの萌芽が見られることでも注目される。

崇徳院が天狗になった様子は、延応元年（一二三九）五月十一日、前摂政九条道家が発病した際にさまざまの加持祈禱が行われ、親交のあった西山法花寺僧慶政も呼ばれて、道家の住む法性寺に赴いたところ、邸内の二十一歳の女房に霊が憑いて比良山大天狗と名乗り、五月二十三日から二十八日までの間に慶政と三度にわたる問答をした記録『比良山古人霊託』(3)に記されている。

問云、本躰霊気天狗ノ崇徳院ニソ、ノカサレテ、彼力ヲ便ニテ、悪ヲ結構之由、被示、実否如何、

答云、本躰人ノ成天狗トハ誰申ク、毒蛇ニコソ成タレ、天狗ニハ不成也、崇徳院与力之条ハサモ有覧、共ニ恨ヲ含故、其形雖異其意ハ同スル也、

道家に病気を起こさせた霊気の天狗は、崇徳院にそそのかされて力を得たことにより悪の力を発揮したのだとい

う風聞があるが、霊気は毒蛇にこそなりはすれ、天狗にはならない、崇徳院と結んだという話は、ともに現世に恨みを持って亡くなったため、そのような説が生まれたのだとしている。これらの史料から、崇徳院と天狗との結びつきは、遅くとも十三世紀中頃には成立していたことがわかるが、『保元物語』が描くように、崇徳院が讃岐に流されたときにすでに天狗との関係がみられたとは思われない。『保元物語』の成立は貞応二年（一二二三）以降と考えられているが、(4)私見では、承久の乱以降に後鳥羽院怨霊の影響を受けて崇徳院怨霊譚を含む『保元物語』が形成されていったと考えており、崇徳院に天狗像が重ねられていったのもこの時期であろう。この点については後に考察していく。

『保元物語』が成立する以前は、どのように認識されていたのだろうか。寿永二年には木曽義仲が入京し、不穏な状況が続いていたため、後白河院は南殿に臨幸し用心していた。『玉葉』同年十一月十六日条にはその様子を、

今夕所々掘レ埋構二釘抜一、別段之沙汰云々、此事天狗之所為歟、偏被レ招レ禍也、不レ能二左右一々々、

と記している。十九日には義仲は後白河院の居所である法住寺殿を急襲し、院を捕らえて幽閉したが、それについて『吉記』同年十一月十九日条では、

闘争堅固百三十三年事、
今年闘諍堅固、当二百卅三年一、而保元已後連々雖レ有二逆乱一、何時可レ及二今度一哉、於二根元一者、故不レ記レ之、偏是讃岐院怨霊之所為歟、天照太神不二令レ奉レ守給一、雖二先世御果報一、可レ悲可レ歎、

のように、崇徳院怨霊のなすところであろうかと記している。同じ場面を『愚管抄』巻第五では、

イカニモ〳〵コノ院ノ木曽ト御タヽカイハ、天狗ノシワザウタガイナキ事也。コレヲシヅムベキ仏法モカク

人ノ心ワロクキハマリヌレバ、利生ノウツハ物ニアラズ。術ナキ事ナリ。（二六一頁）

（中略）

コノ事ハコノ木曽ガ法住寺イクサノコト、偏ニ天狗ノ所為ナリト人ヲモヘリ。イカニモコノ新院ノ怨霊ゾナド云事ニテ、タチマチニコノ事出キタリ。（二六三頁）

と、一方では天狗の仕業に帰結させており、もう一方では崇徳院怨霊に帰結させている。このことからもわかるとおり、崇徳院怨霊と天狗とはまったく別個の存在として認識されていたのである。『保元物語』ではおそらくこれらの史料を利用して、両者を重ね合わせていったのだろう。

ところで、院政期の天狗は具体的にはどのようにイメージされていたのであろうか。『台記』久寿二年（一一五五）八月二十七日条では、近衛天皇が崩後巫女に口寄せして言うことには、誰かが呪詛して愛宕護山の天公像の目に釘を打ったため、自分は目が見えなくなり、ついには亡くなってしまったとのことだった。そこで後白河法皇はその像を調べさせたところ、その通りに釘が打たれてあった。愛宕護山の僧に聞くと釘が打たれたのは五、六年前のことで、美福門院と関白藤原忠通はこれを藤原忠実・頼長の仕業であるとし、法皇はそのため父子を憎んでいると記されている。そしてその後に、

禅閤《（忠実）》及余《（頼長）》、唯知㆓愛宕護山天公飛行㆒、未㆑知㆔愛宕護山有㆓天公像㆒、何況祈請乎、

とあり、空中を飛行する愛宕山の天狗の姿は広く知られており、天狗像も安置されていたことがわかる。

これまでの研究では、院政期の天狗は、とりわけ仏法に障碍をなすものとして特徴づけられるとされている。(5)

しかし、天狗を仏法に障碍をなす存在にのみ限定することは、天狗の存在を矮小化させ、その本質を見誤ってしまうことになる。仏教者が残した史料に依拠し、現象面から帰納させて天狗の姿を求めようとするため、仏教と

関連した天狗像が形成されることとなるのであって、同時代の人々にとって天狗がどう認識されていたのかという点を解明することこそ重要なのである。それでは、天狗の本質とは何であろうか。

天狗について最も端的に述べているのは、『愚管抄』の「野干天狗トテ、人ニツキ候物」（二九二頁）という箇所である。天狗とは霊魂の一種であって、野干と同様に人に憑依して人々の想像を超えた行為をさせると考えられていた存在であった。一方、怨霊とは、祟る人と祟られる人との相関関係を人々が了解している場合のことを言い、天狗は原因がわからず、ある人が常軌を逸脱した行動をとった場合、天狗が乗り移ったと認識されたのであった。『小右記』長元三年（一〇三〇）九月二十五日条には、「今暁知章《(藤原)》一家天狗《狐》移レ人云」として、天狗が憑依して権律師良円を天台座主とすべきことと、関白頼通の執政の長からざる旨の霊託を告げたことが記されている。このように、天狗とは本来仏教とは直接的に結びつかない用語であった。

さらに、天狗に関してよく知られた史料には、後白河院が源頼朝から日本国第一の大天狗だと言われたということがある。(6)『玉葉』文治元年（一一八五）十一月二十六日条にそのことが記されている。

> 行家義経謀叛事、為二天魔之所為一之由被二仰下一、甚無レ謂事候、天魔者、為二仏法一成レ妨、於二人倫一致レ煩者也、頼朝降二伏数多之朝敵一、奉レ任二世務一、於二君之忠一、何忽変二反逆一、非二指叡慮一之被レ下二院宣一哉、云二行家一云二義経一不二召取一之間、諸国衰弊、人民滅亡歟、日本国第一之大天狗ハ、更非二他者一候歟、

これは『吾妻鏡』文治元年十一月十五日条にも同様の記事を載せている。義経は頼朝への抵抗を決意し、後白河院に対して頼朝追討の宣旨を出すことを要求し、後白河院はそれに応えて宣旨を発した。これを知った頼朝は、大軍を上洛させ威嚇の態度を示すと、後白河院は手のひらを返して、今度は義経・行家追捕の院宣を諸国に下した。そして、院は自己の立場について了解を求めるため鎌倉の頼朝のもとに使者を送った際のことを記したのが

右の史料である。使者は、行家・義経が謀叛を起こしたのは、天魔の所為であって、宣旨については、一時の難を避けるために一旦は発したが、院の意思ではないと伝えた。それに対して頼朝は、行家・義経謀叛のことを天魔の所為とするのは、はなはだ謂れのないことである、天魔とは、仏法の妨げをし、人倫に煩いをするもののことである、頼朝が朝敵を降伏させ、政治を君に任せたのにもかかわらず、何故に反逆と決めつけ、たいした叡慮を加えないまま院宣を下したのであろうか、行家・義経を召し取らないと、諸国は衰え、人民は滅亡してしまうだろう、日本国第一の天狗とは他に誰がいようか、と後白河院のご都合主義を非難している(7)。

先にあげた『比良山古人霊託』『愚管抄』の記事とも重ね合わせると、天狗とは仏教と直接関係がある存在ではないということがわかるであろう。天狗は仏教に障碍をなすこともあるが、仏教に障碍をなすものが天狗ではない。仏教に障碍をなすものは、「天魔」であった。『大方広仏華厳経』(8)によると、菩薩摩訶薩には十種の魔があるとして、五陰魔・煩悩魔・業魔・心魔・死魔・天魔・失善根魔・三昧魔・善知識魔・不知菩提正法魔をあげている。そして天魔に関しては、「起二憍慢放逸一故」とあり、天魔は驕慢放逸の心のために起こるものだとの解説がされている。また、先の『玉葉』の記事がそのことを端的に表しているほか、延慶本『平家物語』第二本「法皇御灌頂事」には、天魔のことが具体的に記されている。

> モロ〳〵ノ智者、学生ノ、無道心ニシテ、憍慢甚シ。其無道心ノ智者ノ死レバ、必ズ天魔ト申鬼ニナリ候也。其ノ形類ハ狗、身ハ人ニテ、左右ノ手ニ羽生タリ。前後百才ノ事ヲ悟通力アリ。虚空ヲ飛事、隼ノゴトシ。仏法者ナルガ故ニ地獄ニハヲチズ。無道心ナルガ故ニ往生ヲモセズ。憍慢ト申ハ、人ニマサラバヤト思フ心也。無道心ト申ハ、愚癡ノ闇ニ迷タル者ニ、智恵ノ燈ヲサヅケバヤトモ思ワズ、アマツサヘ念仏申者ヲ妨ゲテ、嘲リナムドスル者、必ズ死レバ天狗道ニ堕ト云ヘリ。当ニ知ベシ、末世ノ僧ハ皆無道心ニシテ憍慢有ガ

故ニ、十人ニ九人ハ必ズ天魔トナツテ、仏法ヲ破滅スベシトミヘタリ。八宗ノ智者ニテ天魔トナルガ故ニ、是ヲバ天狗ト申ナリ。浄土門ノ学者モ名利ノ為ニホダサレテ、虚仮ノ法門ヲ囀リ、無道心ニシテズヾヲクリ、慢心ニシテ数反ヲスレバ、天魔ノ来迎ニ預テ、鬼魔天ト申所ニ年久ト云ヘリ。当ニ知ベシ、魔王者、一切衆生ノ形ニ似タリ。第六意識反テ魔王トナルガ故ニ、魔王ノ形モ又一切衆生ノ形ニ似タリ。

天魔とは、智者・学生などの仏教修行者が驕慢の心を起こし、無道心なるがゆえに地獄にも堕ちず、極楽にも往生できず、死んだ後になるものだとされている。末法の現在では、十人のうち九人は天魔となるとみなされていた。天魔は仏教語で、欲界の最高所にある第六天（他化自在天）の主の魔王のことを言い、仏や修行者に対して様々な悪事をなし、また人が善事を行おうとするとき、それを妨げる魔王のことである。中世の顕密仏教の僧侶にとって第六天魔道とは、破戒の僧侶が堕ちるかもしれない世界として怖れられていたのであった。(9) このような天魔の世界の影響を受けて、天狗が形成されていったのである。

後堀河天皇から亀山天皇まで五代の天皇の事蹟とその時代のさまざまな出来事を描き、十四世紀初頭に成立したと考えられる歴史物語『五代帝王物語』(10)にも、天魔に関する記事が散見される。(11) 仁治三年（一二四二）正月九日、わずか十二歳の四条天皇が突然崩御したが、これは天皇が近習の人や女房を転ばせて笑おうとして、弘御所の板敷に滑石の粉を塗っておいたところ、自らが転倒してそれが原因で亡くなってしまったという。それについて、

ヤカテ御悩ツカセ御坐マシテ、取アヱス御大事ニ及ケリ、併天魔ノ所為也、サレハ禁中ニ様々ノ物現シテミエケルトカヤ、

と記されている。さらに引き続いて、二条烏丸北面で烏丸より西にいた野比の姫宮が、四条天皇崩御で世が騒然

としているとき、西の方から内裏へ向かって辻祭のような音をさせて囃して大騒ぎするのを何かと見ると、辻祭の田植えのように、烏帽子をかぶり玉襷をかけた者や、ササラをすって鼓を打つ者や、拍子をたたいて「ウレシヤ水」と囃す者が東へ通り過ぎ、「コハイカニオリフシ不思議ノアリサマカナ」と見ていたところ、東へ過ぎた後は音もしなくなってしまったことに対して、「天魔ノヨクアレタリケルヤラム」と、天魔の所為だとしている。また、大宮院の御所五条殿が立て続けに焼亡したことに対して、

二度ナカラオヒタ、シキ焼亡ニテ、タ、事ナラヌ式ニテアリシハ天魔ノ所為ニヤ侍ルラム、

と、火事の原因を天魔の所為に帰結させている。これらの記述からは、天魔と仏教との直接の関わりは見られず、天魔を天狗に置き換えても文意は異ならない。おそらく、鎌倉後期以降は天狗という概念が大きく広がったため、天魔も天狗とほぼ同じ内容でとらえられるようになったものと思われる。

しかし、それらと「怨霊」とでは意味が大きく異なっている。『五代帝王物語』では、何かの災いがあって、その原因がわからないときは、「不思議」「変化」「天魔ノ所為」とするのに対して、原因が推測されるときには、「後鳥羽院ノ御怨念」「十楽院僧正ナトノ所為」のように、具体的な「怨念」がなした仕業としている。災異の直接の原因が見あたらない場合には、「怨霊」には帰結させないのである。

次に、延慶本『平家物語』第二本「法皇御灌頂事」に記される第二の「破旬」とは、

天狗ノ業スデニ尽ハテ、後、人身ヲ受ムトスル時、若ハ深山ノ峯、若ハ深谷ノ洞、人跡タヘテ千里アル処ニ入定シタル時ヲ、破旬ト名ケタリ。一万才ノ後、人身ヲ受トイヘリ。

のように、天狗の業が終わって人身を授かろうとするときや、人が入り込めないようなところで入定したときには破旬となり、一万才の後にようやく人身を受けるのだという。これら「天魔」「破旬」は物語の世界上で展開

されるだけではない。『高野山文書』又続宝簡集百十一に収められている永暦元年（一一六〇）六月二十五日「金剛峯寺衆徒言上状案」(12)には、諸仏事が行われていないことにより、「以知二此偏天魔之伺レ隙、波旬之得レ便歟」と記されており、また、『高野山文書』宝簡集三十四に収められている文治三年（一一八七）五月一日「後白河院御手印起請文」(13)には、

伏惟、世及二季葉一、時当二末法一、出家学道之人雖レ多、苦修練行之心猶少、朝暮諸行、起居作業、概為二邪法一、不レ住二浄心一、因レ茲、天魔伺レ隙、破旬得レ力、

と、近頃は出家学道をする人は多いといっても、苦修練行の心が少なく、邪法をし、浄心がないため、天魔が隙をうかがい、破旬が力を得るのだとしている。

第三の「魔縁」とは、

憍慢、無道心ノ者、死レバ必ズ天狗ニナレリトイヘドモ、未ダ其ノ人死セザル時ニ、人ニマサラバヤト思フ心ノアルヲ縁トシテ、諸ノ天狗アツマルガ故ニ、此ヲナヅケテ魔縁トス。サレバ、憍慢ナキ人ノ仏事ニハ、魔縁ナキガ故ニ、天魔来テサハリヲナスコトナシ。天魔ハ世間ニ多シトイヘドモ、障礙ヲナスベキ縁ナキ人ノ許ヘハ、カケリ集ル事、更ニナシ。

という。すなわち、驕慢・無道心の者は、死ぬと必ず天狗になるけれども、死なないうちは、人に勝ろうと思う心を縁として、諸々の天狗が集まるので「魔縁」というのだという。生きながらにして魔を呼び寄せるのが魔縁なのであった。そのため「被レ引二魔縁一」(14)という語の用いられ方がなされているのである。そして「魔」とは人の生命を奪ったり、仏道修行などもろもろの善事に妨害をなすことを意味していた。「魔が差す」という言い方も、ある人に外部から「魔」が入り込んだことにより、その人が予想し得なかった突飛な行為に出ることを意味

している。「日本国の大魔縁」（金刀比羅本）となろうと誓ったとされる崇徳院は、生存中に魔を呼び寄せて現世に対して悪事をなすことが期待されたのである。ゆえに、姿は天狗となり、平治の乱を巻き起こしたとする『保元物語』の記述とつながっていくのである。そして、『平家物語』巻第一祇王で、祇王・祇女が念仏をしているときに仏御前が訪れた際、

あはれ是はいふかひなき我等が念仏して居たるを妨んとて、魔縁の来たるにてぞあるらむ。昼だにも人もこぬ山里の、柴の庵の内なれば、夜ふけて誰かは尋ぬべき。

とあるように、人を惑わして障害をなす存在が魔縁であった。また、魔縁は必ずしも生存中のことだけを指す言葉ではないという例も見られる。『平治物語』(15)で、源義朝の長男悪源太義平が永暦元年（一一六〇）正月二十一日、六条河原で切られようとしたとき、平清盛をはじめとして平貞盛の子たちを恨み、

運のきはめなれば、今生にてこそ合戦にうちまけて情なき目にもあひけれ。恥辱をばかくとも、死ては大魔縁となるか、しからずは雷と成ツて、清盛をはじめ汝に至まで、一々に蹴殺さんずるぞ。

と誓ってから難波三郎に首を切られている。その後難波は雷に打たれて亡くなり、五体はバラバラになり、清盛も危うかったが、弘法大師の五筆の『理趣経』を錦の袋に入れて首からかけていたので助かったという。菅原道真の例からもわかるとおり、雷は怨霊と密接に結びついている現象であった。この場合の「魔縁」は、怨霊とほぼ同義であると言ってよい。

以上のことから、延慶本『平家物語』に述べるような限定的な意味での「魔縁」が、次第に人を惑わして障害をなす存在一般についての用語となり、さらには怨霊とほぼ同意に用いられるまでになっていったことがうかがわれる。

『保元物語』にあえて天狗化した崇徳院を描かなければならなかったのは、院政期には、末法思想と結びついて天狗が跳梁し、王法仏法相依の中、王法を脅かす存在として天狗が非常に怖れられていたからである。天狗と化した崇徳院は、当時の人には違和感なく受け入れられ、その恐怖が現実味をもってとらえられたのである。

二　天狗の姿

『比良山古人霊託』では、天狗の姿について次のように述べている。

　其長如二十歳許人一、今謂二聖教ニ一鬼類多、其長三尺、以今説実也、頭并身如レ人、其足似レ鳥、有レ翅、尾短、鵄ハ我等乗物也、又只鵄許飛行ク事モアリ、

身長は十歳ほどの人くらいで、頭と体は人のようで、その足は鳥に似ていてつばさが生えている。尾は短くて、鵄を乗物としていて、鵄だけで飛んでいくこともあるという。また、延慶本『平家物語』第二本「法皇御灌頂事」でも、以下のように天狗の姿が記されている。

　尼、法師ノ憍慢ハ、天狗ニナリタル形モ、尼天狗、法師天狗ニテ侍也。ツラハ狗ニ似タレドモ、頭ハ尼、法師也。左右ノ手ニ羽ハヲイタレドモ、身ニハ衣ニ似タル物ヲキテ、肩ニハ袈裟ニ似タル物ヲ懸タリ。男憍慢、天狗ト成リヌレバ、ツラコソ狗ニ似タレドモ、頭ニハ烏帽子、冠ヲキタリ。二ノ手ニハ羽ヲヒタレドモ、身ニハ水干袴、直垂、狩衣ナドニ似ル物ヲキタリ。女ノ憍慢、天狗ト成ヌレバ、狗ノ頭ニカヅラカケテ、ベニ、白物ノヤフナル物ヲツラニハ付タリ。大眉ツクリテ、カネグロナル天狗モアリ。紅ノ袴ニウスギヌカヅケテ、大空ヲ飛ブ天狗モアリ。

これらによると、天狗は体全体は人間のようであり、烏帽子、冠を着け、着衣も袈裟を着け、水干袴、直垂、狩

衣、薄衣など人間と同様のものを着ており、女の場合は化粧をしている者もいる。しかし、顔は狗のようであり、羽をもっているという。

天狗像は山伏の姿をもとに形成されていったとされているが、天狗と化した崇徳院もそのような姿で描かれている。崇徳院が天狗となった姿は、海北友松の作とされるスペンサー本B『太平記絵巻』[16]雲景未来記事に口先が尖って翼を持った金の鵄の姿で描かれており、画中の詞書には、

出羽国はぐろの山伏雲景、京にのほり天龍寺見物におもむく、道に山ふしと行つれ愛宕にいたる、本堂のうしろに房のあるに行てミれは、衣冠正しく金の笏もちたる人、又ハ貴僧高僧もあり、あつた、ミの上に金のとび座したり、右のかたに長八尺斗の大男大弓もちてあり、左の一の座にこんれうの御衣着給へる人あり、さきの山伏のいはく、金のとびハしゆとくゐん(崇徳院)、大男ハ為義の八男ちんぜい八郎に、左の座は代々の帝王ミなあくまとなり給へり、その次の僧たちハ玄昉・真済・大塔の宮なと也、同く大魔王となり給ふ、今天下をミたすへき評定也とかたる、此僧おそれてきくに、此四条川原の桟敷くつれしも、公家武家乱行なるをわれらいましめたる所也とかたらる丶、

とある。ここでは崇徳院が天狗と化し、この世に恨みを残して亡くなっていった天皇・武士・僧たちとともに天下を乱す評定を愛宕山でしており、崇徳院はその中で長たる存在だったことが注目される。

また、『保元物語』では崇徳院が生きながらに天狗の姿になったことを述べた後に、「中二年有テ」以下平治の乱のことを記しているが、ここは不自然な接合であることが指摘されている。[17]この部分は、保元の乱で首謀者を処刑すべき由の申状を提出し、頼長の墓を掘り起こして死体を実検した信西が、殺された上に墓を暴かれ、首が獄門に懸けられるという報いを受けることとなったことを記しているわけだが、これは本来なら頼長の怨霊の

仕業であると意識されていたはずである。それが天狗の姿になった崇徳院の記事にかかって記述されているのは、崇徳院の怨霊の祟りを中心に描いていく『保元物語』の記述方法によるものと思われる。

しかし、ここで注意したいのは、『保元物語』『平家物語』『比良山古人霊託』『太平記』を除いた日記類には、崇徳院は怨霊とされているのであって、天狗として描かれていないということである。これは何を意味しているのであろうか。先にも述べたように、天狗とは故なく霊魂が憑依するものであって、後白河院の崇徳院に対する対応が崇徳院怨霊発動の原因とみなされているからには、天狗として描かれるはずはない。後白河院が亡くなって、崇徳院怨霊が祟る対象が消滅してしまったとき、崇徳院は天狗として描かれていくのである。このことからも、天狗と化したことを記す『保元物語』は、後白河院が亡くなってからまとめられた物語であることがわかる。

宮内庁書陵部には「崇徳院御託宣」と題する巻子本が蔵されており、崇徳院が天狗となった姿をよく表している。

（端裏書）
「崇徳院御神託」

　　崇徳院御託宣　俗別当兼清所進之

建久四年八月十一日申刻御託宣　正祝伊岐宿禰貞継召捕給

朕久ク天狗道ニ落テ九億四万三千四百九十二ノ鬼類神ト同行ス、然ニ朕ハ帝位ヲ蹈シ身ナレトモ、菅丞相太宰少弐
広継已下皆神号ヲ蒙ニ依テ遥ノ座上ニ在テ朕ハ末座ニアリ、常ニ瞋恚ノ焔ト成テ無念ナリシニ、今大明神ノ号ヲ授賜テヨリ
忽ニ魔境ノ猛苦ヲ離テ、九万八千五百七十二神ノ上首ノ神ノ座上ニ着テ、彼群類等悉ク今朕ニ給仕ス、此道ニ入ル者
仏果ヲ証スル事三生六十劫ヲ経テモ猶不叶者ナリ、広継カ明神号菅右府ノ天神号ヲ蒙シニ依テ、此二人ハ上首ノ神ト成
テ、彼九億四万余ノ鬼道ヲ心ノマヽニ召仕事浦山敷事限モナカリシニ、今我彼二臣ヲ超越テ遥ニ無上界ノ神ト成テ、

仏果ノ淵源ヲ心ノマヽニ証成スル事ノ宇礼志佐ハ河ニ喩テ言ンカタナシ、此報謝ニハ年来魔界魔道ノ僉議ヲ聞シニ、此日本国ノ帝王ヲ子孫ヲ断シテ蒙古ノ国ヨリ主ヲ召寄テ天狗道ヲ営々セント、天上ノ神ニモ地下ノ神ニモ申定了、然トモ我大明神ト成賜ヒシ当今ノ御志アマリニ宇礼志ケレハ、上首九万八千五百七十二神同眷属九億四万三千四百九十二ノ鬼類魔類ヲ請シ集テ、当今ノ御子孫ヲ永ク保賜ヘキ事ヲ懇望セシ程ニ、彼等答而年久ク僉議セシ事ヲ一向ニ違変スル事ハ鬼道ノ習ナキ事也、然トモ今懇ニ候事難黙候之間、所詮当今ノ治世ヲ十余年ハ保セ申テ後ニ暫ク海外ニ遷幸アラセシ、其後傍親ヲ一旦ハ帝位ニ成申テ終ニハ此君ノ一流ノミヲ立挙ラン、爰ニ平将門安倍貞任宇治左府源為義等鬼道随一ノ天狗ト成テ、去保元平治以来既此鬼道ノ僉議相定タル事ナリシヲ、今我宇治左府為義等ヲ相具シテ大明神ノ本位ヲ降テ、彼群類ニ交テ懇ニ望シカハ、各答シ候事如此懇ナレハ、此君ノ御子孫ヲハ不可改申、然トモ年来相定タル事ヲ鬼道ノ習ナレハ、争カ悉クハ可変申哉、暫ハ王威ヲ薄シ臣下ニ国柄ヲ執シテ、其者ヲ此替ニハ百年ノ前後ニ改メ亡サント申定ケル也、カヤウニ心ヲ尽シテ六道四生ノ三悪鬼類ヲ申宥トシトモ、末代ノ御門此等ノ事ヲ思食忘テ神道ヲ疎ニシ賜ハ、朝家忽ニ癈レン事不可有疑ナリ、只悦テモ不尽ハ大明神ノ号也、カヤウニ魔道ニ入タル身ハ六十劫ヲ経テモ少分ノ仏果ヲモ証スル事不叶ニ、今神号ヲ蒙シハ須臾ノ間ニ三大劫ノ迷様ヲ離テ、忽ニ毘盧ノ頂上ヲ蹈テ日月ノ両宮殿ノ内ニ生ヌル事ノ忝サヨト仰アリテ御霊則アカリ賜ヌ、依之同月十五日始而被立祭使内蔵助惟宗久義、同上卿民部卿経房卿、此已来毎月七ケ日立神道之斎壇、被修明神供之行事了、

建久四年（一一九三）八月十一日にあった託宣を記したものとしているが、これは後になって作成されたものである。なぜなら、託宣中に「蒙古」のことが見られ、「蒙古」が恐怖をもって認識されるようになった元寇後に作られたことは明らかである。また、「海外ニ遷幸」とは、後鳥羽院の隠岐配流をさし、「傍親ヲ一旦ハ帝位ニ成申テ終ニハ此君ノ一流ノミヲ立挙」とは、後堀河の子である四条天皇が幼くして亡くなったため、仁治三年（一二四

二）に後鳥羽院の孫の邦仁親王（後嵯峨）が即位し、以後この皇統から天皇となっていることをさしていると考えられる。[18]『五代帝王物語』に記されているように、これらのことは後鳥羽院の怨霊の仕業であると意識されていたことから、その知識によって「崇徳院御託宣」が作り出されたのだろう。なお、後鳥羽院怨霊については後で改めて述べる。また、前章で述べたように、『後慈眼院殿御記』明応三年（一四九四）九月九日条所引の寿永三年四月十五日「宗源神宣」は、粟田宮にならって水無瀬宮の号を賜るに際して作り上げられたと考えられるが、おそらくこれと関連させてこの「崇徳院御託宣」も明応年間に作り上げられたのであろう。「宗源神宣」では崇徳院の荒御魂に大明神の神号を授けたことになっているが、「崇徳院御託宣」でも「今大明神ノ号ヲ授賜テ」のように、実際はなかった「大明神」号が授けられたことを強調しているのである。

そのころには、崇徳院は怨霊としてではなく天狗として扱われるようになっている。なお、託宣を伝えたとされる俗別当卜部兼清は、寿永三年（一一八四）四月十五日に建立された崇徳院を祀る粟田宮に勤仕する人物であり、託宣を授かった伊岐宿禰貞継は「宗源神宣」を奉じている人物である。

「崇徳院御託宣」によると、崇徳院は亡くなった後に天狗道に落ち、天皇だったにもかかわらず、菅原道真や藤原広嗣ら亡くなって後に神号を授かった人物よりも末座に位置づけられたので、常に怒って無念の日々を過ごしていた。それが今、大明神の号を授けてもらったので、たちまちに魔境の猛苦を離れて神々の上座に着いて、みな崇徳院に給仕するようになった。崇徳院は無上界の神となったので、鬼道を心のままに召し使うことができる。魔界魔道の衆議を聞いていると、日本国の帝王の子孫を絶って蒙古国から主を招き寄せて、天狗道を盛んにさせようとのことである。しかし崇徳院は大明神となった嬉しさで、神々を集めて現在の帝王の子孫を長く保たせるよう懇望した。それに対して、魔界の決定を変更することはできないが、どうしてもということなので、今の治世は十年余は保たせ、その後海外に遷幸させ、傍流を帝位につかせて、今後はこの一流のみを帝位につかせようとのことであった。崇徳院と頼長と為朝の再度の懇望によって、しばらくの間王威を滅じて臣下に政治をとらせ、百年くらいたったら改めて滅ぼすことにしようということになった。このように崇徳院が鬼類を宥めても、末代の天皇がこのことを忘れて神道を疎かにしたならば、朝家はたちまちに廃れてしまうだろう。ということが記されている。

崇徳院が九万八千五百七十二の神とその眷属である九億四万三千四百九十二の鬼類の頂点に立っていることが当然のごとく記されているのは、それだけ崇徳院の霊力が強烈に印象づけられていたからであり、『太平記絵巻』に描かれる、天狗の長としての崇徳院像とつながるものである。崇徳院の讃岐配流と崩御は武者の世の到来と結びつけられていたため、その怨念は非常に強いとみなされ、冥界を司る存在として崇徳院の天狗が最上位に位置づけられることになったのである。

三　後鳥羽院怨霊譚の形成

『保元物語』の成立の時期については、国文学の方面から諸本の綿密な検討から考察されてきているが、いまだ決着をみるに至っていない。ここでは視点を変えて、崇徳院怨霊と後鳥羽院怨霊とを比較することによって、実像とは異なった『保元物語』中の崇徳院の姿がつくられるようになった背景について考え、『保元物語』成立過程考察の一助としていきたい。

これまで両者は全く別個に考察されてきたが、以下で述べるように、一度は鎮まりかけた崇徳院怨霊が、後鳥羽院怨霊が跳梁してくると再び頭をもたげ、両者の関わりが強く説かれるようになる。本章ではまず後鳥羽院が承久の乱によって隠岐に流されてからどのような暮らしをしていたのか、そのとき都の人々は院に対してどのような印象を抱いていたのか、そして院が亡くなってからの怨霊跳梁の具体像と鎮魂の過程について考察していく。そこで得られた結果を、『保元物語』中の崇徳院の姿と重ね合わせ、両者の類似性を探ることによって、保元の乱が起こってから数十年以上経たときに、なぜ『保元物語』が書き残される必要が生じたのかという問題を解明することができるのではないだろうか。

崇徳院は、実際には恨みをもって亡くなったのではなく、『保元物語』に記される怨念に燃える崇徳院像は、『保元物語』の作者によって創り上げられたものであったことについてはすでに明らかにしたが、崇徳院怨霊譚を創作するにあたって大きな影響を与えたのが後鳥羽院怨霊譚であったのではないだろうか。それを明らかにする前段階として、後鳥羽院の怨霊がいかにして認識されていったかを確認しておく。

治天の君として君臨する後鳥羽院は、自らの意に従わない幕府を倒し、再び専制君主として君臨しようとし、倉橋・長江庄地頭停廃問題をきっかけとして、畿内近国の軍兵を京都に集め、承久三年（一二二一）五月十五日に倒幕の官宣旨を出し、京都守護伊賀光季邸を襲うことにより乱が始まった。これを受けて幕府では、北条政子の言に感化された武士が結集し、大軍が京都に向かった。一方後鳥羽院の下には予想したほどの兵力が結集せず、宇治・瀬田・淀の守りも破られ、京都は幕府軍の手に落ちた。後鳥羽院は鳥羽殿に移され、子である仁和寺の道助法親王を戒師として出家した。承久の乱に敗北した朝廷側は、その責任を追及され、幕府は、後鳥羽院の兄守貞親王（後高倉）を上皇とし、仲恭天皇は廃され、守貞親王の子茂仁親王（後堀河）が天皇となった。そして、七月には後鳥羽院が隠岐へ流され、さらには順徳院も佐渡へ流された。また、土御門院は倒幕計画に直接関わらなかったため罪に問われなかったが、京都にとどまることをいさぎよしとせず、幕府に申し出て土佐へ配流され、のち阿波に移った[19]。

後鳥羽院は、隠岐で十九年の歳月を過ごし、延応元年（一二三九）二月二十二日に没した。『増鏡』[20]第三藤衣にはその様子を、

この浦に住ませ給て、十七年ばかりにやありけむ、延応元年といふ二月廿二日、六十にてかくれさせ給ぬ。いま一たび都へ帰らんの御心ざし深かりしかど、つゐに空しくてやみ給にし事、いとかたじけなく、あはれに情けなき世も、いまさら心うし。

のように、京都へ帰りたいとの強い希望もむなしく、現世に執着を残して亡くなっていったことを記している[21]。そして御体は荼毘に付された。『増鏡』にはそれを、

近き山にて例の作法になし奉るも、むげに人少なに、心細き御有さま、いとあはれになん。

と記している。そして遺骨は京都大原に運ばれた。『百錬抄』延応元年五月十六日条には、

隠岐法皇御骨左衛門尉能茂法師奉レ懸、今日、奉レ渡二大原一籠二禅院一云々、

とあり、さらに『増鏡』には、

御骨をば、能茂といひし北面、入道して御供にさぶらひけるぞ、首にかけ奉りて都に上りける。

とあるように、侍臣藤原能茂が遺骨を首にかけて洛北の西林院の御堂に安置した。このときの遺骨は分骨だったようで、明治六年（一八七三）に後鳥羽院の神霊が水無瀬宮に還遷されると、翌年には海士町刈田山源福寺の本殿は取り払われて焼却されたが、その灰を本殿跡に埋めようとしたところ、地中から銅板金具と三重の骨壺が発見されており、その中には後鳥羽院の遺骨が納められていたと考えられている[22]。そのため、海士町の遺跡は宮内省によって火葬塚として整備されることとなった。

『一代要記』[23]後鳥羽天皇条には、

仁治二年二月八日、大原法華堂供養、同日御骨自二西林院御堂一奉レ渡二法華堂一、

とあり、『華頂要略』[24]付録三十九「梨下梶井門跡管領山洛寺院」には、

大原
後鳥羽院法華堂

延応元年二月廿二日、於二隠州行宮一□□冥、同五月十六日、御力者金力法師、令レ随二身御遺骨一、経二北海一到二著大原勝林院一之間、門主于時尊快親王、御母修明門院、有二計沙汰一、懐（壊カ）二渡水無瀬殿御所一、起二立法花堂一、以別相伝私領備前国軽部庄修明門院、御遺領、播磨国安室郷為二供料一、定二補六人供僧一軽部三人、安室三人、各令二輪転一勤二行長日法花護摩一、供僧者撰二門下之内真言伝□（法カ）器一、補任来者也、

とあるように、西林院御堂に安置されていた遺骨は、水無瀬殿を解体して大原に移築された法華堂に移され、供養が行われた。大原の地に堂が建立されたのは、後鳥羽院の第八皇子で順徳院の弟である天台座主尊快法親王が梶井門跡であったことによる。そして、門主は私領備前国軽部荘・播磨国安室郷を寄進し、供僧六人を置いて長日法華護摩供養を行い、後鳥羽院の菩提を弔った。

ところで、隠岐に流された後鳥羽院については、生存中から怨霊の存在が噂されていた[25]。天福元年（一二三三）九月十八日に、後堀河院の中宮藻壁門院竴子が御産にともない死去し、それに引き続き文暦元年（一二三四）五月二十日に仲恭天皇が亡くなり、後堀河院も同年八月六日に亡くなっている。そのことに関して、鎌倉末期の歴史物語である『五代帝王物語』「後堀河院崩御事」の項に、

代々ノ帝王短祚御坐ス例ノミ多カレトモ、女院ノ御事打ツヽキ此事ノイテキヌル、イカニモ子細アル事也、後鳥羽院ノ御怨念、十楽院僧正ナトノ所為ニヤトソ申アヒケル、或人ノ申侍シハ、誠ニヤアリケム、カヽル

事ハ虚言ノミ多カレハ、偏ニ信ヘキニアラネトモ書付侍り、

と記されるように、天台座主の勅約を反故にされて憤死した十楽院僧正仁慶の祟りとともに、後鳥羽院の怨念が都人に意識されていたことが記されている。後堀河院は後鳥羽院の兄である後高倉院の子で、承久の乱後即位し、後高倉院なきあとは親政を行い、四条天皇に皇位を譲った後は院政を行った。このような天皇が早世したことに対し、人々は後鳥羽院の怨霊がそうさせたものと意識したのである。そのため、後鳥羽院を京都に還幸させようとする動きがあったが、これは幕府によって拒否されている。(26)

また、『明月記』嘉禄元年（一二二五）六月十三日条には、奇怪な事件を載せている。琵琶湖のほとりの志賀浦に奇妙な鳥が集まってきたが、その鳥の大きさは唐鳩くらいで、色は青黒、翅ははなはだ広く、引き延ばすと三尺五寸ほどで、羽がたくさん生えていた。足は四本で、水鳥の足のようであった。人々が集まって鳥を捕らえたところ、その鳥は非常にか弱く、皆で見ていじったりしているうちに死んでしまった。数日間に人々が競い取ったため、鳥の数は次第に少なくなり、ある者はその鳥を食べたところ、即座に死んでしまったという。それに加え、比叡山に大雨が降ったことにより、藤原定家は「仏法王法滅亡之期」と認識している。その鳥に関しては、

又或説云、件鳥水鳥之中本自有レ之、名隠岐の掾《ゼウ》ト云云々、弥可二奇事一歟、

のように、隠岐の掾と呼ばれる鳥が人々を死に追いやったのだとの風聞も立った。この鳥には隠岐に流された後鳥羽院が重ね合わされている。さらには、翌日に、政所別当で承久の乱の際には積極的に京都に攻め上ることを主張した大江広元が亡くなった。こうした一連の出来事を受けて、『明月記』嘉禄元年六月二十八日条では、執権北条泰時が時房に対して、以下のように下知したことが記されている。

三帝二王重可レ奉二禁固一、如レ此之時、各守護等、全不レ可レ有二上洛之心一、各可レ固二其営一之由下二諸国一云々、

すなわち、三上皇と雅成・頼仁親王とをしっかり禁固し、混乱に乗じて上洛することなく、諸国を警固すべき旨を述べており、この時点では、北条氏は後鳥羽院の生霊に警戒心を抱き、その動きを封じ込めようとしていたことが読みとれる。七月には北条政子が亡くなるということがあったが、北条氏は後鳥羽院の生霊の仕業であるとはみなしたくなかった。嘉禄二年十月十一日条には、

雑人説云、六条宮御出家着二黒衣一、儲二大檜笠一、成二逃去之計一給、武士見レ之奉レ籠、依二此事一、京中黒衣法師可二停止一由、武家致二沙汰一云々、

とあり、後鳥羽院の皇子六条宮が黒衣を着て配流先の但馬から逃亡したという噂が流れると鋭敏に反応し、京中での黒衣の法師を禁ずる旨が命ぜられるといった処置がとられた。(27)このようにして、後鳥羽院に関する噂はすべて否定して、承久の乱の時に幕府側がとった措置が正しかったということを何としても証明していかなければならなかった。

ところが、巷の風評は一段と度を増していった。『明月記』安貞元年（一二二七）七月十一日条には興味深い記事を載せている。

雑人等云、近日天狗狂乱殊甚、減〔清〕水鐘楼之下、以二白布一縛二‐付法師一人一、聞二叫喚音一求出、不二言語飲食一、両三日加持之後蘇生、本在二伊勢国一、去春入洛、経二廻歴旬月一、依レ無二余糧一、六月十二日下二‐向本国一、於二途中勢州一、本見知僧山伏躰相逢、洛可二伴来一由之間、相共更帰京、先出二大内一、又他僧来会、又相引入二法成寺一貴賤数、輩列座依二貴人之下知一、以二此僧衣帷一令レ取レ酒、盃酌乱舞、又相引入二法成寺一、又相議入二清水礼堂一之由雖レ存レ之、狂心不レ知二其実一、座二礼堂一叫喚之由語レ之、不レ覚悟レ縛、楼上事云々、参詣人等憐愍、令レ着二衣裳一下二‐向伊勢一云々、其間事等、崇徳院当時御二于鎌倉竹中一、僧都参二隠岐島一等云々、座列乱舞之輩、或其額有レ角云々、

近頃天狗があちこちで暴れており、清水の鐘楼の下に法師を白布で縛りつけた。叫んでいるのを聞いて助け出すが、法師はしゃべることも飲食することもできず、二三日加持した後に蘇生した。その法師によると、もとは伊勢国にいたが、去春京都へやってきて数ヶ月滞在の後に手持ちがなくなり、六月十二日に伊勢へ帰ろうとした。途中伊勢国で知己の山伏姿の僧に逢った。すると一緒に京都へ行こうということで、また京都に戻ってきた。まず大内裏まで来て、他の僧に会い、それから法成寺へ行った。そこには貴賤が列を作って座していた。貴人の命によりこの僧の衣や帷子をとってそれで酒を買わせて、酒を酌み交わして乱舞した。その後法成寺に行ったり、清水の礼堂に行ったことは覚えているが、それが本当かどうかよくわからなくなり、礼堂に座って何かわめいていたが知らないうちに楼上に縛られていた。そして参詣の人々が憐れんで着物を着せてくれて伊勢国に戻ったという。その後の割注の意味がはっきりしないが、法師が見た夢では、右の事件が起きた際には崇徳院は鎌倉の竹中におり、隠岐島にいる後鳥羽院にも会ったという、というように解釈しておきたい。そして座に連なって乱舞していた者の中には額に角のある者もいたという。

この事件は『古今著聞集』六一一「伊勢国書生庄の法師上洛の帰途天狗に逢ふ事」にほぼ同内容で収録されているが、そこでは仁治のころのこととしている。この点に関して小峯和明は、「仁治」は、後鳥羽院の怨霊と結びつけて記憶される時代で、天狗話もそこにつながってくるため、『古今著聞集』ではこの説話が後鳥羽院の怨霊にまつわる天狗話として位置づけ直されていると解釈しており(28)、筆者も同様に考える。崇徳院云々の部分に関しては、崇徳院の怨霊は鎌倉にいて祟りを引き起こしており、後鳥羽院は隠岐島にいて生霊をとばして祟りを引き起こしているということを意味しているのだろう。後白河院が亡くなって以降、崇徳院怨霊への怖れは弱まっていたが、後鳥羽院の隠岐配流と関連して再び登場していることが注目される。「鎌倉」に関しては、小峯は比叡山の鎌倉かとしているが、鎌倉で起きる怪異の原因として、崇徳院怨霊がこのときの悪事の当事者である後鳥羽院の生霊から命じられて悪事を起こしているととらえるべきであるので、北条氏のいる鎌倉とするのが適当であろう。また、法成寺で乱舞していた者の中には角のある者がいたということで、角のある天狗の姿としても注目される。

そして、南北朝期に成立したとされる『後鳥羽院御霊託記』(29)に載せる嘉禎二年（一二三六）十月十五日「伊王左衛門入道西蓮参隠岐於御前蒙勅宣記」には、『保元物語』の崇徳院像と重なる部分があるという点で興味深い。

勅宣云、故宮恋慕之余、遠島徒然之間、奉レ作二十一面観音像一、安二置洛中之近辺一、此像則一千日之間持戒清浄、手自一刀三礼之　叡情所レ作レ之也、仏胸之間自取二我二牙歯一納レ之、仏左右手我切二二小指一納レ之、有二深重之御願一也、及二末代一必可レ有二賢王之理政一、当二其時一捧二手印書一申二請料所一、以二物集女一可レ成二僧寺一、傍々所領者新免寺戸之所領也、偏修二真言行一、誦二法華一乗一、可レ訪二菩提一、捧二手印書一、奉レ近二龍顔一、冥有二哀愍之　叡慮一、此外俗体影一鋪、法体影一鋪、法華経一部、六字名字一鋪、皆共　宸筆也、若一天帰レ昔、可レ興二我霊廟一、我可レ守二国家一、以二当所之繁昌一可レ弁二国土一、全夢々於二当庄一可レ絶二他人之希望一也、霊魂冥有二知見一、仰可レ至二帰依一也、今度下向、殊更神妙也々々、龍顔御涙只如レ雨也、謹記之、

嘉禎二年甲子十月十五日沙彌西蓮記之

後鳥羽院は京都へ戻りたいという思いが強かったため、自作の一刀三礼で、仏像の胸の部分に自らの歯を二本納め、仏の左右の手に自らの二本の小指を切って納めた十一面観音を、せめても京都近くに安置して欲しいと願ったとされている。この記述は、崇徳院が自筆五部大乗経をせめて都のほとりにでも置いてほしいと願ったという

記述と似通っている。また、同書には暦応二年（一三三九）七月十日に水無瀬三位家官女に託宣があったことを記している。

保元乱以後、崇徳院御霊平相国仁入天天下於悩須、承久乃後者、国家治乱朕力仁懸礼利、関東滅亡世志事八、先帝春宮乃御時祈願甚深那利志上、大原乃法花堂数部頓写乃経乎被送幾、如此法楽乃力、朕加日来怨心仁加志故仁成就世志也、仍彼践祚乃日毛、二月廿二日也、朕加崩御之日毛二月廿二日也、関東滅亡日毛廿二日也、

これによると、保元の乱以降は崇徳院の御霊が平清盛に入り込んで天下を乱し、承久の乱以降の国家の治乱は後鳥羽院の力によるものであることを主張している。ここからも、崇徳院と後鳥羽院との関わりがうかがえよう。

このように、『五代帝王物語』等に記される後鳥羽院の生霊は物語上の創作ではなく、現実に認識されていたことだった。そうした生霊を生じさせたのは承久の乱であり、そして、承久の乱は、天皇と臣下との関係が破綻を来したことに起因すると考えられていた。古活字本『承久記』(30)の最後の部分には以下のように記されている。

承久三年六月中ノ十日、如何ナル月日ナレバ、三院・二宮遠島へ趣セマシ〳〵、公卿・官軍、死罪・流刑ニ逢ヌラン。本朝如何ナル所ナレバ、恩ヲ知臣モナク、恥ヲ思フ兵モ無ルラン。日本国ノ帝位ハ、伊勢天照太神・八幡大菩薩ノ御計ヒト申ナガラ、賢王、逆臣ヲ用ヒテモ難レ保、賢臣、悪王ニ仕ヘテモ治シガタシ。

その際、天皇と臣下との関係が破綻を来し始めた保元の乱のことが当然考慮されたはずである。

『六代勝事記』において、承久の乱の顛末を書き記すのに、あえて保元の乱から書き出しているように、承久の乱での後鳥羽院配流は、保元の乱での崇徳院配流と重ね合わされていたのであった。このことが反映されて、現実には生前に祟ることのなかった崇徳院が、その怨念により平治の乱を引き起こしたとする記述につながっていったものと思われる。「元保元物語」が現存しない以上、その内容について云々することはできないが、現存

する『保元物語』の諸本は、後鳥羽院怨霊譚を受けてまとめられた可能性が非常に高いのではないだろうか。

四　後鳥羽院置文案の検討

『保元物語』の崇徳院怨霊譚との関係で注目したいのが、嘉禎三年（一二三七）八月二十五日の奥書をもつ、水無瀬神宮所蔵で重要文化財に指定されている「後鳥羽院置文案」[31]である。

我は法華経にみちひかれまいらせて、生死をハいかにもいてんする也、たゝし百千に一、この世のまうねんにかゝはられて、まえんともなりたる事あらハ、このよのため、さはりなす事あらんすらむ、千万に一我子孫世をとる事あらハ、一かう、わかちからと思へし、それは我身にある善根功徳をみな悪道に廻向してこそ、さほとの事をハせんする時に、身にとゝまる善根もなくなりて、いよ〳〵悪道にふかくいらむする也、この事の返々かなしきなり、さる事もあらんには、我子孫のよをしらせ給はんハ、又二こと神事仏事ゆめ〳〵おこなはるまし、たゝ我菩提を一かうにとふらはれんそ、なに事にもすきたる御いのりにてあるへき、このやうハ後白川法皇われにおほせられし事也、それをふかくのいたりふかくももちゐす、その事となきいのり物もうてにて、かゝるよになりにき、ましてわかちからをもて、よをしらせ給はん君、我菩提のほかの事をおこなはれんは、一こに御見のたゝりとなるへきこと也、たとひ魔縁になりたりとも、なにとなき小事なとは、ゆめ〳〵すましき也、返々まれ〳〵身にとゝまりたる善根功徳をうしなひて、手をむなしくてあらん事のかなしさハ、なにゝもすきたらんする也、たとへハひんくなるものゝ、をのつからもちたるたからをうしなひて、大事をいとなむかことし、功徳を廻向せては、魔縁のならひ悪事をハえせぬ也、この事のかなしきなり、これも返々よしなくおほゆれは、たゝまうねんをすてゝ、生死をいてんとこそ仏にも申とも、せめての事にいひをく也、をハりの時おほやうハみえんする也、東大寺の大仏くやうに、二たひあひたりし、一日の一切経くやう、すり本の法花経、この三の功徳ハいかにも身にそへてもちたらんする也、これをえんとしてよくとふらは丶、たとひ一たん魔縁になりたりとも、むなしかるましき也、関白以下のさハりをは、ゆめ〳〵なすましき也、わかするといふ事ありとも、もちゐるべからす、

嘉禎三年八月廿五日

以下、現代語に訳しておく。

我は法華経に導かれ申し上げて、生死の輪廻転生からなんとかして逃れたいと思うのである。ただし百千に一つでもこの世の妄念に執着して、魔縁ともなるようなことがあったら、この世のために、障害をなすこともあるであろう。千万に一つでも我が子孫が天皇になることがあったならば、すべて我が力と思うがよい。それは、我が身にある善根の功徳をみな悪道に回向してこそであり、そのようなことをしようと思うときに、身にとどまる善根もなくなって、いよいよ悪道に深く入ろうとするのである。このことは何と言っても悲しいことである。そのようなこともあるようならば、我が子孫が世を支配なされるようなときは、又二度と神事・仏事は決して行いなさるな。ただ我が菩提をひたすらに弔いになることこそ、きっと何事にも優れたお祈りなのである。このことは、後白河法皇が我におっしゃったことである。それを不覚のいたすところで、深く理解しなかったために、そのつまらない祈り・物詣でのために、このような世になってしまった。まして我が力を得て世を支配なさる君が、我が菩提を祈ること以外のことをしたならば、一生涯御身の祟りをなすことになるであろう。たとえ魔縁になったとしても、つまらない小事などは決してしないようにしよう。返す返すかりそめでも自身のもとにとどまった善根功徳を失って、写経をむだにしてしまうようなことの悲しさは、何にもかえられないことである。例えるな

らば、貧苦である者が、自ら持っていた宝を失って大事を起こしてしまうようなものである。功徳を回向しなければ、魔縁のならいで、悪事をすることはできないのである。このことが悲しいのである。これもやはり仕方なく感じるので、ただ妄念を捨てて生死から逃れたいと仏にも申すけれども、せめてものこととして言い置くのである。臨終の時、おおよそは見えるものである。東大寺の大仏供養に二度巡り会った。一日の一切経供養、摺本の法華経、この三つの功徳はいかにも身に持ち添えて持っていようとするものである。これを縁としてよくとぶらいをしたならば、たとえ一度魔縁になったとしてもむなしくなることはないはずである。関白以下への祟りはけっしてしないようにしようとするものである。我が祟っているという事を言うようなことがあっても、相手にしてはならない。

この置文に関しては、真偽についての疑問が差し挟まれている。後鳥羽院崩御の直後に十一歳の四条天皇が不慮の事故によって崩じ、後高倉院の系統には皇位継承者がなかったため、土御門院の皇子後嵯峨天皇の践祚となったということで、後鳥羽院の子孫が皇位についた。そのため、置文に書かれた「千万に我子孫世をとる事あらは」という事態が現実になったことから、それが単なる偶然なのか、置文の真贋についてはなお考察する必要があるとする意見がある。(32) ところで、この置文については、同神宮文書中に「勅書注進状写」(33) があり、その伝来を知ることができる。

(端裏書)「勅書注進状 永和二年五月上旬申出」

後鳥羽院

勅書事　進　内裏時注文

一御手印正文在レ之

一御置文正文ハ　後醍醐院御一同可レ有二御拝見一之由被二仰下一候間、具兼《(水無瀬)》持参候処仁可レ有二御祈念一、誓可レ進レ□《(置)》、則常御行法之壇上ニ被レ置、御祈念在レ之時分、俄ニ山門へ行幸動乱之間、御持仏堂御具足等竹内僧正《(慈厳)》仁被レ仰、而間洛中物忩不レ及二是非一間、令二紛失一了、建武元・二間事也、其後　還幸之時、被二返下一旨、歎申間、以二吉田内府《(定房)》一紛失無力次第也、於二向後一者、以二此状一可レ為二支証一之由被レ仰候了、仍内府証状

□

（後欠カ）

「御手印正文」とは暦仁二年（一二三九）二月九日の「後鳥羽院手印置文」のことを指し、「御置文正文」が嘉禎三年八月二十五日の置文のことを指している。正文は、後醍醐天皇が御覧になりたいとのことなので、水無瀬具兼が禁裏へ持参して置いておいたところ、建武の動乱により紛失してしまい、天皇が京都還御の時、兼持が返してほしい旨申してきたので、吉田定房が紛失は仕方なかったので、今後はこの状を証拠としてほしいと言って、定房から証状を与え、案文の証明としたのであった。[34] このようないきさつがあるので、正文が存在していたことがはっきりし、案文とはいっても伝来のわかる確実な案文だと言えよう。

内容についても、後鳥羽院の末年のものとかけ離れてはいない。暦仁二年二月十日「後鳥羽院置文」[35] は先の手印置文の翌日に、追伸として書かれたものであるが、その中で、

いつも只水無瀬に居住して、我後生を訪はん外、又他事あるへからす、ゆめ〳〵をこたる事なかれ、所詮我子孫の治天にあらすハ、信成・親成《(水無瀬)》か後葉、二たひ朝庭に不可仕よし存也、ふかく此分を心得て、子孫にも申置へきなり、

（中略）

我なからん後も、つねにハあまかけりても見んする也、よく〳〵つゝしミてあるへき也、

と記されている。ここでは、水無瀬において自分の後生の菩提を祈ることを水無瀬信成・親成父子に要求し、自らの子孫が再び皇位につくべきであり、そのようでない朝廷には、二度と出仕すべきではない旨を強い意志で示している。そして、自らが亡くなっても常に天から見張っているから心するようにと厳しい調子で述べている。院の子孫を皇位につけたいとする願望は、先の置文案と共通しており、生前から持っていた念願であったことがわかる。さらに、死して後もなおその達成を見届けるために、執着しようとする心持ちも共通している。以上のことから、嘉禎三年八月二十五日の「後鳥羽院置文案」は、後鳥羽院の末年の心理状況を如実に表したものとして、十分信頼に足る文書だと言えよう。(36)

次に、文書中の文言の検討に移る。「この世の妄念にかゝはられて、魔縁ともなりたる事あらば、この世のため、障りなす事あらんずらん」とは、迷いの心によって魔縁となったならば、怨霊となって祟ることを宣言している。そして、「我身にある善根功徳をみな悪道に廻向」することによって祟り、自らの子孫を皇位につけようとしている。これは『保元物語』で「五部大乗経ノ大善根ヲ三悪道ニ抛テ、日本国ノ大悪魔ト成ラム」（半井本）と誓った崇徳院の場合と酷似している。また、皇位に執着していることに関しては、「皇を取て民となし、民を皇となさん」（金刀比羅本）の記述と結びつく。

そして「魔縁」という語についても、「大悪魔」（半井本）「魔縁」（金刀比羅本）と共通するものである。この世に恨みを残し、配流地においての経典書写の善根を悪道に回向させて祟ろうとするというモチーフは、『保元物語』崇徳院怨霊譚と後鳥羽院の実像とで共通している。「三悪道」という語については、『妙法蓮華経』(37)方便品に「以二諸欲因縁一、墜二堕三悪道一、輪二廻六趣中一、備受二諸苦毒一」と記されるところからとられていると思われ、

「法華経にみちひかれまいらせて」とする後鳥羽院が、「後鳥羽院置文案」の中で「悪道」として引用している。中尊寺には「隠岐院之一字三礼之法華経一部」が納められていたので、[38]後鳥羽院は隠岐で和歌の道に専心するとともに、信仰の世界に深く入り込み、『無常講式』を作成して法華経の書写をもしていたことがうかがわれる。

「後鳥羽院置文案」と『保元物語』にみる崇徳院配流中の記事が酷似している点を指摘した上で、前後関係について考えてみる。実際の崇徳院は恨みをもって亡くなったのではなく、この世に恨みをもって祟ろうとした崇徳院の姿は、『保元物語』が生み出した虚構であることは先に述べたが、これをさらに進めると、『保元物語』崇徳院怨霊譚は、後鳥羽院配流の記述をもとに『保元物語』の崇徳院配流説話が書かれたと指摘されていることから、『六代勝事記』の後鳥羽院怨霊譚をもとに創り上げられていったと仮定することが可能である。さらには、『六代勝事記』の後鳥羽院配流の事実が先にあって、それに影響を受けて崇徳院配流説話が形成されていったとみなすことができる。そして、「保元物語の、今日その最古態と見なされている半井本をも含む現在の上中下三巻形態は、『六代勝事記』の執筆されたと見なされる貞応二年（一二二三）以降に、再編もしくはかなり大幅な加筆を蒙って、その面目を一新し、まさに保元物語の成立と呼んでよいような過程を経ている」[39]との重要な指摘がある。私見では、現存する『保元物語』諸本の成立はさらに遅れて、後鳥羽院が亡くなった後に、院の怨霊が跳梁していた仁治三年（一二四二）から遠く離れない時期に編纂され、崇徳院の怨霊が現実味をもって迎えられたのではないかと考えているが、これについては次章で述べたい。

五　後鳥羽院怨霊の跳梁と鎮魂

後鳥羽院が亡くなってからは、ますますその怨霊が意識されるようになっている状況は、『比良山古人霊託』

によく記されている。

問、六月之中ニ、隠岐院霊祈二請熊野権現一、六月内乱二入洛中一、可レ被レ奉レ悩二諸宮諸院一之由、或説示レ之、
実否如何、
答、彼霊祈二請熊野一之事者、サモアルラン、諸宮諸院ヲハ悩トセラルトモ、ヨモカナハシ物ヲ、只少々コソ申ハアランスラン、

後鳥羽院は二月二十二日に亡くなり、五月十六日には大原西林院に遺骨が安置されたという状況下での、六月に後鳥羽院の怨霊が洛中に乱入するという風聞であった。

後鳥羽院怨霊の強い霊力は天下に及ぶものとみなされていた。そのため朝廷は何とかして後鳥羽院の怨霊を鎮撫しようと、それまでは「隠岐院」と呼ばれていた上皇に、「顕徳院」との謚号をおくった。『百錬抄』延応元年五月二十九日条には、

侍従中納言為家、参著、召二大外記師兼一仰云、以二隠岐院一可レ奉レ号二顕徳院一者、依二治承崇徳院例一無二勅書一只外記承存許也、件謚号字、式部大輔為長卿勘申、

と記されている。「治承崇徳院例」とあるのは、『百錬抄』治承元年（一一七七）七月二十九日条に、

讃岐院奉レ号二崇徳院一、宇治左府(頼長)贈官位太政大臣正一位、事宣下、天下不レ静、依レ有二彼怨霊一也、

とあるのを指しており、この場合も怨霊を鎮撫するための謚号であった。後鳥羽院については、同様にして配流地で亡くなった崇徳院の事例が強烈に意識されていた。

しかし、こうした処置が行われながらも、後鳥羽院の怨霊に起因すると意識された事件はとどまるところを知らなかった。延応二年（一二四〇）正月には彗星が現れ、以降変異が相次いだ。正月二十八日には、承久の乱の

際北条泰時とともに攻め上って入洛し、乱後も六波羅南方として京都にとどまった北条時房が、二十四日に頓死したという知らせを飛脚が関東から伝えた。このことについて、『平戸記』[40]には、

人口云、去年歳暮義村頓死、今年又時房頓死、偏是顕徳院御所為云々、関東中偏以御顕現云々、其上時房郎等男、称二進士右近将監一〈不知交名〉去年歳暮有二不レ可レ説之夢想一、是顕徳院長厳僧正等、時房可レ被二召取一之由也、果而有二此事一云々、彼是不レ可レ不レ思、此事今日及二辰刻一漸風聞、世間頗物忩、不レ知二由緒一、成二不審一之処、及二午刻一遍以披露、関東漸以衰微歟、可奇々々、

のように、後鳥羽院の怨霊が関東で吹き荒れているとの噂が人口に膾炙していたことを記している。三浦義村は承久の乱の際、後鳥羽院が離反を期待し、義村の弟胤義に命じて使者を鎌倉に遣わしたものの、使者を追い返して幕府方についた人物であり、義村の意見によって京都突入の軍勢配置が決められた。このような義村が頓死したことに対して、後鳥羽院の祟りによるものだとの噂が立ったことは当然であろう。さらには時房の郎党の男までもが、去年後鳥羽院が時房をなきものにしようとしていた夢を見ていたことを伝えており、北条氏も怨霊を認めざるを得なくなってきた。

『平戸記』延応二年二月二十二日条には、

自二関東一去夜有縁元之音信、其状云、天魔蜂起、不レ可レ説、未曾有云々、其中連夜有二放火事一（中略）然而世間多以風聞、件炎上度々中、去四日及二大焼亡一云々、又六波羅武家同天魔現形云々、不レ能二多注一、尤可レ畏々々、所詮武家偏執二世務一、已及二廿年一、此兆也魔滅之瑞相也、勿論々々、（中略）今日顕徳院御正日也、於二修明門院一被レ行二曼陁羅供一云云、

と記され、さらに二月二十七日条には、

> 伝聞、関東衰弊、放火重畳、武家魔滅、天狗大略現見歟云々、可レ恐々々、変異夢想旁示云々、京中又如レ此、就中相模守重時住宅天狗現見、自以談話云々、事非二矯飾一、尤可レ畏事也、

とあり、鎌倉で大火災があったことは天魔・天狗の蜂起によるものとみなされたが、二月二十二日は後鳥羽の忌日であったことから、後鳥羽院の祟りと重ね合わされた。京都六波羅北条重時の宅にも天狗が出現したと自らが語り怖れおののいていることからも、北条氏はいよいよ後鳥羽院の怨霊のすさまじさを身をもって感じていった。武家が政務を執ってすでに二十年にもなることは、まさに「魔滅之瑞相」であって、君臣関係から言っても許されざる行為と認識されていた。このことを貴族のみならず北条氏も認めざるを得なかった。武者の世となる転機は保元の乱による崇徳院讃岐配流にあり、それが承久の乱で決定づけられたのである。

延応二年の夏から秋にかけては旱魃に襲われたが、『平戸記』七月九日条には、高野山奥院の智行の上人の夢として、高嶺に登ったところ神々が集まり、

> 顕徳院被二訴申一候様、依二不慮事一赴二遠所一、是皆前世之宿報也、但遂不レ見二故郷一之条深恨也、依レ之欲レ損二亡天下一、可レ始レ自二炎旱疾飢一、然而失二天下一事、不レ申二請神明一者可レ有二其恐一、仍所レ申也云々、其趣頗有レ謂、仍所レ被レ申云々、
>
> （中略）
>
> 又入道殿（近衛家実）仰云、或者一日為二遊戯一向二桂河一之間、事之最中僧一人俄絶入、其後蘇生、語云、崇徳院之時行云々、有二種々仰等一云々、於二其趣一者不レ言二語給一云々、凡近日天狗繁昌不レ可レ説事也、

と記されており、後鳥羽院が遠所に流されたことは前世の宿報として仕方ないが、ついに京都に戻れなかったことは大変恨み深いことであるため、天下を滅ぼそうとまず炎旱疾飢を起こそうと思っているが、諸神の許しを得

なければならないので、申し上げるとし、それを聞いた諸神もそれならと認めたという。そしてここには、崇徳院怨霊も関わっており、これらは「天狗繁昌」のためであると述べている。後鳥羽院怨霊は崇徳院怨霊と結びつけられていたのである。「依二不慮事一赴二遠所一、是皆前世之宿報也」の部分は半井本『保元物語』の「何ナル罪ノ報ニテ、遠キ島ニ被レ放テ、カヽル住ヲスラム」という部分に、「但遂不レ見二故郷一之条深恨也」は「外土ノ悲ニ堪ズ、望郷ノ鬼トコソ成ンズラムメ」に、「依レ之欲レ損二亡天下一」は「日本国ノ大悪魔ト成ラム」と誓って天下を滅ぼそうとした部分にそれぞれ対応していると言える。このことから、『保元物語』の崇徳院怨霊譚のモチーフは後鳥羽院怨霊にあったと考えられるだろう。

七月の大炎旱は国中を疲弊させたため、十六日には改元されて仁治となった。しかし炎旱の理由で改元することは世も末だと思われたので、天変地震という理由で改元することになった。

仁治三年（一二四二）六月二十日には、鎌倉からの使者が六波羅に来て、十五日夜に北条泰時が悶絶しながら落命したことを告げ、それは「顕徳院御霊顕現、有二不レ可レ説事等一云々、可レ恐之由被レ仰」と、後鳥羽院の怨霊によるものだとみなされたことを記している。「前後不覚、温気如レ火」にして亡くなっていく姿は平清盛の場合を想像させ、背後に人知の及ばない力を想起させるのに十分だった。泰時もまた承久の乱の際上洛して戦いに加わり、乱後は六波羅に駐在して処理に当たった人物であった。さらに、六月二十三日条には、

未刻許大卿(菅原為長)来、入道殿去夕自二南都一令レ帰給云々、仍参入云々、其便路也、心閑談二世事一、顕徳院御怨念甚深、東辺有二不レ可レ説事等一云々、大僧正御房日来令レ住レ彼給被レ注二進御師僧正一云々、其外上下之説多聞、長厳僧正又詫二諸人一、可レ恐可レ恐、

とあるように、鎌倉においては怨霊による社会不安が増大しており、さらなる事件が起きることが噂された。同

日条には、東大寺の多聞天が踏みつけている鬼が立ち上がり、その後破裂したとの噂も載せており、真贋とり混ぜ、何が起きても後鳥羽院怨霊に帰結させるという集団心理に陥っていた。

このように祟りがなかなか鎮まらない中、諡号を改めようとする動きが出てきた。六月二十六日条には、

今日、殿下御物語云、顕徳院諡号可レ被レ改、可レ奉レ号二後鳥羽一云々、此事前内府(定通)申行歟、案二此事一、我朝無レ例歟、至二漢朝一者、一両度相存之由、大府卿(為長)申レ之、又御改名之儀太不レ得二其心一、何故云々、不レ叶二冥慮一者又如何、又二代山陵事不レ可レ有二沙汰一云々、是又前内府申行歟、其条又不レ可レ然歟、

とあり、日本においては一度諡号が贈られてからもう一度改められた例はないとしながらも、「顕徳院」という諡号は当人が納得せず、祟りを起こしたために、後鳥羽と改めて追号されることになったという。これを主導していた土御門定通は、北条泰時・重時の姻戚で親幕貴族であったことから、怨霊の跳梁については特に敏感であったものと思われる。そして『百錬抄』仁治三年七月八日条に、

被レ立二山陵使一隠岐法皇改二顕徳院一為二後鳥羽院一、依二御遺誡一不レ被レ置二山陵国忌一之由被レ申畢、

とあるように、正式に後鳥羽院という諡号に改められた。「後鳥羽」という号に関しては、『皇年代略記』(41)「後鳥羽院」の項に、

仁治三年七月八日、以二顕徳院一、可レ奉レ号二後鳥羽院一之由、重被レ成二宣旨一、其辞云、顕徳乃尊号諡乎者、秘之天申佐須、世俗爾者常仁御在所乎以弖、後鳥羽院止申佐牟者、可レ宜云々、

とあり、『増鏡』「藤衣」には、

はじめは顕徳院と定め申されたりけれど、おはしましし世の御あらましなりけるとて、仁治の頃ぞ、後鳥羽院とはさらに聞こえ直されけるとなむ。

とあり、『和長卿記』[42]明応三年（一四九四）八月二十二日条には、

仁治三年七月八日曩祖大二位殿（高長）、于レ時大内記、大原御陵追号後鳥羽院、宣命御草進之草有レ之、以レ之則計草之進畢、仁治三年者、常爾在所乎以弖、後鳥羽院止申佐牟者、可レ宜云々有レ之、今度亦以二坐所号一弖、水無瀬神止申佐牟者、可レ宜云々、

とある。「後鳥羽」の号はかつては鳥羽殿に在したゆえの命名であった。「徳」という字を用いて怨霊鎮撫を図ろうとする謚号の付け方は「佐渡院」が「順徳院」として建長元年（一二四九）七月二十日に謚号がおくられたことが最後の例となった。[43]さらに、山陵国忌を置かないということも、後鳥羽院の遺誡に基づくもので、これらの措置は、薨去後の措置を後鳥羽院の意志通りに行い、怨霊が鎮まることを願ったものだと思われる。

このような中、幕府側はいよいよ怨霊を鎮撫する必要を感じ、鎌倉鶴岡西北方山麓に後鳥羽院の御霊を勧請して新若宮を建立した。この地に建立したのは、鎌倉幕府の精神的支柱である鶴岡八幡宮の神に後鳥羽院の怨霊をなだめてもらおうとしたからであると推測される。『吾妻鏡』宝治元年（一二四七）四月二十五日条には、

被レ奉レ勧二請後鳥羽院御霊於鶴岡乾山麓一、是為レ奉レ宥二彼怨霊一、日来所レ被レ建二立一宇社壇一也、以二重尊僧都一被レ補二別当職一云々、

とあり、『歴代皇記』[44]同日条には、

奉レ崇二祝後鳥羽法皇聖霊於鎌倉雪下一、号二新若宮一、三ヶ日奉二御神楽一、是去三月一日将軍室早世病患之間、有二種々託宣一之故云々、

とある。また『神明鏡』[45]によると、

崩御後鎌倉中ニ喧嘩闘諍シケク、就中五月廿二日大騒動モ有ケレハ、彼怨念ニヤトテ、雪ノ下ニ今宮ト号祝

奉ル、法皇・順徳院・御持〔護〕僧長玄〔厳〕法師御身体也、上野行山庄神領也、のように、今宮とも呼ばれ、順徳院らも合祀されたことがわかる。[46] 順徳院は、京都に帰りたいという強い希望が断たれ、「存命太無益之由」を感じ、[47] 九月十二日に佐渡国真野で亡くなり、翌日には火葬にされ、翌年（寛元元）四月二十八日、遺骨は康光法師の首に懸けられ、京都大原に渡御し、五月十三日後鳥羽院の大原法華堂の側に安置されていた。[48]

以上のように、北条氏にとっては、臣下である武士が天皇を流したということが常に恐怖心とともに重くのしかかり、ついにはそれを解消させるために目に見える装置としての祠堂の建立を行い、霊魂の安寧を祈願し、自らの恐怖心を宥める必要があったのである。

写真５　鶴岡八幡宮今宮

さらには、寛元二年（一二四四）からは後鳥羽院の聖忌に行われる安楽心院での法華八講が公家の沙汰となり、大原の法華堂では、宝治元年（一二四七）七月十六日に法華三昧が行われるようになり、九月二十五日には阿闍梨二口が加え置かれるなどして供養が行われた。[49] このようにして、目に見える形で鎮魂が行われて以降は、後鳥羽院の祟りが直接意識されることはなくなったが、かわりに後鳥羽院の託宣と称して、神霊を祀るべし等の妖言を唱える者が続出した。これらは人々の意識の中に鎮魂され得ない後鳥羽院の怨霊が意識され、鎌倉幕府を快く思わない人々が多数いたからにほかならない。

以上、後鳥羽院怨霊の発生と展開、鎮魂について考察したが、そのところどころで崇徳院のことが取りざたされており、ひとたび鎮まったかに見えた崇徳院怨霊が、後鳥羽院怨霊とからみあって、形を変えて再登場していることを確認した。ここに崇徳院怨霊を描く『保元物語』をつくりあげていく意義が生じたのである。先に『保元物語』の形成には仁和寺との関係が深いということを述べたが、後鳥羽院は隠岐に流される直前、院の皇子であった仁和寺の道助法親王によって出家を遂げている。こうしたことから、後鳥羽院と仁和寺との関係も深かった。それをさらに発展させると、道助法親王の周辺の人物によって、承久の乱に似た先例が調べあげられ、その結果が『保元物語』に反映しているものと思われる。後白河院が亡くなってから数十年が経ち、崇徳院怨霊が祟る直接の対象はすでになくなっていたが、人々の記憶の中にはまだその姿が克明に残っており、後鳥羽院の怨霊が意識されると再び頭をもたげ、崇徳院の場合を参考に様々な対応がとられた。そのため、崇徳院の怨霊について虚構を交えて『保元物語』を作成することも意味をもった。

崇徳院は実際には、讃岐配流後、後生の菩提を祈念して和歌を詠むなどの静かな暮らしを送っていた。それが、『保元物語』では、この世に恨みをもって五部大乗経を血書して、生きながらに天狗の姿となり、生霊となって平治の乱を巻き起こし、亡くなってからはますます怨霊として荒れ狂った崇徳院を描いており、これは後鳥羽院が置文で「魔縁」となることを誓い、生前から院の生霊が噂され、亡くなってからはますます怨霊の活動が顕著になったことと酷似している。『保元物語』が作成されたのは、このような後鳥羽院の怨霊が跳梁している時期であったので、これをもとに崇徳院怨霊の虚像が創造されたのではないだろうか。また『平家物語』の中で最も古態をとどめているとされる延慶本『平家物語』では、話は崇徳院のことから始まって、後鳥羽院の死をもって終わっている。これは、武家の棟梁としての頼朝を言祝ぐためと考えられているが、この物語が単に平家の興亡を語るのではなく、天皇=朝廷の支配する世から武者の世への転換という大きな歴史の変革が、保元の乱から承久の乱までに胎動していたということをも示していると言えよう。そしてその中核に、崇徳院と後鳥羽院という二人の天皇の怨霊を据えて、この歴史の転換期を考察することが可能であろう。

本章では、対幕府関係を中心に、後鳥羽院ならびに崇徳院怨霊の跳梁の具体像を考察してきたが、怨霊の威力はその範囲内にとどまるものではなかった。当時は社会全般にわたって怨霊が畏怖されており、そうした人々の意識を抽出していくことによって、『保元物語』が誰によって何ゆえ創作されたのか、さらには中世に生きた人々の信仰の一端を明らかにしていくことができよう。

（1）一般的には天狗は三種類に分けられ、⑴勧善懲悪や仏法守護を行う山神、⑵増上慢の結果、堕落した僧侶などが変じたもの、⑶現世に怨恨や憤怒を感じて、堕落した僧侶などが変じたもの、と理解されている（小松茂美『土蜘蛛草紙・天狗草紙・大江山絵詞』〈続日本の絵巻〉二六　中央公論社、一九九三年）。

（2）網野善彦「蓑笠と柿帷」（『is』特別号「色」、一九八二年、のち『異形の王権』平凡社、一九八六年所収）。

（3）『宝物集・閑居友・比良山古人霊託』〈新日本古典文学大系〉（岩波書店、一九九三年）。

（4）武久堅「鎌倉本保元物語と延慶本平家物語の先後関係―『六代勝事記』との共通本文をめぐって―」（『國學院雑誌』八二―四、一九八一年）。

（5）高橋昌明「鬼と天狗」（『岩波講座日本通史』八中世二、岩波書店、一九九四年）。

（6）小川寿子「〝大天狗〟後白河院の再構築―頼朝発言と延慶本平家との落差から―」（『国文』七二、一九九〇年）では、天狗と後白河院との関係が考察されていて興味深い。

（7）書状の形式上の点から、頼朝が「日本国第一の天狗」と呼んだのは、後白河院のことではなく、文書の発給者である大蔵卿泰経のことであるとの見解があるが（河内祥輔『頼朝の時代』平凡社、一九九〇年）、この説には賛同しかねる。なぜなら、形式上の文書の宛先は泰経であっても、その背後には後白河院がおり、「日本国第一」と呼ばれる人物としては、後白河院こそふさわしいものと考える。川合康「後白河院と朝廷」（『後白河院』吉川弘文館、一九九三年）でも、院伝奏としての泰経の役割に注目し、天狗は後白河院のことを指していると主張している。また、佐伯真一「後白河院と「日本第一大天狗」」（『明月記研究』四、一九九九年）も後白河院のことであるとしている。

(8)『大正新修大蔵経』第九巻華厳部上、離世間品第三十三之七。

(9) 細川涼一「謡曲「第六天」と解脱房貞慶―貞慶の伊勢参宮説話と第六天魔王―」（『金沢文庫研究』二八七、一九九一年、のち『逸脱の日本中世』洋泉社、一九九六年所収）。

(10) 弓削繁編著『京都大学附属図書館蔵五代帝王物語』（和泉書院、一九八九年）。

(11)『五代帝王物語』に記される不思議な事象は、松林靖明「『五代帝王物語』の怪異譚―後鳥羽院の影―」（『青須我波良』三〇、一九八五年）に詳しい。

(12)『大日本古文書　高野山文書之八』。

(13)『大日本古文書　高野山文書之一』。

(14) 久安三年七月十二日「鳥羽上皇院宣案」（『平安遺文』二六二二）。

(15)『保元物語・平治物語・承久記』〈新日本古典文学大系〉（岩波書店、一九九二年）。

(16) 埼玉県立博物館編『図録太平記絵巻』（埼玉新聞社、一九九七年）。

(17) 白崎祥一「「保元物語」の一考察―讃岐院記事をめぐって―」（『古典遺産』二七、一九九七年）。

(18) 原水民樹「『崇徳院御託宣』作成の思惑と情況」（『ぐんしょ』四一、一九九八年）。

(19) 後鳥羽天皇については『大日本史料』第五編之十二　延応元年二月二十二日条、第五編之十三　仁治二年二月八日条、第五編之十四　仁治三年二月二十二日条・七月八日条、第五編之十七　寛元二年二月十九日条、第五編之二十一　宝治元年四月二十五日条、第五編之二十二　宝治元年七月十六日条・九月二十五日条、第五編之二十六　宝治二年七月一日条、土御門天皇については第五編之七　寛元三年十月十一日条、第五編之九　天福元年十二月十二日条、第五編之十五　仁治三年十月十一日条、第五編之十六　寛元元年十月十一日条、順徳天皇については第五編之十五　仁治三年九月十二日条、第五編之十六　寛元元年四月二十八日条、などに関連記事を載せる。三上皇の陵墓については「鎌倉時代の天皇陵―後鳥羽・土御門・順徳を中心に―」（『季刊考古学』五八、一九九七年）で述べた。

(20)『神皇正統記・増鏡』〈日本古典文学大系〉（岩波書店、一九六五年）。

(21)『百錬抄』延応元年（一二三九）二月二十二日条には、「隠岐法皇崩御春秋六十、去承久三年巳後及二十九年一天下貴賤誰不二傷哀一哉」とあり、十九年の方が正しい。

(22) 村尾輝一「御瓶記」（『海士町史』一九七四年）。

(23)『二代要記』〈改訂史籍集覧〉。

(24) 東京大学史料編纂所蔵。

(25) 後鳥羽院の怨霊については、龍粛「承久の変の遺響」（『鎌倉時代』下、春秋社、一九五七年）、藤井貞文「後鳥羽上皇御意思の成立―怨霊思想の解明の一として―」（『神道宗教』一三、一九五六年）、同「後鳥羽上皇御霊の発動」（『神道宗教』三二、一九六三年）、松林靖明「この世の妄念にかかはられて―後鳥羽院の怨霊―」（『帝塚山短期大学紀要　人文・社会科学編』一八、一九八一年）、同「『承久記』と後鳥羽院の怨霊」（『日本文学』三四、一九八五年）などで言及されている。

(26)『明月記』嘉禎元年四月六日・十六日・五月三日・十四日条。

(27) 川合康「武家の天皇観」（『講座・前近代の天皇』四、青木書店、一九九五年）。

(28) 小峯和明「『明月記』の怪異・異類―覚書として―」（『明月記研究』二、一九九七年）、『中世説話の世界を読む』（岩波書店、一九九八年）。

(29)『後鳥羽院御霊託記』（『続群書類従』第三十三輯上雑部）。

(30)『保元物語・平治物語・承久記』〈新日本古典文学大系〉（岩波書店、一九九二年）。仁治三年（一二四二）七月以降、建長元年（一二四九）七月以前に一応の原型が成立したものとされている。

(31)『水無瀬神宮文書』五。

(32) 目崎徳衛「隠岐における後鳥羽院」（『藝林』三八―四、一九八九年）。

(33)『水無瀬神宮文書』六七。

(34) 村田正志「歴代天皇宸翰の伝来とその意義―特に後鳥羽天皇及び後醍醐天皇の宸翰について―」（『神道史研究』

三七―三、一九八九年）。

(35) 三条西実義氏所蔵文書（『大日本史料』第五編之十二）。

(36) 隠岐での後鳥羽院の動向については、伊藤敬「隠岐の後鳥羽院抄」（『藤女子大学・藤女子短期大学紀要第一部』三三、一九九六年）が参考になる。

(37) 『大正新修大蔵経』第九巻法華部・華厳部上。

(38) 「正和二年極月吉日大衆訴状壱通」（『奥州平泉文書』六七）。

(39) 武久堅「鎌倉本保元物語と延慶本平家物語の先後関係―『六代勝事記』との共通本文をめぐって―」（『國學院雑誌』八二―四、一九八一年）。

(40) 『平戸記』〈増補史料大成〉（臨川書店、一九九二年）。

(41) 『皇年代略記』（『群書類従』第三輯帝王部）。

(42) 内閣文庫蔵（『大日本史料』第五編之十四　仁治三年七月八日条）。

(43) 『百錬抄』。

(44) 『歴代皇記』（『新訂増補史籍集覧』公家部年代記編(二)）。

(45) 『神明鏡』（『続群書類従』第二十九輯上雑部）。

(46) 現在の祭神は、後鳥羽天皇・順徳天皇・土御門天皇となっている。

(47) 『平戸記』仁治三年十月十日条。

(48) 『百錬抄』。

(49) 『平戸記』。

終章　『保元物語』とその時代

一　『保元物語』の構成

前章までで崇徳院怨霊の発生と鎮魂の過程について考察してきたが、怨霊跳梁の時期には、大きく分けて二つのうねりがあることが明らかになった。すなわち、安元三年から後白河院の崩御までと、承久の乱から十三世紀半ばまでである。『保元物語』の崇徳院怨霊譚は後者の時期に、後鳥羽院怨霊譚を参考につくられていったと考えられるが、それならば『保元物語』自体はいついかなる意図のもとでまとめられたのか、考察していきたい。(1)この点を考えるにあたって、まず最初に『保元物語』の全体的構成を見てみる。

『保元物語』は「近曽、帝王御座キ。御名ヲバ、鳥羽ノ禅定法皇トゾ申ス」のように、物語の起点を鳥羽天皇の御代においている。そして、鳥羽院の治世は「恩光ニテラサレ、徳沢ニウルヲヒテ、国富ミ、民安カリキ」と、その聖代観を強調している。(2)久寿二年（一一五五）冬のころ、鳥羽院は熊野へ参詣したところ、熊野権現の託宣があり、明年秋に自らが亡くなることを知らされ、事実七月二日に亡くなった。そして、これを契機として保元の乱が勃発していくという物語の展開になっている。

物語のこの部分には虚構があり、鳥羽院の最後の熊野詣は、実際は仁平三年（一一五三）二月であって、『愚管抄』に載せる白河院熊野詣の記事を参考に『保元物語』のこの記事が形成されたことが指摘されている。(3) そしてこの箇所はまた、神の加護を失った天皇または上皇は存続できないということをも表していよう。物語全体を通じて、神の加護が重要であるという観念によって貫かれていることが指摘できる。「新院御謀反露顕并ビニ調伏ノ事付ケタリ内府意見ノ事」に、

世末ニ望ト申セ共、サスガ天子ノ御運ハ、凡夫ノ兎角思ニヨルベカラズ。伊勢太神宮、正八幡宮ノ御計也。我国ハ、辺地粟散ト云ヘ共、神明統ヲウケテ、宗廟置護給。

とあるように、天皇の運命は皇祖神である天照大神と八幡神によって決せられ、この意を受けて天皇が世を支配しているとみなされている。さらに、「将軍塚鳴動并ビニ彗星出ヅル事」では、「我国ハ神国ナリ」として、天照大神から皇位を継承して天皇が代々日本を支配し、「神ワザ事繁ナリ」のように、神を祭り、神に奉仕するさまざまな営みがなされてきていることを明示した上で、

中ニモ、白川、鳥羽両院ノ御代ニ、専敬二神祇一、深帰二仏法一シテ、国郡半バ神戸タリ。田園悉仏聖ニヨス。十六ノ大国ニモスギ、五百ノ中国ニモ超タリ。サレバ、神明モ定テ我国ヲ護リ給ラン。三宝モヰカデカ此国ヲステ給ベキ。

のように、白河・鳥羽院の御代にはとりわけ神仏の崇敬が厚く、そのため宇内は平穏に治められていたことが述べられている。京都は八幡大菩薩・賀茂大明神をはじめとして日吉山王・天満天神以下松尾・平野・稲荷・祇園・住吉・春日・広瀬・竜田の諸神によって守護されていたため、京都では戦乱は起きなかったと意識されてい

たのである。

さらに、「左府ノ君達并ビニ謀反人各遠流ノ事」で、乱が終息し、乱に関与した人物が処分された後に、故鳥羽院の旧臣たちが語ったことには、

ヨニヲビタ、シク聞ヘシ内裏モ別ノ御事渡セ給ズ。又、京中モ亡ズ。誠ニ神明ノ御助ト覚ヘタリ。末代モ猶憑シ。

とあり、神明の加護により天皇および京都は無事であったことが記されている。つまり、神仏の恩徳が及んでいる限り、世の中、すなわち究極的には天皇は安泰であると考えられていたのである。逆に、神仏から見放された人物は滅んでいく。その代表的事例が藤原頼長である。「左府ノ御最後付ケタリ大相国御歎キノ事」には以下のように記されている。

春日大明神ノ捨サセ給ケレバ、凡夫ノ思ニ不レ可レ依。此左府、誠累葉摂録ノ家ニ生テ、万機内覧ノ宣旨ヲ蒙、キラ人ニモスギ、芸能世ニ被レ知給。然共、何ナル罪ノムクヰニテ、カ、ル事出来キニケン。氏長者ニ至ナガラ、神事仏事疎ニシテ、聖意ニ叶ハザレバ、我伴ハザル由、大明神御託宣有ケルトゾ承ル。

頼長は才能にあふれ、氏長者になりながらも、仏事・神事を疎かにしていたため、氏神である春日大明神に見捨てられたことにより、天寿を全うした死に方はできなかったと理解されている。また、頼長は佐渡重定の放った矢が当たったことにより命を落とすのだが、『保元物語』ではそれを「神矢ニ当セ給タル歟」と、ここにも神の意志が働いていたことを記している。[4] このように、神仏の加護により世の平穏がもたらされているという観念は『保元物語』のみにとどまらず、先に見たように、『愚管抄』でもそうした観念に貫かれており、当時の一般的観念とみなしてよいだろう。

こうした観念を背景に、物語は乱前・乱・乱後に分けられる上中下三部構成になっているが、叙述量、構成方法から見ても下巻に重きが置かれていることは明らかである。[5] そして、崇徳院に与した人物が処罰されていくなか、崇徳院と為朝だけは別格の扱いで、両者は流された地でさらに朝廷に背くような行動をとっていることが注目される。

次には、崇徳院讃岐配流譚との比較から為朝伊豆大島配流譚について検討していきたいが、その前に、為朝とはどのような人物だったか確認しておきたい。

二　為朝像の形成

『保元物語』には、保元の乱における為朝の武勇伝が随所に述べられている。為義の八男として生まれた為朝は、生来の弓の名手で、弓手（左手）の腕は馬手（右手）より四寸長く、人よりも大きな弓を用いていた。しかし、あまりに乱暴であったため豊後国に追いやられたが、そこでも戦を繰り広げ、自ら「鎮西ノ惣追補使」を称し、狼藉を行っていたという。そのため父である為義は解官されることになった。しかし為朝はその強弓がかわれ、崇徳院側の中心武士として召された。為朝は院の御所である白河北殿の南側の西門を「一人」で固め奮戦した。[6] 為朝は七尺ほどの身長で、十八束の矢、弓の長さは八尺五寸で普通のものと比べてかなり大きく、太さは長持を担うのに用いる棒のようであった。弓の力は普通の人の三倍もあり、箭には三年竹の金色なるものを節だけを削りそいで木賊で磨いて用い、羽には烏・鶴・鴻・梟などの羽を籐で巻き、矢尻は先を細くすり磨いて油を塗っていた。身は白唐綾威大荒目の鎧で固め、三尺五寸の太刀を熊皮の尻鞘に入れて佩いていた。その姿は、「如何ナル行役神ナリトモ、眼ヲ合スベキ様ナシ。空ヲカケリ、地ヲ走ル物、目ヲ懸ツルニ射トメズト云事無。将門ニモ勝レ、純友ニモ超タリ」と恐れられていた。為朝の射た矢は二人をも射通すほどで、乱においては一人奮闘したが、味方が弱かったため、戦には敗れて敗走し、最後には近江国の小さな山寺に隠れているところを捕らえられた。そして、伊豆大島に流されることになったが、朝敵となるのを恐れ、両肩を抜いて流されたのであった。

『保元物語』では、この後に崇徳院が讃岐で五部大乗経を書写し、祟りを起こしたことを記し、その後に「為朝鬼島ニ渡ル事并ビニ最後ノ事」を記している。その内容は以下のとおりである。

為朝は左右の腕を抜かれたが、自然に元に戻り、かえって腕が長くなって前よりも長い矢を射ることができるようになった。そして朝敵となったことを恨んで、工藤茂光の所領である伊豆七島を押領し、為朝に反抗する者は腕・肘を折られ、持っている弓矢はみな焼かれ、為朝だけ弓矢を所持した。そして鬼島に渡り鬼の子孫であるという島民を服従させて年貢を取り立て、再び八丈島に戻った。茂光は都へ上って後白河院から為朝を追討すべき旨の院宣を賜り、多勢をもって攻めた。為朝はただ一人で奮戦したが力及ばず、嫡子を殺害した後、自らは家に火をつけ腹を切って自害した。為朝の首は都へ運ばれ、後白河院が御覧になり、島はもとのように茂光の統治するところとなった。そして、「為朝ガ上コス源氏ゾナカリケル」として、為朝は頼光・義家を凌ぐ源氏として讃えられている。

『保元物語』ではこのように描かれる為朝は、実際はどのような人物だったのであろうか。為朝に関して残されている記録類は極めて少ない。[7]『兵範記』[8]久寿元年（一一五四）十一月二十六日条には、

頭弁依二院宣一、宣二-下大夫尉為義停任事一、男為知〔朝〕於二鎮西一為レ事二濫行一、其間不レ加二制止一、不二召進一之犯也、

また、『台記』同日条には、

今日、右衛門尉為義五位解官、依二其子為朝鎮西濫行事一也、

とあり、為朝の鎮西での濫行により、父である為義はその責任を問われ、解官されている。しかしそれでも濫行は治まらず、『百錬抄』久寿二年四月三日条に、

源為朝居二豊後国一騒二擾宰府一、威二脅管内一、仍可レ禁二遏与力輩一之由、賜二宣旨於大宰府一

とあるように、豊後国にあって大宰府を脅かし、九州においてその名が轟いており、手下を何人も従えて幅を利かせていた。

次に為朝が記録に記されるのは、保元の乱後である。『兵範記』保元元年（一一五六）八月二十六日条には、

謀叛党類為義八郎源為知〔朝〕、前兵衛尉源重貞搦二進之一、日来之間、竊経二廻近江国坂田辺一、不慮之外、尋伺搦取云々、先参二殿下一、次奏二聞公家一、明朝可レ為〔将カ〕二参陣頭一由蒙二勅定一了、

とあり、また八月二十七日条には、

前兵衛尉重貞将二参為知〔朝〕一、依二　勅定一、於二陣頭一渡二検非違使季実一、次渡レ陣、密々御覧云々、

と記されている。崇徳院に与した人々がすべて処罰されたなかで、乱から四十五日も経過したときにやっと為朝は捕らえられたのだった。鎮西で名を轟かせた為朝は、おそらく乱の時にも活躍したと思われ、そのため後白河院も興味をもち、密かに御覧になったという。為朝が乱の際にどのような活躍をしたか具体的に知ることのできる史料はないが、『吾妻鏡』建久二年（一一九一）八月一日条には、為朝と戦った大庭景能の回顧談が残されている。

鎮西八郎者吾朝無双弓矢達者也、然而案二弓箭寸法一、過二于其涯分一歟、其故者、於二大炊御門河原一、景能（大庭）逢二于八男弓手一、八男欲レ引レ弓、景能潜以為、貴客者自二鎮西一出給之間、騎馬之時弓聊不レ任レ心歟、景能於二東国一能馴レ馬也者、則馳二廻八男妻手一之時、繂相違、及レ于レ越二弓之下一、可レ中二于身一之矢中レ膝訖、

大庭景能が自らの手柄を語っている場面なので、そのまま信用するわけにはいかないが、ここからは、為朝が比類なき弓矢の名人で、人一倍大きな弓矢を用いていたことがわかり、その為朝の矢の直撃から逃れたのだと景能は誇っているのであるから、事例としてあげられるほど、為朝の弓の腕前は優れていたことがうかがえる。この場面は『保元物語』にも採録されている。

捕らえられた為朝がその後どうなったかを知ることのできる史料は存在しない。『尊卑分脈』に、

後日被二搦出一配二流伊豆大島一（流刑以前被レ抜レ肩云々）、自二彼島一渡二鬼栖島一、使レ鬼押税貢、猶致二悪行一、仍被レ仰二付工藤介茂光一被二追討一畢、奉二首於京都一之間、被レ梟二獄門之比〔北〕陣一畢、

とあるが、『保元物語』に基づいて記されたかとも思われ、信憑性に欠ける。為朝の伊豆大島におけるこのような姿は、すでに指摘されているように、祖父義親をモチーフにして形成されたのだと思われる。(9)『中右記』天仁元年（一一〇八）正月二十九日条には、義朝について以下のように記されている。

義親者、是故義家朝臣男也、先年成二六位一、国功任二対馬守一、在任之間、殺二害人民一、推二取公物一、匡房卿為二大弐一之時、濫悪千万之由進二府解一、仍配二流隠岐国一、而越二来出雲国一、又以成二悪行一、去年殺二国司家保目代一、奪二取官物一、依二如レ此悪事一、催二近境国々兵士一、令二因幡守〔平〕正盛追討一之由、被レ下二宣旨一了、依レ切二彼首一、正盛遷二任但馬守一、故義家朝臣年来為二武士長者一、多殺二無罪人一云々、積悪之余、遂及二子孫一歟、未レ聞下本在二京都一身仕二朝家一子孫及中如レ此罪上、義親曝二骨於山野之外一、懸二首於獄門之前一、後悪之者見レ之可レ恐歟、

義親は義家の二男であったが、兄義宗が早世したため嫡子となっていた。対馬守であった康和三年（一一〇一）に大宰府の命に従わず濫行を繰り広げ、追討の宣旨が下ってやがて隠岐国に配流となった。しかし、嘉承二年

（一一〇七）には出雲国で国司の目代を殺害したため、平正盛が派遣されて、翌年討たれ、その首は都に運ばれ、獄門の前に懸けられたのであった。(10) この状況は、『保元物語』に描かれる為朝伊豆大島配流譚と酷似している。

『保元物語』では、為朝の首が後白河院の叡覧に付されたときに誰かが詠んだ歌として、「源ハタヘハテニキト思シニ千代ノ為共今日見ツル哉」という歌が載せられているが、この歌が載せられている意味は重要である。すなわち、この歌では、朝廷の守りとしての職務を果たしてきた源氏の姿を、為朝という人物一人に代表させているのではないだろうか。そして、そのような為朝が討伐されたことは、朝廷の守りとしての武士という性格が失われたことを意味していよう。

昔ノ頼光ハ四天王ヲ仕テ、朝ノ御守ト成リ奉ル。近来ノ八幡太郎ハ、奥州ヘ二度下向シテ、貞任、宗任ヲ責落シ、武衡、家衡ヲシタガヘテ御守ト成奉ル。今ノ為朝ハ、十三ニテ筑紫ヘ下タルニ、三ケ年ニ鎮西ヲ随ヘテ、我ト惣追補使ニ成テ、六年治テ、十八歳ニテ都ヘ上リ、官軍ヲ射テカヰナヲ抜レ、伊豆ノ大島ヘ被レ流テ、カ、ルイカメシキ事共シタリ。廿八ニテ、終ニ人手ニ懸ジトテ、自害シケル。為朝ガ上コス源氏ゾナカリケル。

「昔ノ頼光ハ」「近来ノ八幡太郎ハ」と記し、両者とも朝廷の守りという役を果たしたことを述べた後に、「今ノ為朝ハ」としているのであるから、為朝が朝廷を守った武士とみなされていることは明らかであり、さらには「為朝ガ上コス源氏ゾナカリケル」のように為朝を英雄視していることは、朝廷の守りとしての源氏の姿を理想の姿として懐古していると言えよう。この場合、鎮西で濫行をはたらいていたということは関係なく、崇徳院を守るためにたとえ一人になっても身を挺して戦ったという点が評価され、さらには、伊豆大島で現政権を脅かす存在として描かれる機縁にもなるのである。

このように考えてくると、為朝の伊豆大島配流という事実自体疑わしく思われる。また、たとえ伊豆大島配流が事実であったとしても、伊豆七島押領以下の記述は物語上の創作である可能性が非常に高い。為朝は大島から八丈島へ、さらには鬼島へ渡っていくが、そこに住む「大童」とみなされた住民に対して、為朝は「イヅクノ物ゾ」と問い、彼らは「日本ノ者」と答えている。そして住民は島の名を「鬼島」と答え、鬼の末裔であって、その証拠に隠蓑・隠笠や履などを持っていたが、今はないため他国へも渡らず、武き心もなくなったという。しかし容貌は常人とは異なり、丈が高く、顔が長くて大きかったという。為朝は、以後はこの島を「鬼島」ではなく、葦がたくさん茂っているため「葦島」と呼ぶようにし、年貢を納めさせるようにしている。これに対して茂光は、為朝が「昔ヨリ名ダニ聞ヌ島ヲ一、鷺ガ渡ヲシルベニテ、求出シテ」、「カヽル物ヲ随ル悪党、為朝ニ多ク付ナバ、日本国ニモ心ヲ懸ベシ」として、追討の院宣を求めているが、このことは、何を意味しているのだろうか。

『保元物語』において、為朝は青鷺・白鷺の二羽が連なって東に向かって飛んでいくのを見て、「是ヨリ奥ニモ、島ノ有バコソ鷺ハ行ラメ」と思い、八丈島から鬼島へ渡っていくので、当時日本は東西に長いものと認識されており、伊豆七島は日本の東の最果てとみなされていたことがわかる。[11] つまり、伊豆七島は日本と異界との境界の地と認識されていた。そしてそこには異界の象徴である鬼が住んでいるとみなされていた。もっとも、物語では「鬼」自体ではなく、その子孫と伝える人々が登場している。『太平記』[12]巻第十六「日本朝敵事」に、天智天皇の御宇に藤原千方が金鬼・風鬼・水鬼・隠形鬼という四つの鬼を使って天皇に背いたことを記しているが、そこでは紀朝雄という人物が、「草モ木モ我大君ノ国ナレバイヅクカ鬼ノ棲ナルベキ」という歌を詠んで鬼に遣わしている。天皇によって支配された地は鬼のすみかであってはならず、支配領域が拡大されていくことにより、鬼は辺境に追いやられていった。

伊豆七島はすでに日本の支配領域に含まれていたが、その先は未知の領域であり、伊豆大島は日本と異界との境界の地という意味合いを持っていた。そのため為朝は、大島を出発して「鬼島」へ渡って鬼の子孫を従えることによって、再び王権を脅かす存在に昇華できるのであった。そのような存在を王土の唯一の支配者であるべき天皇は見過ごすわけにはいかない。ただちに追討使が派遣されるが、未知の力を身につけた人物を容易に服従させることはできない。やっとのことで倒し、その首が都へもたらされ、後白河院がそれを確認し、世の平穏が取り戻されたというストーリーである。

この為朝の伊豆大島配流譚は、崇徳院讃岐配流譚と共通のパターンで造型されていると言える。(13) 崇徳院の都からの放逐と、讃岐での怨霊の跳梁、そして西行が墓所を訪れて和歌を詠んだことにより怨霊が鎮まったことは、為朝においては、伊豆大島への放逐、伊豆七島での狼藉、追討使が遣わされて反乱が終息したこと、にそれぞれ対応している。為朝は崇徳院側の人物として最も勇敢に戦った人物であり、『保元物語』では天皇とその守りの武士という側面が強調されている。そして、両者が乱によって敗北を喫したとしても、その後の王権に対する抵抗が記されていることは、崇徳院側に立って乱を解釈しようとする立場に立っていると言える。

三　『保元物語』の意図

次に『保元物語』の結語について考えてみたい。半井本では、

保元ノ乱ニコソ、親ノ頸ヲ切ケル子モ有ケレ、伯父ガ頸切甥モアレ、兄ヲ流ス弟モアレ、思ニ身ヲ投ル女性モアレ、是コソ日本ノ不思儀也シ事共ナリ。

という言葉で結ばれているが、これは何を意味しているのだろうか。「親ノ頸ヲ切ケル子」とは為義を切った義

朝、「伯父ガ頸切甥」とは忠正を切った清盛、「兄ヲ流ス弟」とは崇徳院を流した後白河院、「思ニ身ヲ投ル女性」とは為義の北の方をそれぞれ指しているが、これらが「日本ノ不思議」であるとしている。「不思議」とは、『方丈記』に、

予、ものの心を知れりしより、四十あまりの春秋を送れるあひだに、世の不思議を見る事ややたびたびになりぬ。

とあるように、人知では予測しがたい出来事のことを示しており、『方丈記』の場合は、安元三年の火災をはじめとして、予想だに及ばないことが相次いで起こり、世の移り変わっていく様を「不思議」として表現している。これと同様に、『保元物語』の場合でも、これまでの観念からは逸脱した尋常ならざる事態に対して、「不思儀」という判断を下しているのである。そこからは、以前の世を理想として回顧している姿勢が読みとれよう。つまり、「海内シヅカニシテ天下オダヤカ」であり、天皇の「恩光ニテラサレ、徳沢ニウルヲヒテ、国富ミ、民安カリキ」世が希求されているのである。

天皇が日本を支配し、その守りとして武士が仕え、泰平の世が続いていくのが筆者にとって理想であるのに対し、保元の乱をきっかけとしてそれが崩れてしまった。『保元物語』の作者はそれを嘆いているが、『保元物語』をまとめるきっかけとなったのは、先にも述べたように、承久の乱であっただろう。世は北条氏によって支配され、後鳥羽院は隠岐に流されて、その怨霊が跳梁していた。そのとき、武者の世へと転換するきっかけとなった保元の乱が重視され、保元の乱を再認識していこうという機運が高まって、さまざまな史料をもとにまとめあげられていったものと思われる。

『保元物語』では、崇徳院の場合も、為朝の場合も、最終的には王権に対する反乱が鎮められたことを記して

いるが、これは何を意味しているのだろうか。『保元物語』が崇徳院側の立場に立って書かれているからといって、王権を転覆させて混沌とした社会状況に陥っていくことを望んでいるわけではない。怨霊はとくに恐れるべき存在として認識され、神仏によって守られた世界が理想とされていた。慈円は承久三年閏十月十日に記した「慈円表白」(14) の中で、承久の乱後の状況について、

是末法之令レ然也、爰以已邪魔怨霊、勝以令レ滅二亡天下一、今仏神宗廟、守以応レ中二興政道一、於レ今者、遮レ悪持レ善、勿レ成二災難一、此後亦捨レ邪帰レ正、道理至極、末法之初、冥利不レ無故、致レ祈二請一蔀之終一、怨霊償レ悪、仍又得レ力、

のように、怨霊が天下を滅亡させようとしているとして、仏神・宗廟がそこから救ってくれることを期待している。また、建永元年に建立された熾盛光堂の伽藍落慶のために草した「大懺法院条々起請事」に引き続き、貞応元年(一二二二)十二月日の「大懺法院再興願文」(15) では以下のように記されている。

久寿第二暦乙亥歳、出二母胎一了、二歳秋七月内乱、国中興二忌〔悪カ〕政一、其後怨霊在二王臣一、々々懼二怨霊一、武将執二朝家一、徳政隔二視聴一、宗廟社稷之諸神、鎮護国家之三宝、冥助無レ力、利生失レ度、爰仏子及二知命歳一之後、為二前座主一之間、重二思慮三世一、発二無二大願一、奏二上皇(後鳥羽)一、達二執柄一、建二立伽藍一、始置二大善一、一者大懺悔之道場、毎日不退法華弥陀之三昧、日々供養秘密瑜伽之行法、図二絵十五尊一一月一一幅、模二写大乗経一年中数部、毎日開眼、長日開題、亦加以二一座開眼行法一、以二此修善一、一向資二怨霊〔邪鬼〕雅器之授苦一、致二国土安穏之祈請一

慈円の認識では、保元の乱以降日本では悪政がはびこり、怨霊が跳梁して、王臣は怨霊を懼れている。武士が朝廷に取って代わって政権を握り、徳政とは縁遠い状態になってしまった。そのため宗廟・社稷の諸神や鎮護国家

のための三宝は力を失ってしまっている。慈円が天台座主であったとき二つの大願を発して後鳥羽院に上奏したが、その一つが大懺悔の道場で、そこでは怨霊・邪鬼の苦しみを助け、国土安穏の祈禱を行ったという。そしてこの後に、宗廟・霊神を崇め、薬師護摩によって怨霊・邪鬼を鎮め、懺悔の修善を行って天下静謐を祈り、日本国の中興を遂げるべきであることを述べている。

さらには、承久の乱によって上皇が流されるという事態は、「准的」「折中」といった、朝廷の法源たる律令本文に准えたり、古き律令本文を現今の状況に折中することによっても解釈不能であり、これらの所行は「屠児・屠類」と呼ばれ恐れられた武士の荒々しい慣習によって支配されていたのであった。(16) こうしたことからも、武士の論理が朝廷にまで及び、朝廷はそれに対してなすすべがなく、武者の世の到来を実感したはずである。

怨霊が跳梁して異変が相次いでいる状況は、決して尋常な世ではなく、神仏によって守護された平穏な日常が、理想的な社会であった。こうしたことから、承久の乱後の混乱した状況の中、混乱の淵源として保元の乱が重視されたことがわかる。そして、『保元物語』では敗れた崇徳院側に立ち、物語の世界でだけでも、非業の死を遂げたとみなされた崇徳院と為朝を自在に活動させ、その恨みを晴らさせていると言えよう。しかし、最後まで無条件にその活動を認めているわけではなく、混沌とした状況が続くのは、誰にとっても望まないわけであるから、再び天皇による安定した支配が永続することを願って『保元物語』が編纂されたと推測できる。

『保元物語』が怨霊を主題にしているのなら、崇徳院と頼長について記せばよいはずなのに、崇徳院と為朝を主要な人物として取り上げ、史実から逸脱して物語を創作しているのは、国家を統治する天皇とその守りの武士という、王朝国家の伝統的世界を希求する観念の所産と言えよう。

四　承久の乱後の社会思潮

承久の乱はこれまでの社会体制を大きく転換させ、貴族社会に多大な影響を及ぼした。それは非常に大きな動揺であったので、記録に残そうと、承久の乱をきっかけにしていくつかの書物が編纂された。[17] 以下において、それらの書物の内容と編纂方針を探り、『保元物語』と共通する歴史認識を探っていきたい。

近年の研究により、四部合戦書と呼ばれる『保元物語』『平治物語』『平家物語』『承久記』という軍記物語の四作品は、一二三〇年前後の十年から二十年未満の幅の間のほぼ同時代に誕生したことが明らかとなってきており、この時期は、新旧の交替が後戻りしえぬ状況下にあり、平安王朝への懐旧と末代への不安を内在させながら、一方で現実肯定的思潮が、社会の確かな部分で徐々に力を持っていった時代とされている。[18]

『平治物語』以下を検討する前に、『保元物語』に大きな影響を与えたとされる『六代勝事記』について見てみる。『六代勝事記』の成立は貞応二年（一二二三）と確定されていることから、この時期の社会思潮を考察するにあたって一つの指針となるであろう。『六代勝事記』は高倉・安徳・後鳥羽・土御門・順徳・後堀河の六代の間の大事件を書き綴った回想の記であり、叙述の中心は、承久の乱の顚末を記して後鳥羽院の執政を批判するところにあったと考えられている。[19]

抑時の人うたかひていハく、我国ハもとより神国也、人王の位をつく、すてに天照太神の皇孫也、何によりてか三帝一時に遠流のはちある、又淮南橘こそ淮北にうつりて枳とハなり侍れ、古も今も夷狄の西にむかへハたけく、東をせむるにハ世つきのミならす、本朝いかなれは名をおしみ恩を報する臣すくなからん、

「時の人」の問は、日本は神国であるのに、承久の乱により後鳥羽・土御門・順徳の三帝が流されるという恥を

受けたのはなぜか、それは自らを犠牲にしても君主のために尽くす臣下が少なくなったからではないかと主張している。

日本が「神国」であるとする記述は、鎌倉時代の記録の中に頻繁に見られる叙述であるが、それはしばしば「神国」を崩壊させるような事象に直面していることにより、それに対して警鐘を鳴らすという文脈で登場する。この場合もそうで、三帝が流されたことは、前代未聞の憂慮されるべき事態であった。その原因について、斉の晏嬰が楚王に対して、淮南の橘は淮北に移すと質が変わって枳となるように、斉の国の良民も楚の国へ移れば盗人になる、これは楚の国の風土がそうさせるのであると言って、楚王をやりこめた中国の故事を引用して、院方の武士の弱体化を非難している。さらにこの後の箇所でも中国の故事を引用しながら、院方の臣下のふがいなさを問責している。

これに対して「心有人」が答えて言うには、

臣の不忠ハまことに国のはちなれ共宝祚長短ハかならす政の善悪によれり、

として、中国の故事を引用しながら、悪政を批判し、天子には「知人」と「撫民」の二つの徳目が必要であることを述べている。そして、後鳥羽院にはこれが欠けていたために国が乱れてしまったと嘆いている。[20]

こうしたところから、『六代勝事記』の主題は後鳥羽院の失徳を示すことにあったと考えられるが、それについで忠臣の減少も無視できない状況にあったと言えよう。そしてこれは半井本『保元物語』の最後の箇所で、朝廷の守りとしての源氏が滅びてしまったことを嘆いている姿勢とつながる考え方である。

次に『平治物語』について見てみる。『平治物語』は、大内裏が廃墟同然と化した一二二〇年代末期以降でしか書き得ない合戦描写のあり方等から、その成立は一二三〇年代とされている。[21]その冒頭部分には以下のようにある。

いにしへより今にいたるまで、王者の人臣を賞ずるは、和漢両朝をとぶらふに、文武二道を先とせり。文をもつては万機のまつりごとをおぎのひ、武をもつては四夷のみだれをしづむ。しかれば、天下をたもち国土をおさむること、文を左にし、武を右にすとぞ見えたる。たとへば人の二の手のごとし。一も欠けてはあるべからず。

王者が天下を統治するにあたっては、文と武の両者が不可欠であるとの言説は、古くから見られる考え方である。しかし、これを引き続く以下の文と合わせ考えた場合、重要な意味を持ってくる。

なかんづく末代のながれに及びて、人おごつて朝威をいるかせにし、民はたけくして野心をさしはさむ。よく用意をいたし、せん〳〵抽賞せらるべきは勇悍のともがらなり。

すなわち、現在の状況を鑑みるに、人すなわち武士たちが驕り高ぶって朝廷の威光をおろそかにし、それにつられて民衆は猛々しく野心をもつようになっているので、とりわけ武士を重要視して朝廷を確固たる体制にしなくてはならないと主張している。混沌とした社会状況の中、それを立て直すために必要なのは、朝廷を守護する存在としての武であるとの論である。これは、『平治物語』全体の記述において、信西・清盛といった朝廷擁護の官軍の将に対する記述のあり方と、義朝・信頼ら朝敵たる人物に対する記述とでは、大きく異なっていることからも、うかがうことができる。(22)

また一方、「待賢門の軍の事」の箇所で、六波羅において公卿僉議があった際、「王事、もろき事なければ、逆臣誅伐、時刻をやめぐらすべき」と発言があったことが注目される。日下力によって検討されているように、(23)この成句は、もとは王室に関することを堅固に維持するための、臣下の仕事の厳しさを言ったものであったが、王室の存亡に関わる戦乱が度重なったにもかかわらず、なお皇位が絶えることなく継承されている現実への安心感が社会に広がったことにより意味が転化し、王室は簡単に崩壊するものではないという意味になったとされている。

こうしたことから、『平治物語』には、王権に抗う人々を批判し、反対に王権を守護する武士の役割を重視し、度重なる戦乱があったにもかかわらず、王権が存続しているという意識が通底していると言えよう。これはやはり承久の乱とその後の安定に基づいた記述と言えるのではないだろうか。

『平家物語』に関しては、仁治元年（一二四〇）の『兵範記』紙背文書に「治承物語六巻号平家」とあることから、今日の『平家物語』につながる「治承物語」が、おそらくは一二三〇年代に成立したと考えられている。そして、『平家物語』の中でも最も古態をとどめていると考えられている延慶本には、仁治三年（一二四二）七月八日に決定された「後鳥羽院」の諡号が使われていることから、現存の延慶本は、『治承物語』と言われていた時代以降の増補を含んでいるとみなされている。[24] その構成は、平家の先祖を尋ね、その隆盛と衰退とを語り、最後の箇所では、頼朝が征夷大将軍に任じられたことに対して、

抑征夷将軍前右大将、惣テ目出カリケル人也。西海ノ白波ヲ平ゲ、奥州ノ緑林ヲナビカシテ後、錦ノ袴ヲキテ入洛シ、羽林大将軍ニ任ジ、拝賀ノ儀式、希代ノ壮観也キ。仏法ヲ興シ王法ヲ継ギ、一族ノ奢レルヲシヅメ、万民ノ愁ヲ宥メ、不忠ノ者ヲ退ケ、奉公ノ者ヲ賞シ、敢テ親疎ヲワカズ、全ク遠近ヲヘダテズ。ユ、シカリシ事共也。

のように、武家の棟梁としての頼朝を言祝いで終わっている。

ところで、その前の部分に興味深い記事を載せている。後鳥羽院と対立して佐渡、さらには隠岐に流された文

覚は歯噛をして、「我首ヲバ都ヘモテ上テ高雄ニヲケヨ。都見エム高カラン所ニヲケ。都ヲ守テ傾ム」と遺言して亡くなった。そのため弟子が高雄に墓を築いた。その十一年後、栂尾の明恵のもとに文覚の霊が現れ、後鳥羽院に仕返しをしたかったものの、仏神の許しがなくかなわなかったが、ようやく許しが出たので謀反を起こそうと思い、廻文を出したいので紙を恵んで欲しいと語った。そこで明恵が五十帖の紙を集めて、文覚の墓で焼き上げると、四五日たってまた文覚が現れ、廻文を出して謀反を起こし、滅ぼそうと思うが、公家から「公家安穏、関東損亡」との祈禱の依頼が来たとしても、それは絶対せずに、「関東安穏、公家損亡」と祈禱してほしい、そうでなければ障礙神となると誓って消えていった。そして、「隠岐院ノ御謀反ハ文学ガ霊トゾ聞ヘシ」のように、文覚の怨霊によって後鳥羽院による承久の乱が起こったとしている。

このことについて小峯和明は、怨霊史を軸にみると、『平家物語』は崇徳院と後鳥羽院とのはざまにすっぽり覆われていて、承久の乱こそ『平家物語』の物語の現在であったことの意味は大きいと述べている。(25) 筆者も同様の意見であり、承久の乱が起こったからこそ『平家物語』をまとめる気運が高まったものと考える。『平家物語』が成立したころは、すでに平家が滅亡してから五十年ほど経っているのであって、『平家物語』は純粋に平家の興亡を語ろうとしているのではない。天皇を守護する役割を果たしていた武士の変化に起因する社会の転換という大きな歴史の変革が、保元の乱から承久の乱にかけて胎動しており、その中の一事項として平家を素材として取り上げているのである。延慶本第五末「重衡卿関東へ下給事」に、

昔ヨリ源平両家、朝家ノ御守ニテ帝王ノ宮仕ヲ仕ル。近来源氏ノ運傾カレ候シ事、今更事新ク非可申、人皆知レル事ニテ候。

とあるように、「朝家ノ御守」としての武士の役割が破綻したということが『平家物語』に底流している。そし

て、延慶本第六本「兵衛佐大臣殿ニ問答スル事」に、

源平両家初テ朝家ニ召仕テヨリ以来、源氏ノ狼藉ヲバ平氏ヲ以テ鎮メ、平氏ノ狼藉ヲバ源氏ヲ以テ鎮ラル。互ニ牛角ノ如ニテ候キ。

とあるように、源平の微妙なバランスによって社会が成り立っていたのが、平家の盛衰により大きく崩れていくことになった。(26) こうした中、承久の乱が勃発し、後鳥羽院が隠岐に流されるという前代未聞の事件が勃発した。そうした現在的問題関心に基づいて、末法的状況を呈している事態を振り返り、一大変革である平家の盛衰について物語にしようという欲求が高まったのであろう。そしてその興亡の中、多数生じることになった怨霊の鎮魂をはかることによって、国家の安寧を希求しているのが『平家物語』なのではないだろうか。

『承久記』についても同様のことが言えよう。『承久記』は承久の乱の顛末を記した軍記で、慈光寺本・前田家本・流布本・『承久軍物語』の四系統に分類されているが、その中で最も成立が古いとされる慈光寺本『承久記』(27)は、寛喜二年（一二三〇）から仁治元年（一二四〇）の間に成立したとされている。(28) 序のすぐ後の部分では、承久の乱以前の、天皇が関わった兵乱の歴史が著されている。それによると、兵乱のはじめは、綏靖天皇の時に震旦国が本朝を攻めてきたときにさかのぼり、以来安徳天皇の源平合戦に至るまで、国王の兵乱は十二度あったことが記されている。(29) そして、承久の乱の発端として、後鳥羽院と北条義時との対立があげられているが、そのとき義時が思ったこととして、

朝ノ護源氏ハ失終ヌ。誰カハ日本国ヲバ知行スベキ。義時一人シテ、万方ヲナビカシ、一天下ヲ取ラン事、誰カハ諍フベキ。

とあることが注目される。この部分も先にあげた『保元物語』の部分と共通する考え方であり、朝廷を守護して

きた源平両氏が滅亡した今、そのかわりに北条義時が日本全国を支配することを誓っている。

そして、後鳥羽院に対しては、

> 伏物、越内、水練、早態、相撲、笠懸ノミナラズ、朝夕武芸ヲ事トシテ、昼夜ニ兵具ヲ整ヘテ、兵乱ヲ巧マシ〳〵ケリ。御腹悪テ、少モ御気色ニ違者ヲバ、親リ乱罪ニ行ハル。大臣・公卿ノ宿所・山荘ヲ御覧ジテハ、御目留ル所ヲバ召シテ、御所ト号セラル。都ノ中ニモ六所アリ。片井中ニモアマタアリ。御遊ノ余ニハ、四方ノ白拍子ヲ召集、結番、寵愛ノ族ヲバ、十二殿ノ上、錦ノ茵ニ召上セテ、蹈汚サセラレケルコソ、王法・王威モ傾キマシマス覧ト覚テ浅猿ケレ。月卿雲客相伝ノ所領ヲバ優ゼラレテ、神田・講田十所ヲ五所ニ倒シ合テ、白拍子ニコソ下シタベ。古老神官・寺僧等、神田・講田倒サレテ、歎ク思ヤ積ケン、十善君忽ニ兵乱ヲ起給ヒ、終ニ流罪セラレ玉ヒケルコソ浅増ケレ。

のように、その性格と行動を批判し、こうした徳のない天皇であるため、流罪となったのも当然であるとの論調である。だからといって、王権は滅びるものではなく、悪王は排除されることによって、王権は長らえていくのである。そのため、『承久記』の冒頭では、

> 娑婆世界ニ衆生利益ノ為ニトテ、仏ハ世ニ出給フ事、総ジテ申サバ、無始無終ニシテ、不レ可レ有二際限一。

と仏法に守護された世は際限なく続くことを述べ、仏法・王法が始まって「目出度所」は、天竺・震旦・鬼界・高麗・景旦国、我朝日本日域であると主張している。[30] これは、承久の乱が起こって後鳥羽院が流罪になっても、後高倉院による院政が始まり、後堀河天皇が即位して王権が守られ、安定した世がおとずれているとの現実があったことによる記述である。そのため『承久記』は乱が終わった時点で擱筆しているのではなく、後堀河天皇の即位まで書き継いでいるのである。

以上、『保元物語』が著されたころの社会思潮としては、承久の乱によって王権存亡の危機にさらされるも、現実として王権は存続していることから、王権の永続性が認識され、徳のない天皇は悪王として追却されたのだとみなされた。そして、保元の乱以降武者の世となることによって、天皇を守る存在としての武士の役割が重要視されるが、それはあくまでも臣下としての武士であった。

それでは、『平治物語』『平家物語』『承久記』等の軍記と比較した場合、『保元物語』の叙述にはどのような特徴があるであろうか。一つには、怨霊の存在を非常に重視している点である。これは保元の乱によって崇徳院怨霊が王権と密接に関わるかたちで意識されたことに起因している。前章で述べたように、『保元物語』諸本の中でもっとも成立がはやいと考えられる半井本は、後鳥羽院が亡くなった後に、院の怨霊が跳梁していた仁治三年(一二四二)から遠く離れない時期に編纂されたと考えられることから、怨霊が社会の安定を脅かす存在として恐怖されていたときであり、現実味を伴って崇徳院怨霊の跳梁が叙述された。

もう一つは、天皇と臣下との関係が崩壊していることを強く嘆いている点である。古活字本『承久記』は「後鳥羽院」の諡号は見られるが、「順徳院」という諡号は用いられていないことから、隠岐院の諡号が顕徳院から後鳥羽院に改められた仁治三年(一二四二)七月以降、佐渡院に順徳院の諡号が贈られた建長元年(一二四九)七月以前に一応の原形が成立したと考えられているが、その末尾の部分で、

承久三年六月中ノ十日、如何ナル月日ナレバ、三院・二宮遠島へ趣セマシ〳〵、公卿・官軍、死罪・流刑ニ逢ヌラン。本朝如何ナル所ナレバ、恩ヲ知臣モナク、恥ヲ思フ兵モ無ルラン。日本国ノ帝位ハ、伊勢天照太神・八幡大菩薩ノ御計ヒト申ナガラ、賢王、逆臣ヲ用ヒテモ難レ保、賢臣、悪王ニ仕ヘテモ治シガタシ。

とまとめられている。この部分は慈光寺本『承久記』にはない部分で、理想的な君臣関係が破綻している状況を

嘆いている。これと同様に『保元物語』の末尾でも、「朝ノ御守」としての武士の役割が強調され、保元の乱後の現在ではそれが破綻し、さまざまな「日本ノ不思議」が湧出している状況が嘆かれている。

一二四〇年代に成立したと考えられるこれらの著作において、右のような意識が強く表現されているのはなぜだろうか。それにはおそらく、仁治三年正月十三日に四条天皇が十二歳で夭折[31]したときの皇嗣決定に際し、それが幕府によって行われたことが多大な影響を与えていると推測される。『平戸記』仁治三年正月十六日条では、

凡空位及二数日一、偏是関東所為也、其使定不レ空歟、不便々々、

のように、天皇が空位の期間が生じていることは幕府のためであると非難している。十九日になってやっと幕府からの使者が到着し、土御門天皇の皇子を皇嗣に推戴すべきである旨を朝廷に伝えるが、『平戸記』仁治三年正月十九日条において、臣下の武士によって帝位決定が左右されることは未曾有のことであって、末世の至極であると嘆く一方、帝王の位には片時も空位を生じてはならないので、今回は関東の取り決めにやむなく応じなくてはならないと、『平戸記』を記した平経高は感想を述べている。

抑此事、関東計申之条、雖レ知二末世之至極一、可レ悲々々、十善帝位之運、更非二凡夫愚賤之所レ思、而依下令レ顧二時議一給上歟、一旦雖レ被二仰合一、慭以二凡卑之下愚一、計二-立帝位一之条、未曾有事也、我朝者神国也、不レ似二異域之風一、自レ茲天地開之後、国常立尊以降、皆先主令二計立一給、不慮之事者非二此限一、至二光仁光孝二代一、群臣議定歟、然而其趣偏為レ安二天下一也、今非二群議一、以二異域蛮類之身一、計二-申此事一之条、定廟之冥慮如何、尤可レ恐々々、其殃定不レ廻レ踵歟、凡重事出来之時、如二愚意一者、只決二群議一、為レ先二天下安全之計一、可レ被レ奉レ立レ之、以二其趣一具可レ被レ仰二-遣関東一也、此上不レ相二-叶其意趣一者、善悪可レ被二計行一、天下者重器也、雖二片時一不レ可レ空二王位一之故、如レ此相計之由被二仰遣一、何可レ有二子細一哉、（中略）但帝

王之位、以二凡夫之身一結構之条、雖二末代日月未レ墜レ地、定其災不レ空歟、

『百錬抄』仁治三年正月十二日条でも空位が生じたことは前代未聞であることを述べている。

禁裏不二議定一云々、被レ待二関東左右一之間、毎時有二若亡一、可レ哀云々、数日空位未レ聞二先規一、上古両三年有二此事一、不レ似二今度儀一、其主互相譲不レ受二神器一之間也、

このとき皇嗣の候補にあげられていたのは、土御門院の皇子邦仁と順徳院の皇子忠成で、当時朝廷の最高実力者であった九条道家は、忠成を支持していたが、幕府の回答により正月二十日に邦仁が践祚して後嵯峨天皇となった。皇嗣の決定が幕府によってなされたのと、その決定までに十二日間の帝位の空白が生じたことは大きな衝撃であった。

そして、四条から後嵯峨へという皇位継承は、皇統を再び後鳥羽院の末裔に戻すことになり、そこには『五代帝王物語』に記されるように、後鳥羽院の怨念がはたらいているとみなされ、さらには「崇徳院御託宣」に「傍親ヲ一旦ハ帝位ニ成申テ終ニハ此君ノ一流ノミヲ立挙」とあるように、その背後では崇徳院の怨霊がはたらいていたと意識されていたに違いない。こうした事象が両書に反映されて、右にあげた二つの面が如実に現れているのではないだろうか。

このような社会の動きは、政治や経済によって左右されているのではなく、神仏の世界、とりわけ怨霊によって左右されているという意識が強かったのである。この点に関して、最後に『保暦間記』(32)の記事をあげておく。『保暦間記』はその冒頭に、「自二保元乱一以来、僅不レ足二一百余歳一」とあることから、十四世紀中葉にまとめられた書物であることがわかり、末尾に「保元以降暦応ニ至マテノ事ヲ所レ註ナレバ、保暦間記ト可レ申」とあるように、保元の乱から暦応二年の後醍醐天皇崩御までの公武の興亡を記した書である。著者がなぜこの期間を

著述対象にしているかというと、後醍醐天皇が亡くなった場面において、

同年八月十六日吉野ノ先帝崩御成セ給ヒケリ。指モ目出君ニテ渡セ給シニ、無レ由讒臣ノ無道ヲ申行ケルニヤ、カヽル外都山中ニテ崩御ナラセ玉フ事コソ浅猿ケレ。仰置レケルトテ、御追号ヲハ後醍醐院トソ申ケル。是モ讃岐院ノ皇法ヲタヽント御誓願ノ有ケルナル故ト覚エテヲソロシ〳〵、此後ノ人モ、上ヨリ下ニ至ルマテ、能々思案有ヘキ事哉。

とあるように、後醍醐天皇が京都から離れた山中で非業の死を遂げたのは、崇徳院が『保元物語』の中で皇統を絶つべき旨を誓って亡くなっており、その呪縛にあったためであると信じられていたからであった。

『保暦間記』の中には、いくつかの怨霊の存在が記され、怨霊による歴史の説明は、本書を支える重要な柱の一つとなっている。(33)そしてその中心となっているのが崇徳院怨霊であった。実朝が亡くなった後、幕府の願いにより九条頼経が摂家将軍として鎌倉に下ったが、実際には北条義時が我が物顔に振る舞っており、「公家ノ御事ヲサヘニ押計ヒ申テ、今ハ王法唯如レ形モナシ。是則、讃岐院ノ御霊トソ天下ノ人ハ申ケル」という状況であった。ここからもわかるとおり、崇徳院怨霊は小さな悪事をなすような存在ではなく、王法を根底から揺るがす存在として畏怖されていたのである。

このように、承久の乱における後鳥羽上皇側の敗北にかけて崇徳院怨霊が記され、さらには末尾で後醍醐天皇の崩御にかけて崇徳院怨霊が記されているのは、とりもなおさず、武士によって王法が危機にさらされているその原因は崇徳院怨霊にあるとの認識に立っているからである。ゆえに、保元の乱での崇徳院讃岐配流から本書を書き始めていることが意味を持ってくるのである。

(1)『保元物語』に関しては、何も注記しない限り、最も古態をとどめているとされる半井本〈新日本古典文学大系〉を用いる。
(2)野中哲照「『保元物語』における〈保元以前〉と〈現在〉—鳥羽院旧臣にみる重層構造の根底認識—」(『国文学研究』一一五、一九九五年)。
(3)栃木孝惟「半井本『保元物語』の性格と方法—あるいは軍記物語における構想力の検討のために—」(秋山虔編『中世文学の研究』東京大学出版会、一九七二年)。
(4)小林美和「『保元物語』の構想力」(『青須我波良』四四、一九九二年、のち『語りの中世文芸』和泉書院、一九九四年所収)。同「『保元物語』の歴史叙述」(栃木孝惟編『保元物語の形成』〈軍記文学研究叢書〉汲古書院、一九九七年)。
(5)安部元雄「半井本『保元物語』構成とモチーフ—成立事情を観点として—」(『軍記と語り物』六、一九六八年)。
(6)「一人」とは純粋な意味での一人ではなく、大将・副将クラスの者としては「一人」という意味だと思われ、このことについては野中哲照「為朝像の造型基調—重層論の前提として—」(『軍記と語り物』二四、一九八八年)で言及されている。
(7)日下力「為朝像の定着—中世における英雄像の誕生—」(『日本文学』三三—九、一九八四年)。
(8)『兵範記』〈増補史料大成〉(臨川書店、一九六五年)。
(9)麻原美子「『保元物語』試論—為朝造型の論理をめぐって—」(『軍記と語り物』七、一九七〇年)、原水民樹「『保元物語』の一側面—合戦譚の姿勢と為朝形象の吟味から—」(『徳島大学学芸紀要(人文科学)』二七、一九七七年)。
(10)義親は永久五年(一一一七)に坂東で生存しているとの噂が立ち、保安四年(一一二三)に都に連行されたが、偽者と断ぜられた。さらには大治四年に上洛して鴨院南町に居住していたが、翌年大津にいた別の義親と戦い、殺害されたというように、さまざまの噂が立てられた人物であった。この点に関しては、安田元久『源義家』〈人物叢書〉(吉川弘文館、一九六六年)に詳しい。
(11)野中哲照「『保元物語』の〈現在〉と為朝渡島譚」(『国文学研究』一〇四、一九九一年)。

(12) 後藤丹治・釜田喜三郎校注『太平記』〈日本古典文学大系〉(岩波書店、一九六一年)。
(13) 鈴木則郎「半井本『保元物語』の一考察―崇徳院・為朝の人物形象をめぐって―」(東北大学文学部国文学研究室編『日本文芸論叢』笠間書院、一九七六年)。
(14) 『含英集抜萃』(『鎌倉遺文』二八六九)。
(15) 『伏見宮御記録』利七十二(『鎌倉遺文』三〇三八)。
(16) 本郷和人「武士―承久の乱の観念的意義について―」(『日本歴史』五一三、一九九一年)。
(17) こうした観点から論じたものとして、弓削繁「亡国の音―承久の乱の解釈をめぐって―」(『岐阜大学国語国文学』一九、一九八九年)、日下力「軍記物語の胎生と世相―動乱の世の終息―」(『日本文学』四五、一九九六年)、弓削繁「承久の乱と軍記物語の生成」(『中世文学』四二、一九九七年)などがあげられる。
(18) 日下力「軍記物語の生成と展開」(『岩波講座日本文学史』第五巻、岩波書店、一九九五年)。
(19) 弓削繁編著『内閣文庫蔵六代勝事記』「解説」(和泉書院、一九八四年)。
(20) 庭山積「「六代勝事記」の著作動機について」(『文学・語学』五九、一九七一年)。
(21) 日下力「平治物語解説」(『保元物語　平治物語　承久記』〈新日本古典文学大系〉岩波書店、一九九二年)。
(22) 日下力「初期平治物語の一考察―陽・学本の志向―」(『軍記と語り物』七、一九七〇年、のち『平治物語の成立と展開』汲古書院、一九九七年所収)。
(23) 日下力「軍記物語の生成と展開」(『岩波講座日本文学史』第五巻、岩波書店、一九九五年)。
(24) 日下力「軍記物語の生成と展開」(『岩波講座日本文学史』第五巻、岩波書店、一九九五年)。
(25) 小峯和明「物語論の中の『平家物語』」(『平家物語　批評と文化史』〈軍記文学研究叢書〉汲古書院　一九九八年)。
(26) 生形貴重はこれを「源平交替史観」と呼ぶが(「『平家物語』の構造と構想の課題」『平家物語　批評と文化史』〈軍記文学研究叢書〉汲古書院　一九九八年)、『平家物語』の著者によると、源平が交替するのではなく、両者と王権との調和によって社会のバランスが保たれていると考えられていたのではないだろうか。また、こうした考え方は『平家物語』だけでなく、『玉葉』治承五年八月一日条にも、「又聞、去比、頼朝密々奏レ院云、全無二謀叛之心一偏為レ伐二君之御敵一也、而若猶不レ可レ被レ滅二亡平家一者、如二古昔一、源氏・平氏相並、可二召仕一也、関東為二源氏之進止一、海西為二平氏之任意一、共於二国宰一者、自レ上可レ被レ補、只為レ鎮二東西之乱一、被レ仰二付両氏一天、暫可レ有二御試一也、且両氏孰守二王化一、誰恐二君命一哉、尤可レ御二覧両人之翔一也云々」のように、源氏と平氏が分担して王権を守護していたと考えられていた。

(27)　『保元物語・平治物語・承久記』〈新日本古典文学大系〉（岩波書店、一九九二年）。

(28)　杉山次子「慈光寺本承久記成立私考(一)―四部合戦状本として―」（『軍記と語り物』七、一九七〇年）。

(29)　本文では九度の兵乱しか記されていない。また、保元の乱については、「今、都ノ乱ノ始也」との評価がなされている。

(30)　大津雄一は、慈光寺本のこの部分に関して、「〈始め〉もなく〈終わり〉もない循環する均一な時間意識の表明」とするが（「『承久記』の成立と方法―〈終わり〉の危機と〈歴史〉の危機―」『承久記・後記軍記の世界』〈軍記文学研究叢書〉汲古書院、一九九九年）、時間は「循環」するのではなく、一直線にどこまでも続いていると考えるべきである。

(31)　天台僧の中には、慈円の祟りのために四条天皇が夭折したと考える人々もあった。『門葉記』二熾盛光三では、熾盛光法を修したことに対して、「去九日、四条院俄崩御境節、聊故慈鎮(慈円)和尚成レ崇〔祟〕御之由、或卿相有二夢想一、仍為レ達二彼御本意一、熾盛光堂懃等被レ修レ之、即定五人」とある。

(32)　佐伯真一・高木浩明編『校本保暦間記』〈重要古典籍叢刊〉（和泉書院、一九九九年）。

(33)　佐伯真一「『保暦間記』の歴史叙述」（『伝承文学研究』四六、一九九七年）。

おわりに

『愚管抄』の中で慈円が述べているように、日本の社会は神仏の支えのもと成り立っているのであり、とりわけ院政期においては怨霊こそ世の動きを左右する存在であると考えられていた。本書では、院政期の代表的な怨霊である崇徳院怨霊に着目し、その発生から鎮魂に至るまでの過程を考察し、怨霊がどのような社会的背景から、誰によって認識され、社会にどのような影響を及ぼしたのか、そして『保元物語』が作成される意図はどこにあったのか明らかにしようと試みた。

保元・平治の乱から、治承・寿永の内乱を経験し、これまでは天皇の下に統括されていた武士が、保元の乱以降はその支配から離れて自立して武力を誇示していったことに対して、貴族は大きな動揺をおぼえた。さらには、天皇が流されることなど、近年にはない大事件であった。このような動乱の時代であったからこそ、都に住む人々の共通認識として、怨霊の存在を現実のものとして認めていく土壌が形成されていった。そのため、怨霊が国家と密接に関わる形で語られ、国家を根底から突き動かす存在としての崇徳院怨霊が意識されたのであった。

怨霊となる対象が天皇であり、それが社会の転換期と重なったということから、崇徳院怨霊はこれまでの怨霊とは格段に異なる強烈な怨霊として認識されていった。怨霊の中でも、崇徳院怨霊は、『保元物語』に記されて以降、数々の説話や謡曲に登場し、崇徳院の讃岐への配流は政治権力の朝廷から武士への移行と関連づけられ、王権を天皇のもとに取り戻し、怨霊という精神的軛から解き放たれるために、鎮魂は欠かすことのできない要素であったのである。

本書の最後に、それぞれの章における主要な論点についてまとめておく。

序章「怨霊研究序説―崇徳院怨霊の占める位置―」では、崇徳院怨霊が登場するまでの日本人の怨霊観について考察した。古代より、災異の発生は神の意志の示現である「祟り」によるものだとされていた。そして、人の霊魂の祟りも存在していたが、それは当事者間で問題とされるにとどまっていた。しかし律令が制定され、都市が成立してくると、霊魂に関する意識も変化し、共同体構成員の共通認識として怨霊が登場する。それが長屋王以下の怨霊であったが、怨霊を認知することは為政者にとって自らの非を認めることになるため、経典の転読や神社に対する奉幣などが行われても状況が改善しない場合に、最終手段としてとられた対処法であった。そして、怨霊として認知されると、名誉回復・贈官贈位・墓所の整備・供養などが行われた。

一方、とくに夏から秋にかけて急激に広がり、人々を恐怖に陥れる疫病は、疫神のなす病であるとみなされていたが、畿外から畿内へ、さらには京へと伝染してくるその姿は、為政者によって京から地方へ放逐され、非業の死を遂げた人物の怨霊と重ねあわされ、貞観五年に、朝廷によって神泉苑で御霊会が催されることになった。この後も京内では様々な御霊会が執り行われたが、これらには非業の死を遂げた物の霊魂を祭るという意識は乏しく、疫病退散のための御霊会であった。

その後平安時代に国家による怨霊の鎮魂が行われた著名な例は、菅原道真があるが、御霊を恒常的に祭る場として北野社が建立され、菅原氏の氏神となっていくことにより、善神へと変化していった。以後、崇徳院の怨霊が登場するまで、国家を震撼させるような怨霊は登場しない、それは摂関政治全盛の安定した社会であり、きわめて限定された社会における怨恨しか生まなかったからと考えられる。

第一章「崇徳院の生涯」では、崇徳院の生い立ちから保元の乱の発生、讃岐への配流と崩御について『保元物語』以外の史料を用いて、崇徳院の実像を探った。崇徳院は鳥羽天皇の第一皇子として誕生したが、実は白河院が待賢門院璋子と密通して生まれた子であり、このことが生涯にわたって崇徳院に暗い影を落とした。保元の乱では、後白河天皇によって追いつめられ、戦うことを余儀なくされたが、源為朝の奮闘も虚しく、捕らえられて讃岐へ流された。讃岐では訪れる人もほとんどなく、女房の兵衛佐ら数人と寂しい日々を過ごし、極楽への往生を希求した。そして長寛四年に讃岐国府にほど近い鼓岡でひっそりと亡くなっていった。そして、崇徳院の詠んだ歌や、『今鏡』からうかがわれる崇徳院の実像は、京から遠く離れた讃岐でひっそりと後生を祈る姿であって、『保元物語』に見られるような、怒りの余り荒れ狂う姿とはかけ離れている。

第二章「『保元物語』の虚構—崇徳院の実像をめぐって—」では、『保元物語』に描かれる崇徳院像がいかにして形成されたのか検討した。崇徳院は五部大乗経を書写し、その奥書に舌先を食い切った血で誓文を認め、生きながらに天狗の姿となって祟りをなし、平治の乱を引き起こしたことになっている。怨霊と化す崇徳院像が形成されていく際に鍵を握るのが、『吉記』寿永二年七月十六日条に記す崇徳院自筆血書五部大乗経の存在である。この記事に関しては、血書五部大乗経の存在ははなはだ疑わしく、経自体が存在しないか、あるいはたとえ存在したとしても捏造された可能性が非常に高い。このころ、打ち続く戦乱と養和の大飢饉によって世の不安が高まり、崇徳院の怨霊を慰めるための神祠建立が取りざたされていたが、未だに神祠の建立はなっていなかった。その最中に血書五部大乗経の存在が語られたのである。そしてその結果、後白河院が崇徳院建立の成勝寺に神祠を建立するように命じることとなった。つまり、崇徳院の御霊を祀る神祠建立を実現させるために、血書五部大乗経の存在を語っていったのである。怨霊は怨霊となる人物の問題ではなく、それを怨霊と認識する側の問題であり、自然発生的に怨霊が登場してくるのではなく、ある意図をもった固有の環境の中で語られてくる。こうして『保元物語』はさまざまな記録や説話類をもとにまとめられていった。

第三章「崇徳院怨霊の胎動」では、崇徳院が亡くなって以降どのような対応がなされ、いつから怨霊が意識されて、鎮魂のためにどのような手法がとられたのか考察した。崇徳院は長寛二年八月二十六日に亡くなったが、当初朝廷からは何の措置もとられず、讃岐に配流された罪人扱いのままであり、怨霊は意識されていなかった。それが安元三年になると一転して崇徳院の怨霊が公然と噂されるようになった。これには安元三年四月二十八日の京中での大火災、とりわけ大極殿が炎上したことが後白河院に崇徳院や藤原頼長の怨霊を認識させる決定的事象となった。しかしこれは後白河院自身が自発的に認めていったわけではなく、生前崇徳院と親交のあった藤原教長や崇徳院の近親者が亡き院を偲び、後白河院を恨んで語っていったものであった。これに対して、頻発する災害や混乱する社会情勢になすすべがなく、かつ神仏の世界に造詣の深い後白河院は、自らの非を認めて崇徳院怨霊の鎮魂へ向かうこととなった。

第四章「崇徳院怨霊の鎮魂」では、崇徳院怨霊に対してどのような鎮魂の方策がとられたのか考察した。鎮魂の儀礼は菅原道真の例を参考にして行われ、後白河院の病気の進行に応じてさまざまな対応がとられた。後白河院による過剰とまで言えるほどの崇徳院怨霊への対応は、歴代天皇に列するための山陵の整備から始まり、崇徳院という諡号の宣下、菩提寺である成勝寺での法華八講という国家的な作法に至った。さらには、粟田宮（崇徳院廟）が建立され、このことによって京都に住む人々にとっては、崇徳院怨霊の存在が目に見える形ではっきりと意識されることとなった。そして私的に建立された崇徳院御影堂を国家の施設として位置づけ、高野山崇徳院御骨三昧堂までも建立され、さまざまな荘園が寄進された。そして後白河院の後を受けた武家の棟梁である源頼朝も、この怨霊には細心の配慮を行った。こうした対応は空前絶後であり、崇徳院はまさしく日本最大の怨霊であった。

第五章「崇徳院怨霊譚の誕生」では、『保元物語』に記されている崇徳院怨霊譚がどのようにして形成されていったのか考察した。『保元物語』では怒りに荒れ狂う崇徳院の姿を天狗として描いているが、これは崇徳院没後まもなくの事実ではなく、『保元物語』がまとめられた時点での知識をもとに描かれた物語上の虚構であった。その中で、崇徳院は天狗として描かれているが、これは鎌倉時代の天狗跳梁の状況を背景に、鎌倉中期以降に形成されていった姿であった。

嘉禎三年八月二十五日の「後鳥羽院置文案」によると、後鳥羽院は承久の乱によって隠岐に流されて、この世に恨みを抱いていたため、生きながらに怨霊の存在が噂された。院が亡くなってからも怨霊が跳梁してその影響は鎌倉にも及び、鶴岡八幡宮に神祠が建立されるなど、さまざまな対応がなされた。このことを参考にして『保元物語』の崇徳院怨霊譚がまとめあげられていったのではないだろうか。この時期崇徳院怨霊は後鳥羽院怨霊と複雑にからみあって、形を変えて再登場している。

終章「『保元物語』とその時代」では、崇徳院怨霊という視点から『保元物語』の成立を考えた。『保元物語』はその最後の部分に崇徳院の讃岐配流と源為朝の伊豆大島配流を載せており、両者が恐怖をもってとらえられたことも共通している。これらの話は京からの放逐と異界からの京への逆襲を意味しているが、それは物語の世界だけでも、怨念をもったとされる両者を自在に活動させ、その恨みを晴らさせていると言える。しかし、その混沌とした状況は平定され、再び天皇による安定した支配が永続することを願って『保元物語』が作成されたのではないだろうか。一二三〇年代にいくつかの軍記物が登場するが、これらでは王権を守護する役割としての武士が強調され、王権の永続にともなう国家の安寧が希求されている。

以上崇徳院怨霊とそれに関わるいくつかの問題点について考察したが、実体として存在しない怨霊を考察するのには、史料上現れる事項をひろっていくだけでは意味をなさない。当時生きていた人々の心の奥底に入り込んで、その襞の一枚一枚を丁寧に読みとっていかなければならない。本書ではそうしたことを念頭に分析しようと試みたが、それには多くの困難がともない、どこまで迫ることができたかはなはだ心許ない。本書をもってその端緒とし、これからも人間の心に潜む部分の解明に努めていきたい。

参照史料

青木正次全訳注『雨月物語』上下　講談社学術文庫　一九八一年
秋岡武次郎編著『日本古地図集成』　鹿島研究所出版会　一九七一年
渥美かをる解説『源平盛衰記・慶長古活字版』一～六　勉誠社　一九七七年・一九七八年
麻原美子・名波弘彰編『長門本平家物語の総合研究』　勉誠社　一九九八年
蘆田伊人校訂・圭室文雄補訂『新編相模国風土記稿』　雄山閣　一九九八年
綾・松山史編集委員会編『綾・松山史』　一九八六年
青木和夫ほか校注『続日本紀』一～四〈新日本古典文学大系〉一二～一五　岩波書店　一九八九年～一九九五年
池上洵一ほか校注『今昔物語集』三～五〈新日本古典文学大系〉三五～三七　岩波書店　一九九三年～一九九六年
池田弥三郎ほか監修『日本名所風俗図会』一四四国の巻　角川書店　一九八一年
石田瑞麿『源信　往生要集』〈原点日本仏教の思想〉四　岩波書店　一九九一年
市川久編『蔵人補任』　続群書類従完成会　一九八九年
市古貞次ほか編『源平盛衰記』一～四　三弥井書店　一九九一年～一九九四年
岩佐正ほか編『神皇正統記・増鏡』〈日本古典文学大系〉八七　岩波書店　一九六五年
岩手県教育委員会編『奥州平泉文書（新訂版）』　国書刊行会　一九八五年
上島有編『東寺文書聚英』　同朋舎出版　一九八五年
海野泰男『今鏡全釈』上下　福武書店　一九八二年・一九八三年　のち　パルトス社　一九九六年
大曽根章介・金原理・後藤昭雄校注『本朝文粋』〈新日本古典文学大系〉二七　岩波書店　一九九二年
岡見正雄・赤松俊秀校注『愚管抄』〈日本古典文学大系〉八六　岩波書店　一九六七年
岡山県史編纂委員会『岡山県史』第一九巻編年史料　岡山県　一九八八年

香川県編『香川叢書』一〜三　香川県　一九三三年〜一九四三年
香川県教育委員会『白峯寺古文書緊急調査報告書』　一九七五年
梶原正昭・山下宏明校注『平家物語』〈新日本古典文学大系〉四四・四五　岩波書店　一九九一年・一九九三年
金子大麓・松本治久・松村武夫・加藤歌子校注『校注水鏡』〈新典社校注叢書〉　新典社　一九九一年
元興寺仏教民俗資料研究所『六波羅蜜寺民俗資料緊急調査報告（第二分冊）』　一九七二年
神田秀夫・永積安明・安良岡康作校注『方丈記・徒然草・正法眼蔵随聞記・歎異抄』〈新編日本古典文学全集〉四四　小学館　一九九五年
北川忠彦・竹川房子・犬井善壽編『鎌倉本保元物語』　三弥井書店　一九七四年
北原保雄・小川栄一編『延慶本平家物語』　勉誠社　一九九〇年
宮内庁書陵部蔵『崇徳院御託宣』
宮内庁書陵部編『経俊卿記』〈図書寮叢刊〉　明治書院　一九七〇年
宮内庁書陵部編『御産部類記』〈図書寮叢刊〉　明治書院　一九八一年
宮内庁書陵部編『九条家歴世記録二』〈図書寮叢刊〉　明治書院　一九八九年
久保田淳編『玉葉和歌集』　笠間書院　一九九五年
倉野憲司・武田祐吉校注『古事記　祝詞』　岩波書店　一九五八年
栗山潜鋒『保建大記』〈日本学叢書〉二　雄山閣　一九三八年
黒板勝美編『新訂増補国史大系令義解〔普及版〕』　吉川弘文館　一九六八年
黒板勝美編『新訂増補国史大系令集解〔普及版〕』　吉川弘文館　一九七二年
黒板勝美編『新訂増補国史大系延喜式〔普及版〕』前篇・中篇・後篇　吉川弘文館　一九七二年
黒板勝美編『新訂増補国史大系続日本紀〔普及版〕』前篇・後篇　吉川弘文館　一九八七年
黒板勝美編『新訂増補国史大系続日本後紀〔普及版〕』　吉川弘文館　一九八七年
黒板勝美編『新訂増補国史大系日本後紀〔普及版〕』　吉川弘文館　一九八九年
黒板勝美編『新訂増補国史大系日本三代実録〔普及版〕』前篇・後篇　吉川弘文館　一九八九年

黒板勝美編『新訂増補国史大系吾妻鏡〔普及版〕』第一～第四　吉川弘文館　一九八九年
黒板勝美編『新訂増補国史大系延喜式〔普及版〕』前篇・中篇・後篇　吉川弘文館　一九八九年
黒板勝美編『新訂増補国史大系尊卑分脈〔普及版〕』一～四・索引　吉川弘文館　一九九一年
黒板勝美編『新訂増補国史大系新抄格勅符抄・法曹類林・類聚符宣抄・続左丞抄・別聚符宣抄』吉川弘文館　一九九九年
黒板勝美編『新訂増補国史大系本朝世紀』吉川弘文館　一九九九年
黒板勝美編『新訂増補国史大系扶桑略記・帝王編年記』吉川弘文館　一九九九年
黒板勝美編『新訂増補国史大系日本紀略前篇』吉川弘文館　二〇〇〇年
黒板勝美編『新訂増補国史大系日本紀略後篇・百錬抄』吉川弘文館　二〇〇〇年
黒板勝美編『新訂増補国史大系宇治拾遺物語・古事談・十訓抄』吉川弘文館　二〇〇〇年
黒川春村編『歴代残闕日記』臨川書店　一九九〇年
小泉弘ほか編『宝物集・閑居友・比良山古人霊託』〈新日本古典文学大系〉四〇　岩波書店　一九九三年
国書刊行会編『明月記』国書刊行会　一九七三年
国書双書刊行会編『玉葉』一～三　名著刊行会　一九九三年
小島憲之・木下正俊・東野治之校注『万葉集』〈新編日本古典文学全集〉小学館　一九九四年
小島憲之・直木孝次郎・西宮一民・蔵中進・毛利正守校注『日本書紀』一～三〈新編日本古典文学全集〉小学館　一九九八年
後藤重郎校注『山家集』〈新潮日本古典集成〉新潮社　一九八二年
後藤丹治・釜田喜三郎校注『太平記』〈日本古典文学大系〉岩波書店　一九六一年
近衛通隆監修『平記・大府記・永昌記・愚昧記』〈陽明叢書〉記録文書篇一七　思文閣出版　一九八八年
小松茂美編『土蜘蛛草紙・天狗草紙・大江山絵詞』〈続日本の絵巻〉二六　中央公論社　一九九三年
近藤瓶城編『改定史籍集覧』一　臨川書店　一九八三年
埼玉県立博物館編『図録太平記絵巻』埼玉新聞社　一九九七年
財団法人鈴木学術財団編『阿娑縛抄』〈大日本仏教全書〉第六十巻図像部十　講談社　一九七一年

財団法人鈴木学術財団編『三論祖師伝』〈大日本仏教全書〉第六十五巻史伝部四　講談社　一九七二年
財団法人鈴木学術財団編『塵添壒囊鈔』〈大日本仏教全書〉第九十三巻纂集部二　講談社　一九七二年
佐伯真一・高木浩明編『校本保暦間記』〈重要古典籍叢刊〉二　和泉書院　一九九九年
坂本太郎ほか校注『日本書紀』上下〈日本古典文学大系〉六七・六八　岩波書店　一九六七年・一九六五年
佐佐木信綱校訂『新訂梁塵秘抄』　岩波文庫　一九三三年
佐佐木信綱編『日本歌学大系』第四巻　風間書房　一九五六年
佐竹昭広ほか編『とはずがたり』〈新日本古典文学大系〉五〇　岩波書店　一九九四年
佐成謙太郎『謡曲大観』第一巻・第五巻　明治書院　一九三〇年・一九三一年
三条市史編集委員会編『三条市史』上巻　一九八三年
新修平田篤胤全集刊行会編『新修平田篤胤全集』第六巻　名著出版　一九七七年
神道大系編纂会編『儀式・内裏式』〈神道大系〉朝儀祭祀編一　神道大系編纂会　一九八〇年
神道大系編纂会編『西宮記』〈神道大系〉朝儀祭祀編二　神道大系編纂会　一九九三年
神道大系編纂会編『卜部神道（上）』〈神道大系〉論説編八　神道大系編纂会　一九八五年
「新編国歌大観」編集委員会編『新編国歌大観』第三巻私歌集Ⅰ歌集　角川書店　一九八五年
増補「史料大成」刊行会編『中右記』一〜七〈増補史料大成〉臨川書店　一九六五年
増補「史料大成」刊行会編『台記』一〜三〈増補史料大成〉臨川書店　一九六五年
増補「史料大成」刊行会編『兵範記』一〜五〈増補史料大成〉臨川書店　一九六五年
増補「史料大成」刊行会編『山槐記』一〜三〈増補史料大成〉臨川書店　一九六五年
増補「史料大成」刊行会編『吉記』一・二〈増補史料大成〉臨川書店　一九六五年
増補「史料大成」刊行会編『三長記』〈増補史料大成〉臨川書店　一九六五年
増補「史料大成」刊行会編『平戸記』一・二〈増補史料大成〉臨川書店　一九六五年
大安寺国際仏教文化研究所編『崇道天皇と大安寺』　大安寺　一九八五年
高楠順次郎都監『大正新修大蔵経』第九巻華厳部上　大正新修大蔵経刊行会　一九六〇年（初版一九二五年）

高楠順次郎都監『大正新修大蔵経』第十三巻大集部　大正新修大蔵経刊行会　一九六三年（初版一九二四年）
高楠順次郎都監『大正新修大蔵経』第二十四巻律部三　大正新修大蔵経刊行会　一九七五年（初版一九二六年）
高楠順次郎都監『大正新修大蔵経』第二十五巻釈経論部上　大正新修大蔵経刊行会　一九六一年（初版一九二六年）
高楠順次郎都監『大正新修大蔵経』第五十巻史伝部二　大正新修大蔵経刊行会　一九六〇年（初版一九二七年）
高楠順次郎都監『大正新修大蔵経』第七十六巻続諸宗部七　大正新修大蔵経刊行会　一九六八年（初版一九三一年）
高楠順次郎都監『大正新修大蔵経』図像第十一・十二巻門葉記　大正新修大蔵経刊行会　一九七八年（初版一九三四年）
滝澤貞夫『玉葉集総索引』明治書院　一九八八年
竹内理三編『平安遺文（改訂版）』東京堂出版　一九六二年～一九六五年
竹内理三編『鎌倉遺文』東京堂出版　一九七一年～一九九一年
竹内理三編『玉英記抄・聾盲記・後奈良天皇宸記・土右記・白河上皇高野御幸記』〈増補続史料大成〉一八　臨川書店　一九七九年
橘健二・加藤静子校注『大鏡』〈新編日本古典文学全集〉三四　小学館　一九九六年
谷川健一ほか編『寺社縁起』〈日本庶民生活史料集成〉二六　三一書房　一九八三年
田原嗣郎ほか校注『平田篤胤・伴信友・大国隆正』〈日本思想大系〉五〇　岩波書店　一九七三年
次田香澄・岩波美代子校注『風雅和歌集』三弥井書店　一九七四年
東京大学史料編纂所蔵『華頂要略』
東京大学史料編纂所編『大日本古文書』家わけ第四石清水文書之一　東京大学出版会　一九六九年（初版一九〇九年）
東京大学史料編纂所編『大日本古文書』家わけ第一高野山文書之一　東京大学出版会　一九六八年（初版一九〇四年）
東京大学史料編纂所編『大日本古文書』家わけ第一高野山文書之八　東京大学出版会　一九六八年（初版一九〇七年）
東京大学史料編纂所編『大日本史料』第四編之四　東京大学出版会　一九六八年（初版一九〇五年）
東京大学史料編纂所編『大日本史料』第五編之十二・十三・十四・十七・二十一・二十二・二十六　東京大学出版会　一九八二年（初版一九三八年）
東京大学史料編纂所編『大日本史料』第六編之四十一　東京大学出版会　一九九〇年
東京大学史料編纂所編『九暦』〈大日本古記録〉岩波書店　一九五八年

東京大学史料編纂所編『小右記』一～一一〈大日本古記録〉岩波書店　一九五九年～一九八六年
東京大学史料編纂所編『民経記』一～五〈大日本古記録〉岩波書店　一九七八年～一九八九年
東宝記刊行会編『国宝東宝記原本影印』東京美術　一九八二年
栃木孝惟ほか校注『保元物語・平治物語・承久記』〈新日本古典文学大系〉四三　岩波書店　一九九二年
内閣文庫蔵『讃岐志』
内閣文庫蔵『時信記』
内閣文庫蔵『和長卿記』
永積安明・島田勇雄校注『保元物語・平治物語』〈日本古典文学大系〉三一　岩波書店　一九六一年
永積安明・島田勇雄校注『古今著聞集』〈日本古典文学大系〉八四　岩波書店　一九六六年
中田祝夫校注『日本霊異記』〈日本古典文学全集〉六　小学館　一九七五年
中田祝夫校注『日本霊異記』〈新編日本古典文学全集〉一〇　小学館　一九九五年
奈良国立文化財研究所編『仁和寺史料』寺誌編二　奈良国立文化財研究所　一九六七年
西岡虎之助編『日本荘園絵図集成』東京堂出版　一九七六年
塙保己一編『群書類従』第三輯帝王部　続群書類従完成会　一九七一年（初版一九三三年）
塙保己一編『群書類従』第七輯公事部　続群書類従完成会　一九五九年（初版一九二九年）
塙保己一編『群書類従』第十五輯和歌部　続群書類従完成会　一九六〇年（初版一九三一年）
塙保己一編『群書類従』第二十九輯雑部　続群書類従完成会　一九七二年（初版一九三〇年）
塙保己一編・太田藤四郎補『続群書類従』第二輯下神祇部　続群書類従完成会　一九五八年（初版一九二三年）
塙保己一編・太田藤四郎補『続群書類従』第三輯上神祇部　続群書類従完成会　一九五九年（初版一九二四年）
塙保己一編・太田藤四郎補『続群書類従』第四輯上帝王部　続群書類従完成会　一九五八年（初版一九二六年）
塙保己一編・太田藤四郎補『続群書類従』第七輯上系図部　続群書類従完成会　一九五八年（初版一九二三年）
塙保己一編・太田藤四郎補『続群書類従』第八輯上伝部　続群書類従完成会　一九五八年（初版一九二七年）
塙保己一編・太田藤四郎補『続群書類従』第十輯上公事部　続群書類従完成会　一九五八年（初版一九二六年）

塙保己一編・太田藤四郎補『続群書類従』第十一輯下公事部　続群書類従完成会　一九五七年（初版一九二七年）
塙保己一編・太田藤四郎補『続群書類従』第二十六輯下釈家部　続群書類従完成会　一九五八年（初版一九二五年）
塙保己一編・太田藤四郎補『続群書類従』第二十九輯上雑部　続群書類従完成会　一九八一年（初版一九二五年）
塙保己一編・太田藤四郎補『続群書類従』第三十三輯上雑部　続群書類従完成会　一九五八年（初版一九二七年）
早川厚一・弓削繁・原水民樹編『京都大学附属図書館蔵保元物語』和泉書院　一九八二年
藤井貞文・小林花子校訂『師守記』〈史料纂集〉続群書類従完成会　一九六八～一九八二年
藤田経世編『校刊美術史料寺院篇』中央公論美術出版　一九七二年
仏書刊行会編『華頂要略門主伝』〈大日本仏教全書〉名著普及会　一九八一年
松村博司・山中裕校注『栄華物語』〈日本古典文学大系〉七五・七六　岩波書店　一九六四年
水無瀬忠壽『水無瀬神宮文書』水無瀬神宮　一九七六年
宮次男・佐藤和彦編『太平記絵巻』河出書房新社　一九九二年
村上専精・辻善之助・鷲尾順敬共編『明治維新神仏分離史料』第九巻中国・四国編　名著出版　一九八四年
山口佳紀・神野志隆光校注『古事記』〈新編日本古典文学全集〉一　小学館　一九九七年
弓削繁編著『内閣文庫蔵六代勝事記』和泉書院　一九八四年
弓削繁編著『京都大学附属図書館蔵五代帝王物語』和泉書院　一九八九年
陽明文庫編『保元物語』〈陽明叢書〉国書篇一一　思文閣出版　一九七五年
横山重・松本隆信編『室町時代物語大成』補遺二　角川書店　一九八八年
和歌史研究会編『私家集大成』中世Ⅰ　明治書院　一九七四年
和田茂樹・友久武文・竹本宏夫編『瀬戸内寺社縁起集』広島中世文芸研究会　一九六七年
和田英松校訂『水鏡』岩波文庫　一九三〇年
渡部保『西行山家集全注釈』風間書房　一九七一年
渡邊綱也校注『沙石集』〈日本古典文学大系〉八五　岩波書店　一九六六年
渡辺実校注『枕草子』〈新日本古典文学大系〉二五　岩波書店　一九九一年

参考文献

【著書】

赤木志津子『後白河天皇』 秋田書店 一九七四年
赤坂憲雄編『方法としての境界』〈叢書・史層を掘る〉Ⅰ 新曜社 一九九一年
赤松俊秀『鎌倉仏教の研究』 平楽寺書店 一九五七年
赤松俊秀『続鎌倉仏教の研究』 平楽寺書店 一九六六年
網野善彦『異形の王権』 平凡社 一九八六年
安藤英男『蒲生君平山陵志』 りくえつ 一九七九年
飯田悠紀子『保元・平治の乱』 教育社歴史新書 一九七九年
石井周作『崇徳天皇御記』 建設社 一九四二年
石井進『鎌倉幕府』〈日本の歴史〉七 中央公論社 一九六五年
石井進『中世武士団』〈日本の歴史〉一二 小学館 一九七四年
井上靖『後白河院』 筑摩書房 一九七二年 のち新潮文庫 一九七五年
上田正昭編『天満天神』 筑摩書房 一九八八年
上野竹次郎『山陵〔新訂版〕』 名著出版 一九八九年
牛山佳幸『【小さき社】の列島史』 平凡社 二〇〇〇年
梅原猛『京都発見一 地霊鎮魂』 新潮社 一九九七年
上横手雅敬『源平の盛衰』〈日本歴史全集〉第六巻 講談社 一九六九年 のち講談社学術文庫 一九九七年
上横手雅敬『平家物語の虚構と真実』上下 塙新書 一九八五年
大島建彦『疫神とその周辺』 岩崎美術社 一九八五年

大隅和雄『愚管抄を読む―中世日本の歴史観―』 平凡社 一九八六年
大和岩雄『天狗と天皇』 白水社 一九九七年
岡田荘司『平安時代の国家と祭祀』 続群書類従完成会 一九九四年
岡田唯吉『崇徳院と讃岐』 財団法人鎌田共済会 一九三二年
梶原正昭・長谷川端・山下宏明・栃木孝惟編『保元物語の形成』〈軍記文学研究叢書〉三 汲古書院、一九九七年
川出清彦『祭祀概説』 学生社 一九七八年
河音能平『中世封建社会の首都と農村』 東京大学出版会 一九八四年
北川忠彦『軍記物論考』 三弥井書店 一九八九年
京都市編『京都の歴史』一・二 学芸書林 一九七〇年・一九七一年
河内祥輔『頼朝の時代』 平凡社 一九九〇年
日下力『平治物語の成立と展開』 汲古書院 一九九七年
小鹿島果編『日本災異志』 五月書房 一九八二年
古代学協会編『後白河院』 吉川弘文館 一九九三年
古代学協会・古代学研究所編『平安京提要』 角川書店 一九九四年
小林美和『語りの中世文芸』 和泉書院 一九九四年
小松和彦『悪霊論』 青土社 一九八九年 のちちくま学芸文庫 一九九七年
小原幹雄『遠島御百首注釈』 隠岐神社社務所 一九八三年
小松和彦『憑霊信仰論』 伝統と現代社 一九八二年 のち講談社学術文庫 一九九四年
小松和彦『酒呑童子の首』 せりか書房 一九九七年
五味文彦『院政期社会の研究』 山川出版社 一九八四年
五味文彦『平家物語、史と説話』 平凡社 一九八七年
五味文彦『鎌倉と京』〈大系日本の歴史〉五 小学館 一九八八年
小峯和明『説話の森』 大修館書店 一九九一年

小峯和明『中世説話の世界を読む』岩波書店　一九九八年
五来重『日本人の死生観』角川選書　一九八九年
埼玉県立博物館編『太平記絵巻の世界』一九九六年
埼玉県立博物館編『図録太平記絵巻』埼玉新聞社　一九九七年
財団法人鎌田共済会郷土博物館『崇徳上皇御遺跡案内』一九七八年
斎藤英喜『アマテラスの深みへ―古代神話を読みなおす―』新曜社　一九九六年
坂本太郎『日本の修史と史学』至文堂　一九五八年
坂本太郎『史書を読む』中央公論社　一九八一年　のち中公文庫　一九八七年
桜井徳太郎『霊魂観の系譜』筑摩書房　一九七七年　のち講談社学術文庫　一九八九年
佐竹昭広『酒呑童子異聞』平凡社　一九七七年
佐藤弘夫『アマテラスの変貌―中世神仏交渉史の視座―』法蔵館　二〇〇〇年
柴田實編『御霊信仰』〈民衆宗教史叢書〉五　雄山閣　一九八四年
志村有弘『妖異・怨霊・奇談』朝文社　一九九二年
白井優子『空海伝説の形成と高野山』同成社　一九八六年
白峯神宮社務所『白峯神宮御鎮座一二〇年史』一九八八年
鈴木哲・関幸彦『怨霊の宴』新人物往来社　一九九七年
多賀宗隼『慈円』吉川弘文館　一九五九年
多賀宗隼『玉葉索引』吉川弘文館　一九七四年
多賀宗隼『慈圓の研究』吉川弘文館　一九八〇年
高木豊『平安時代法華仏教史研究』平楽寺書店　一九七三年
高取正男『民間信仰史の研究』法蔵館　一九八二年
高橋昌明『酒呑童子の誕生』中公新書　一九九二年
滝澤貞夫『玉葉集総索引』明治書院　一九八八年

竹内秀雄『天満宮』吉川弘文館　一九六八年
田中貴子『〈悪女〉論』紀伊国屋書店　一九九二年
田中貴子『外法と愛法の中世』砂子屋書房　一九九三年
田中貴子『百鬼夜行の見える都市』新曜社　一九九四年
棚橋光男『中世成立期の法と国家』塙書房　一九八三年
棚橋光男『後白河法皇』講談社選書メチエ　一九九五年
谷川健一『魔の系譜』紀伊国屋書店　一九七一年　のち講談社学術文庫　一九八四年
谷山茂『谷山茂著作集三　千載和歌集とその周辺』角川書店　一九八二年
田邑二枝『隠岐の後鳥羽院抄』海士町役場　一九七一年
田邑二枝『海士町史』海士町　一九七四年
垂水稔『結界の構造―一つの歴史民俗学的領域論―』名著出版　一九九〇年
知切光蔵『天狗の研究』大陸書房　一九七五年
角田文衞『律令国家の展開』塙書房　一九六五年
角田文衞『王朝の映像』東京堂出版　一九七〇年
角田文衞『椒庭秘抄』朝日新聞社　一九七五年　のち『待賢門院璋子の生涯』朝日選書　一九八五年
寺崎保広『長屋王』吉川弘文館　一九九九年
戸田芳実『日本領主制成立史の研究』岩波書店　一九六七年
栃木孝惟編『平家物語の成立』〈あなたが読む平家物語〉一　有精堂　一九九三年
永原慶二責任編集『慈円　北畠親房』〈日本の名著〉九　中央公論社　一九七一年
中村直勝『天皇と国史の進展』賢文館　一九三四年
奈良国立文化財研究所編『平城京左京二条二坊・三条二坊発掘調査報告―長屋王邸・藤原麻呂邸の調査―』奈良県教育委員会　一九九五年
南里みち子『怨霊と修験の説話』ぺりかん社　一九九六年

西田直二郎『京都史蹟の研究』 吉川弘文館 一九六一年
日本歴史地理学会編『皇陵』〈歴史地理秋季増刊〉 一九一三年
橋本義彦『藤原頼長』 吉川弘文館 一九六四年
橋本義彦『平安貴族社会の研究』 吉川弘文館 一九七六年
林巳奈夫『龍の話』 中公新書 一九九三年
林屋辰三郎『古代国家の解体』 東京大学出版会 一九五五年
原田敏明『神社』 至文堂 一九六一年
藤井貞文『近世に於ける神祇思想』 春秋社 一九四四年
藤井貞文『神とたましひ』 錦正社 一九九〇年
富士川游『日本疾病史』 日本医書出版 一九四四年
藤本勝義『源氏物語の〈物の怪〉』 笠間書院 一九九四年
古橋信孝『古代都市の文芸生活』 大修館書店 一九九四年
細川涼一『逸脱の日本中世』 ＪＩＣＣ出版局 一九九二年 のち『逸脱の日本中世〔新装版〕』 洋泉社 一九九六年
保立道久『平安王朝』 岩波新書 一九九六年
堀一郎『我が国民間信仰史の研究（二）宗教編』 東京創元社 一九五三年
堀一郎『我が国民間信仰史の研究（一）序編・伝承説話編』 東京創元社 一九五五年
前田晴人『日本古代の道と衢』 吉川弘文館 一九九六年
真壁俊信『天神信仰の基礎的研究』 近藤出版社 一九八四年
真壁俊信『天神信仰史の研究』 続群書類従完成会 一九九四年
松野陽一『藤原俊成の研究』 笠間書院 一九七三年
丸谷才一『後鳥羽院』〈日本詩人選〉一〇 筑摩書房 一九七三年
三木豊樹『真説崇徳院と木の丸殿』 香川時評社 一九六四年
水原一『平家物語の形成』 加藤中道観 一九七一年

水原一『保元・平治物語の世界』〈放送ライブラリー〉二六　日本放送出版協会　一九七九年
水戸部正男『公家新制の研究』　創文社　一九六一年
水無瀬神宮社務所『水無瀬神宮と周辺の史跡』　一九七九年
水無瀬神宮社務所『水無瀬神宮物語』　一九九二年
三宅和朗『古代国家の神祇と祭祀』　吉川弘文館　一九九五年
宮島新一『肖像画』〈日本歴史叢書〉　吉川弘文館　一九九四年
宮田登『生き神信仰』　塙新書　一九七〇年
宮本袈裟雄『天狗と修験者』　人文書院　一九八九年
村田正志『南北朝論』　至文堂　一九六六年
村山修一『本地垂迹』　吉川弘文館　一九七四年
村山修一編『天神信仰』〈民衆宗教史叢書〉四　雄山閣　一九八三年
村山修一『変貌する神と仏たち』　人文書院　一九九〇年
村山修一『修験の世界』　人文書院　一九九二年
村山修一『天神御霊信仰』　塙書房　一九九六年
目崎徳衛『西行の思想史的研究』　吉川弘文館　一九七八年
元木泰雄『院政期政治史研究』　思文閣出版　一九九六年
矢代和夫『境の神の物語』　新読書社　一九七一年
安田元久『源義家』〈人物叢書〉　吉川弘文館　一九六六年
安田元久『後白河上皇』　吉川弘文館　一九八六年
藪田嘉一郎『能楽風土記』　檜書店　一九七二年
山内益次郎『今鏡の周辺』　和泉書院　一九九三年
山中裕『平安朝の年中行事』　塙書房　一九七二年
山本幸司『穢と大祓』　平凡社　一九九二年

山本幸司『頼朝の精神史』講談社　一九九八年
義江彰夫『神仏習合』岩波新書　一九九六年
龍粛『鎌倉時代の研究』春秋社　一九四四年
龍粛『鎌倉時代』上下　春秋社　一九五七年

【論文】

浅野祥子「龍宮について―地獄との類似性―」『国文学踏査』一五　一九八九年
麻原美子「『保元物語』試論―為朝造型の論理をめぐって―」『軍記と語り物』七　一九七〇年
足利宏子「虚像の論理―説話・軍記における天狗考察―」『国文目白』一六　一九七七年
安部元雄「半井本『保元物語』構成とモチーフ―成立事情を観点として―」『軍記と語り物』六　一九六八年
網野善彦「蓑笠と柿帷」『is』特別号「色」一九八二年　のち網野善彦『異形の王権』平凡社　一九八六年所収
網野善彦「境界領域と国家」『日本の社会史二　境界領域と交通』岩波書店　一九八七年
アンヌ・マリ・ブッシイ「愛宕山の山岳信仰」五来重編『近畿霊山と修験道』〈山岳宗教史叢書〉一一　名著出版　一九七八年
飯野望「説話と史実―菅原道真怨霊説話の成立―」『相模国文』一八　一九九一年
池上正二「平安時代初期、朝廷の怨霊認識についての一試論」『湘南史学』七・八合併号　一九八六年
石崎達二「後鳥羽上皇御製無常講式の研究」上下『立命館文学』四―三・五　一九三七年
石田拓也「長門国赤間関阿弥陀寺―長門本平家物語の背景―」『軍記と語り物』一四　一九七八年
泉基博「記録と伝承―崇徳上皇と讃岐―」『武庫川女子大学言語文化研究所年報』二　一九九〇年
伊藤敬「隠岐の後鳥羽院抄」『藤女子大学・藤女子短期大学紀要第一部』三三　一九九六年
伊藤唯真「神泉苑と御霊会」『国文学解釈と鑑賞』六三―三　一九九八年
犬井善壽「保元物語と平治物語の成立年代をめぐる諸論の吟味から」『国語国文』四〇―九　一九七一年
井上宗雄「常磐三寂年譜考」『国文学研究』二一　一九六〇年

井上満郎「御霊信仰の成立と展開―平安京都市神への視角―」『奈良大学紀要』五　一九七六年　のち柴田實編『御霊信仰』〈民衆宗教史叢書〉五　雄山閣　一九八四年所収
今市優子「貞観五年御霊会の成立について」『文化史学』四五　一九八九年
今谷明「承久の乱」『創造の世界』一〇一　一九九七年
岩城隆利「御霊信仰の発生」読史会編『国史論集』京都大学読史会　一九五九年
岩橋小彌太「藤原教長」『国語と国文学』三五六　一九五三年
岩崎武夫「さまざまな熊野詣」『週刊朝日百科日本の歴史』六四　一九八七年
岩本徳一「動物供饌考」『神道宗教』二　一九四九年
上田正昭「神々の世界の形成」『日本の古代』一三　中央公論社　のち「神々の実相」と改題して上田正昭『古代伝承史の研究』塙書房　一九九一年所収
上村正人「西行の四国行脚をめぐって―崇徳院との関係を中心に―」『武蔵野女子学院中学高等学校研究紀要』二　一九八一年
牛山佳幸「早良親王御霊その後―中世荘園村落の崇道社の性格をめぐって―」竹内理三先生喜寿記念論文集『荘園制と中世社会』東京堂出版　一九八四年　のち牛山佳幸【『小さき社』の列島史】平凡社　二〇〇〇年所収
生形貴重「「平家物語」の始発とその基層―平氏のモノガタリとして―」『日本文学』二七―一二　一九七八年　のち生形貴重『「平家物語」の基層と構造』近代文芸社　一九八四年所収
生形貴重「延慶本「平家物語」と冥界―龍神の侵犯と世界の回復・大将軍移行の構想―」『日本文学』三六―四　一九八七年
生形貴重「『平家物語』における安徳天皇と龍神―延慶本を中心にして―」『大谷女子短期大学紀要』三三　一九八九年
生形貴重「『平家物語』の構造と構想の課題」『平家物語　批評と文化史』〈軍記文学研究叢書〉汲古書院　一九九八年
梅津次郎「志度寺縁起に就いて」『国華』七六〇　一九五五年
大江篤「「祟」現象と神祇官の亀卜」続日本紀研究会編『続日本紀の時代』塙書房　一九九四年
大島龍彦「『保元物語』の成立事情の一側面―波多野次郎義通をめぐって―」『中京国文学』二　一九八三年

大島建彦「御霊信仰と水神信仰」『西郊民俗』九　一九五九年　のち『御霊信仰』所収
大隅和雄「『愚管抄』の怨霊論をめぐって」『藤女子大学国文学雑誌』一六　一九七四年　のち大隅和雄『愚管抄』を読む―中世日本の歴史観―』平凡社　一九八六年所収
大津雄一「為朝・崇徳院考―王権の〈物語〉とその亀裂―」『軍記と語り物』二七　一九九一年
大津雄一「『承久記』の成立と方法―〈終わり〉の危機と〈歴史〉の危機―」『承久記・後記軍記の世界』〈軍記文学研究叢書〉汲古書院　一九九九年
大西昌子「地獄と龍宮と大寺と」大隅和雄編『朝日百科日本の歴史別冊歴史を読みなおす五　大仏と鬼』朝日新聞社　一九九四年
大野功「平安時代の怨霊思想」『日本歴史』一一四　一九五七年　のち村山修一編『天神信仰』〈民衆宗教史叢書〉四　雄山閣　一九八三年所収
岡田荘司「吉田卜部氏の成立」『國學院雑誌』八四―九　一九八三年　のち岡田荘司『平安時代の国家と祭祀』続群書類従完成会　一九九四年所収
岡田荘司「陰陽道祭祀の成立と展開」『國學院大學日本文化研究所紀要』五四　一九八四年　のち『平安時代の国家と祭祀』所収
岡田荘司「吉田卜部氏の発展」滝川政次郎先生米寿記念『神道史論叢』国書刊行会　一九八四年　のち『平安時代の国家と祭祀』所収
岡田荘司「後白河院と神祇の世界」古代学協会編『後白河院』吉川弘文館　一九九三年　のち『平安時代の国家と祭祀』所収
岡田三津子「『源平盛衰記』における崇徳院怨霊譚の意味―延慶本・長門本との比較を通して―」『文学史研究』二七　一九八六年
岡見正雄「天狗説話展望」『天狗草紙・是害房絵』〈日本絵巻物全集〉角川書店　一九七八年
小川寿子「〝大天狗〟後白河院の再構築―頼朝発言と延慶本平家との落差から―」『国文』七二　一九九〇年
荻野三七彦「古文書に現れた血の慣習」『史観』一三・一五　一九三七・八年　のち荻野三七彦『日本古文書学と中世文化

史』　吉川弘文館　一九九五年所収
尾崎勇「保元の乱と愚管抄」『軍記と語り物』二六　一九九〇年
鎌田純一「源頼朝の信仰」『皇學館論叢』二―六　一九六九年
鎌田正憲「十陵四墓の廃置」『國學院雑誌』二八―六　一九二二年
神尾登喜子「祟る神―夜刀の神から三輪の神へ―」『人文科学』一一　一九九一年
川合康「後白河院と朝廷」　古代学協会編『後白河院』　吉川弘文館　一九九三年
川合康「武家の天皇観」　石上英一ほか編『講座前近代の天皇第四巻統治的諸機能と天皇観』　青木書店　一九九五年
河音能平「やすらい祭の成立―保元新制の歴史的位置を明確にするために―」『日本史研究』一三七・一三八　一九七四年　のち「ヤスライハナの成立」と改題して河音能平『中世封建社会の首都と農村』　東京大学出版会　一九八四年所収
河原正彦「祇園御霊会と少将井信仰―行疫神と水神信仰との抵触―」　日本文化史研究会十周年記念事業委員会編『日本文化論集』　同志社大学日本文化史研究会　一九六二年
菊池京子「御霊会の成立と展開―信仰支持者の階層を中心として―」『史窓』一七・一八合併号　一九六〇年　のち『御霊信仰』所収
北康弘「律令国家陵墓制度の基礎的研究―『延喜諸陵寮式』の分析からみた―」『史林』七九―四　一九九六年
北郷聖「保元物語崇徳院説話の背景―金刀比羅本を中心に―」『青山語文』一七　一九八七年
北爪幸夫「平家物語における讃岐院追号・宇治悪左府贈官贈位の記事をめぐって」『古典遺産』二一　一九七〇年
木村紀子「梁塵秘抄四句神歌」『国語国文』五二―一　一九八三年
日下力「初期平治物語の一考察―陽・学本の志向―」『軍記と語り物』七　一九七〇年　のち日下力『平治物語の成立と展開』　汲古書院　一九九七年所収
日下力「『平治物語』悪源太雷化話の展開―二つの滝と竜神信仰―」『軍記と語り物』一六　一九八〇年　のち日下力『平治物語の成立と展開』　汲古書院　一九九七年所収
日下力「為朝像の定着―中世における英雄像の誕生―」『日本文学』三三―九　一九八四年

日下力「軍記物語の生成と展開」『岩波講座日本文学史』五　岩波書店　一九九五年
日下力「軍記物語の胎生と世相―動乱の世の終息―」『日本文学』四五　一九九六年
久保田淳「魔界に墜ちた人々―『比良山古人霊託』とその周辺―」『文学』三六―一〇　一九六八年
黒田俊雄「鎮魂の系譜」『歴史学研究』五〇〇　一九八二年　のち黒田俊雄『日本中世の社会と宗教』岩波書店　一九
　九〇年所収
五島邦治「平安京近郊の御霊会」『古代文化』四四―一二　一九九二年
五島邦治「都城の祭祀」村井康彦編『京の歴史と文化一　長岡・平安時代』一九九四年
小嶋菜温子「『竹取物語』その禁忌の構図―天皇の死とタタリと―」『恵泉女学園大学人文学部紀要』一　一九八九年
小林茂文「古代の都城における境界」赤坂憲雄編『方法としての境界』〈叢書・史層を掘る〉Ｉ　新曜社　一九九一年
小林美和「『保元物語』の構想力」『青須我波良』四四　一九九二年　のち小林美和『語りの中世文芸―牙を磨く象のよ
　うに―』和泉書院　一九九四年所収
小林美和「『保元物語』の歴史叙述」栃木孝惟編『保元物語の形成』〈軍記文学研究叢書〉汲古書院　一九九七年
五味文彦「御霊信仰」山中裕・鈴木一雄編『平安時代の信仰と生活』至文堂　一九九二年
小峯和明「相応和尚と愛宕山の太郎坊―説話の歴史―」『早稲田実業学校研究紀要』一〇　一九七五年
小峯和明「『明月記』の怪異・異類―覚書として―」『明月記研究』二　一九九七年
小峯和明「物語論の中の『平家物語』」『平家物語　批評と文化史』〈軍記文学研究叢書〉汲古書院　一九九八年
佐伯有清「八、九世紀の交における民間信仰の史的考察―殺牛祭神をめぐって―」『歴史学研究』二二四　一九五八年
　のち佐伯有清『日本古代の政治と社会』吉川弘文館　一九七〇年所収
佐伯有清「桓武天皇の境涯」『古代学』一〇―二・三・四　一九六二年
佐伯真一「源頼朝と軍記・説話・物語」『説話論集　第二集』清文堂　一九九二年　のち佐伯真一『平家物語遡源』若草
　書房　一九九六年所収
佐伯真一「『保暦間記』の歴史叙述」『伝承文学研究』四六　一九九七年
佐伯真一「後白河院と「日本一大天狗」」『明月記研究』四　一九九九年

桜井徳太郎「怨霊から御霊へ―中世的死霊観の展開―」『国文学解釈と鑑賞』三七―一三　一九七二年　のち『御霊信仰』所収
酒向伸行「平安朝における憑霊現象―「もののけ」の問題を中心として―」『御影史学論集』七　一九八二年
酒向伸行「疫神信仰の成立―八、九世紀における霊的世界観―」鳥越憲三郎博士古稀記念会編『村構造と他界観』雄山閣　一九八六年
酒向伸行「天狗信仰の成立と台密―真済の問題を中心として―」『御影史学論集』二三　一九九八年
佐藤虎雄「桓武朝の皇親をめぐりて」『古代学』一〇―二・三・四　一九六二年
佐藤弘夫「祟り神の変身―祟る神から罰する神へ―」『日本思想史学』三一　一九九九年
志賀剛「八坂神社の変遷と祇園会の源流」『神道史研究』三六―三　一九八八年
繁田信一「祟―平安貴族の生活感覚における神仏についての予備的考察―」『東北印度学宗教学会論集』二一　一九九四年
柴田實「祇園御霊会―その成立と意義―」読史会編『国史論集』京都大学読史会　一九五九年　のち『御霊信仰』所収
柴田實「御霊信仰と天神」『菅原道真と太宰府天満宮』上　吉川弘文館　一九七五年　のち『御霊信仰』所収
柴田實「御霊信仰研究の成果と課題」『御霊信仰』
志村有弘「石清水八幡宮と説話―一つの説話伝承圏―」『解釈』二二―三　一九七六年　のち志村有弘『往生伝研究序説―説話文学の一側面―』桜楓社　一九七六年所収
志村有弘「石清水八幡宮と仁和寺―『徒然草』第五十二段の背景―」石黒吉次郎ほか編『徒然草発掘』叢文社　一九九一年
下出積與「迷信の流行」『日本と世界の歴史』八　学習研究社　一九七〇年　のち「淫祠邪教の禁と迷信」と改題して下出積與『日本古代の道教・陰陽道と神祇』吉川弘文館　一九九七年所収
白崎祥一「保元物語における崇徳院の形象化―怨霊叙述を中心に―」伊地知鐵男編『中世文学資料と論考』笠間書院　一九七八年
白崎祥一「保元物語〝後日譚〟考―為朝鬼ケ嶋渡島及び最期をめぐって―」『軍記と語り物』一六　一九八〇年

白崎祥一「「保元物語」の一考察—讃岐院記事をめぐって—」『古典遺産』二七　一九九七年
白崎祥一「辺境への回帰—為朝英雄論再考—」　梶原正昭編『軍記文学の系譜と展開』　汲古書院　一九九八年
杉本圭三郎「承久の乱と文学」『日本文学誌要』一二　一九六五年
杉山次子「慈光寺本承久記成立私考（一）—四部合戦状本として—」『軍記と語り物』七　一九七〇年
鈴木則郎「半井本『保元物語』の一考察—崇徳院・為朝の人物形象をめぐって—」　東北大学文学部国文学研究室編『日本文芸論叢』　笠間書院　一九七六年
須藤敬「『保元物語』形成の一側面—多近久と仁和寺—」『三田国文』四　一九八五年
須藤敬「『保元物語』配流者説話について—数寄と王法意識に関わらせて—」『芸文研究』四七　一九八五年
須藤敬「源為朝論—「我一人、世ニアラン」—」『日本文学』四三—九　一九九四年
須藤敬「慈光寺本『承久記』—一つの歴史叙述の試み—」『日本文学』四六　一九九七年
砂川博「半井本『保元物語』における西行・為朝・忠実・頼長・忠通—『保元物語』成立圏追尋の試み—」『保元物語の形成』
関口靖之「疫神祭祀地と主要交通路—「延喜式」にみる畿内十堺の検討—」『地理学報』二八　一九九二年
多賀宗隼「参議藤原教長伝」『史学雑誌』五〇—四　一九三九年　のち多賀宗隼『鎌倉時代の思想と文化』　目黒書店　一九四六年所収
多賀宗隼「今鏡試論」『史学雑誌』八三—二　一九七四年
高崎由里「藤原教長年譜」『立教大学日本文学』五六　一九八六年
高取正男「御霊会の成立と初期平安京の住民」　読史会編『国史論集』　京都大学読史会　一九五九年　のち『御霊信仰』所収
高橋昌明「境界の祭祀—酒呑童子説話の成立—」『日本の社会史二　境界領域と交通』　岩波書店　一九八七年
高橋昌明「よごれの京都・御霊会・武士—続・酒呑童子説話の成立—」『新しい歴史学のために』一九九　一九九〇年
高橋昌明「鬼と天狗」『岩波講座日本通史』八中世二　岩波書店　一九九四年
宝田正直「後鳥羽上皇の御信仰」　宝田正直『日本仏教文化史攷』　一九六七年

竹内宇生「大鏡に現れた怪異・霊異—世継の歴史観の一端について—」『中古文学論攷』一　一九八〇年
竹久堅「鎌倉本保元物語と延慶本平家物語の先後関係—『六代勝事記』との共通本文をめぐって—」『國學院雑誌』八二—四　一九八一年
田嶋一夫「『保暦間記』の歴史著述」　梶原正昭編『軍記文学の系譜と展開』　汲古書院　一九九八年
田中聡「「陵墓」にみる「天皇」の形成と変質—古代から中世へ—」　日本史研究会・京都民科歴史部会編『「陵墓」からみた日本史』　青木書店　一九九五年
田中貴子「宇治の宝蔵—中世における宝蔵の意味—」『伝承文学研究』三六　一九八九年　のち田中貴子『外法と愛法の中世』　砂子屋書房　一九九三年所収
谷口廣之「平家物語内裏炎上の深層—日吉神火と熒惑入太微—」『同志社国文学』三八　一九九三年
谷口美樹「平安貴族の疾病認識と治療法—万寿二年の赤斑瘡を手懸りに—」『日本史研究』三六四　一九九二年
次田吉次「瑞祥災異考」『専修史学』二三　一九九一年
角田文衞「宝亀三年の廃后廃太子事件」　角田文衞『律令国家の展開』　塙書房　一九六五年　のち『角田文衞著作集』三　法蔵館　一九八五年所収
角田文衞「崇徳院兵衛佐」『古代文化』二六—九　一九七四年　のち角田文衞『王朝の明暗』　東京堂出版　一九七七年所収
坪之内徹「早良親王関係史料の整理」『文化史学』三二　一九七六年
寺川真知夫「祝詞「遷却祟神」を奏する祭儀」　岡田精司編『古代祭祀の歴史と文学』　塙書房　一九九七年
寺崎保広「「若翁」木簡小考」　奈良古代史談話会編『奈良古代史論集』二　真陽社　一九九一年
戸田義雄「鑚仰研究・皇霊の祭祀—崇徳院の場合—」『神道宗教』六五・六六　一九七二年
栃木孝惟「半井本保元物語に関する試論—為朝の描かれかたの問題点から—」『軍記と語り物』四　一九六六年
栃木孝惟「軍記物語形成史序説—歴史物語からの道—」『文学』三六—一〇　一九六八年
栃木孝惟「半井本『保元物語』の性格と方法—あるいは軍記物語における構想力の検討のために—」　秋山虔編『中世文学の研究』　東京大学出版会　一九七二年

栃木孝惟「保元物語の成立と展開（一）―崇徳院讃岐遷幸関係記事をめぐって―」『語文論叢』七　一九七九年
栃木孝惟「新院讃岐遷幸関係記事の考察―離京のあと―保元物語成立考―」『国語と国文学』七四―七　一九九七年
中野高行「難波館における給酒八社について」『延喜式研究』六　一九九一年
中村一郎「国忌の廃置について」『書陵部紀要』二　一九五二年
中村英重「畿内制と境界祭祀」『史流』二四　一九八三年
長山泰孝「国家と豪族」『岩波講座日本通史』三　岩波書店　一九九四年
西尾正仁「疫病神信仰の成立」『民俗宗教』第三集　東京堂出版　一九九〇年
西村真一「西行の和歌と崇徳院」『信州大学教養部紀要』第一部人文科学一一　一九七七年
西本昌弘「早良親王薨去の周辺」『日本歴史』六二九　二〇〇〇年
西山良平「御霊信仰論」『岩波講座日本通史』五古代四　岩波書店　一九九五年
西山良平「〈神〉・怨霊・山陵―タタリの全体史あるいは〈御霊〉信仰再考―」　斎藤英喜編『アマテラス神話の変身譜』森話社　一九九六年
庭山積「「六代勝事記」の著作動機について」『文学・語学』五九　一九七一年
野中哲照「為朝像の造型基調―重層論の前提として―」『軍記と語り物』二四　一九八八年
野中哲照「『保元物語』における語り手の〈現在〉と崇徳院怨霊」『国文学研究』一〇一　一九九〇年
野中哲照「『保元物語』の〈現在〉と為朝渡島譚」『国文学研究』一〇四　一九九一年
野中哲照「『保元物語』の構造―崇徳院怨霊譚と為朝渡島譚との関わりから―」『国文学研究』一〇五　一九九二年
野中哲照「『保元物語』における〈保元以前〉と〈現在〉―鳥羽院旧臣にみる重層構造の根底認識―」『国文学研究』一一五　一九九五年
服部幸造「延慶本平家物語と鎌倉本保元物語―崇徳院説話をめぐって―」『名古屋大学国語国文学』二七　一九七〇年
服部幸造「語り物と鎮魂―『保元物語』から―」『講座日本の伝承文学第三巻　散文文学〈物語〉の世界』三弥井書店　一九九五年
華園聰麿「神の祟りと祟る神―古代日本の神観念の形成過程に関する一考察―」『日本文化研究所研究報告』三〇　一九

九四年
浜崎一志「白河の条坊地割」京都大学埋蔵文化財研究センター『京都大学埋蔵文化財調査報告Ⅳ—京都大学病院構内遺跡の調査—』一九九一年
原田正俊「『天狗草紙』を読む」大隅和雄編『朝日百科日本の歴史別冊歴史を読みなおす五　大仏と鬼』朝日新聞社一九九四年
原田正俊「『天狗草紙』にみる鎌倉時代後期の仏法」『仏教史学研究』三七—一　一九九四年
原水民樹「為朝—その位置づけと形象の差異をめぐって—」『徳島大学学芸紀要（人文科学）』二三　一九七三年
原水民樹「竜門本保元物語の古態性をめぐって」『徳島大学学芸紀要（人文科学）』二四　一九七四年
原水民樹「崇徳院の怨霊と西行—保元物語の成立をめぐる一問題—」『国語と国文学』五二—二　一九七五年
原水民樹「『保元物語』の一側面—合戦譚の姿勢と為朝形象の吟味から—」『徳島大学学芸紀要（人文科学）』二七　一九七七年
原水民樹「保元物語と平家物語の一接点—鎌倉本と延慶本の崇徳院・頼長記事について—」『軍記研究ノート』八　一九七九年
原水民樹「清盛の悪行にかかわる夢想譚」『徳島大学学芸紀要　人文科学』三〇　一九八〇年
原水民樹「頼長の死を語る男たち—保元の乱伝承考—」『国語と国文学』七二七　一九八四年
原水民樹「崇徳院の復権」『國學院雜誌』八七—八　一九八六年
原水民樹「『保元物語』諸テクストの作者像—金刀比羅本・流布本—」『保元物語の形成』
原水民樹「崇徳院信仰史稿（一）」『言語文化研究』四　一九九七年
原水民樹「『保元物語』の一側面—合戦譚の姿勢と為朝形象の吟味から—」『徳島大学学芸紀要（人文科学）』二七　一九七七年
原水民樹「素材・典拠としての『保元物語』—『保元物語』本文の摂取・利用の様態—」『國學院雜誌』九八—一二　一九九七年
原水民樹「『崇徳院御託宣』作成の思惑と情況」『ぐんしょ』四一　一九九八年

肥後和男「平安時代における怨霊の思想」『史林』二四—一　一九三九年　のち『御霊信仰』所収
檜谷まゆみ「崇徳院の和歌と人生—実像と虚構—」『昭和学院国語国文』二六　一九九三年
兵藤裕己「承久記改竄本系の成立と保元物語」『軍記と語り物』一四　一九七八年
平泉隆房「源氏の神祇信仰についての二・三—とくに源頼朝を中心として—」『神道史研究』二九—一、一九八一年
福田晃「崇徳御霊と源頼朝—「夢合せ」とかかわって—」福田晃・真鍋昌弘・吉田榮治編『幸若舞曲研究』第八巻　三弥井書店　一九九四年
藤井貞文「崇徳上皇の御霊と白峰宮」上下『歴史地理』六一—三・四　一九三三年
藤井貞文「後鳥羽上皇御意志の成立—怨霊思想の解明の一として—」『神道宗教』一三　一九五六年　のち藤井貞文『神とたましひ』錦正社　一九九〇年所収
藤井貞文「後鳥羽上皇御霊の発動」『神道宗教』三二　一九六三年　のち『神とたましひ』所収
藤原克己「天神信仰を支えたもの」『国語と国文学』八〇二　一九九〇年
細川涼一「謡曲「第六天」と解脱房貞慶—貞慶の伊勢参宮説話と第六天魔王—」『金沢文庫研究』二八七　一九九一年　のち細川涼一『逸脱の日本中世』洋泉社　一九九六年所収
本郷和人「武士—承久の乱の観念的意義について—」『日本歴史』五一三　一九九一年
本郷真紹「光仁・桓武朝の国家と仏教—早良親王と大安寺・東大寺—」『仏教史学研究』三四—一　一九九一年
本田典子「『白峯寺縁起』覚書き—讃岐と都・地方と中央—」東京都立大学大学院人文科学研究科国文学専攻中世文学ゼミ『伝承文学論〈ジャンルをこえて〉—東京都立大学大学院国文学専攻中世文学ゼミ報告—』一九九二年
前田晴人「古代王権と衢」『続日本紀研究』二〇三　一九七九年　のち前田晴人『日本古代の道と衢』吉川弘文館　一九九六年所収
前田晴人「古代国家の境界祭祀とその地域性」『続日本紀研究』二一五・二一六　一九八一年　のち『日本古代の道と衢』所収
松尾葦江「歴史語りの系譜—保元物語・平治物語を中心として—」『文学』五六—三　一九八八年
松下道夫「『撰集抄』を論じて「白峰」に及ぶ—崇徳院をめぐって—」『文学研究』四〇　一九七四年

松野陽一「崇徳天皇歌壇資料集成（一）」『立正女子短大研究紀要』一一　一九六七年　のち松野陽一『藤原俊成の研究』笠間書院　一九七三年所収
松野陽一「崇徳院歌壇資料集成続稿」『平安朝文学研究』二・四　一九六七年　のち『藤原俊成の研究』所収
松林靖明「この世の妄念にかかはられて―後鳥羽院の怨霊―」『帝塚山短期大学紀要』人文社会科学編一八　一九八一年
松林靖明『承久記』と後鳥羽院の怨霊」『日本文学』三四―五　一九八三年
松林靖明「『五代帝王物語』の怪異譚―後鳥羽院の影―」『青須我波良』三〇　一九八五年
松前健「祇園牛頭天王社の創建と天王信仰の源流」角田文衞博士古稀記念『古代学叢論』角田文衞博士古稀記念事業会　一九八三年
松本公一「後白河院の信仰世界―蓮華王院・熊野・厳島・園城寺をめぐって―」『文化史学』五〇　一九九四年
松本卓哉「律令国家における災異思想―その政治批判の要素の分析―」黛弘道編『古代王権と祭儀』吉川弘文館　一九九〇年
松本治久「『大鏡』が語る「怨霊」」『中古文学』四四　一九九〇年
水野恭一郎「備前国福岡荘について」藤原弘道先生古稀記念会編『藤原弘道先生古稀記念史学仏教学論集　乾』一九七三年　のち水野恭一郎『武家時代の政治と文化』創元社　一九七五年所収
水原一「崇徳院説話本文考」『軍記と語り物』六　一九六八年
水原一「崇徳院説話の考察」『駒沢国文』七　一九六九年
三宅和朗「『延喜式』祝詞の成立」三宅和朗『古代国家の神祇と祭祀』吉川弘文館　一九九五年
三宅和朗「日本古代の「名山大川」」『古代国家の神祇と祭祀』
宮崎浩「貞観五年御霊会の政治史的考察」『史学研究』一九八　一九九二年
村井章介「王土王民思想と九世紀の転換」『思想』八四七　一九九五年
村井董直「怨霊―西行の讃岐行をめぐって―」『岡山理科大学紀要』一九B人文・社会科学　一九八三年
村上さやか「崇徳院句題百首考」『和歌文学研究』六七　一九九四年
村田正志「粟田宮の創建」『国史学』四六　一九四三年　のち村田正志『村田正志著作集五　国史学論説』思文閣出版

一九八五年所収
村田正志「歴代天皇宸翰の伝来とその意義―特に後鳥羽天皇及び後醍醐天皇の宸翰について―」『神道史研究』三七―三　一九八九年
目崎徳衛「讃岐における後鳥羽院」『芸林』三八―四　一九八九年
森正人「モノノケ・物怪・恠異―憑霊と怪異現象とにかかわる語誌―」『国語国文学研究』二七　一九九一年
矢代和夫「崇徳院・悪左府の怨霊―記録からみた復讐者の時代―」『都大論究』五　一九六五年
矢代和夫『保元物語』・崇徳院と蓮如」『日本文学』一五　一九六六年
柳田国男「人を神に祀る風習」『民族』二―一　のち『定本柳田国男全集』一〇　筑摩書房　一九六二年所収
山崎英志「『白峯寺縁起』考―崇徳院記事に関して―」『徳島大学国語科研究会報』六　一九八一年
山崎雅稔「貞観五年神泉苑御霊会の政治史的意義―文室宮田麻呂の慰撫を中心に―」十世紀研究会編『中世成立期の政治文化』東京堂出版　一九九九年
山田雄司「蟬丸説話の形成」『日本文化研究』五　一九九四年
山田雄司「鎌倉時代の天皇陵―後鳥羽・土御門・順徳を中心に―」『季刊考古学』五八　一九九七年
山田雄司「讃岐配流中の崇徳院の実像―『保元物語』の虚構―」上田正昭編『古代の日本と渡来の文化』学生社　一九九七年
山田雄司「御霊会成立の前提条件―疫病観の変容―」大山喬平教授退官記念会編『日本社会の史的構造　古代・中世』思文閣出版　一九九七年
山田雄司「『保元物語』崇徳院自筆五部大乗経の検討」『日本語と日本文学』二五　一九九七年
山田雄司「崇徳院怨霊の発動」『神道史研究』四六―一　一九九八年
山田雄司「崇徳院怨霊と後鳥羽院怨霊の交錯」『日本宗教文化史研究』二―一　一九九八年
山田雄司「院政期の怨霊・天狗―崇徳院怨霊との関係から―」『神道史研究』四八―二　二〇〇〇年
山本幸司「崇徳御霊伝承考」『月刊百科』三二七　一九八九年
山本信吉「法華八講と道長の三十講」上下『仏教芸術』七七・七八　一九七〇年

山本ひろ子「龍女の成仏―『法華経』龍女成仏の中世的展開―」山本ひろ子『変成譜―中世神仏習合の世界―』春秋社 一九九三年
弓削繁「六代勝事記と保元物語」『山口大学教養部紀要』一五人文科学篇 一九八一年
弓削繁「『六代勝事記』の成立」『山口大学教養部紀要』一六人文科学篇 一九八二年
弓削繁「亡国の音―承久の乱の解釈をめぐって―」『岐阜大学国語国文学』一九 一九八九年
弓削繁「『五代帝王物語』の主題をめぐって」後藤重郎先生古稀記念論集刊行世話人会編『国語国文学論集』和泉書院 一九九一年
弓削繁「承久の乱と軍記物語の生成」『中世文学』四二 一九九七年
吉海直人「平安文学と火事―文学に黙殺された内裏焼亡―」福田晃編『日本文学の原風景』三弥井書店 一九九二年
米井輝圭「古代日本の「祟りのシステム」―律令国家における「祟り」の用例―」『東京大学宗教学年報』一〇 一九九二年
米井輝圭「平安時代の御霊」『日本の仏教』三 法蔵館 一九九五年
和田萃「夕占と道饗祭」『季刊日本学』六 一九八五年 のち和田萃『日本古代の儀礼と祭祀・信仰』中 塙書房 一九九五年所収
和田英松「後鳥羽天皇の御事」和田英松『国史説苑』明治書院 一九三九年

データベース

国立歴史民俗博物館　日本荘園データベース
東京大学史料編纂所　平安時代フルテキストデータベース
国文学研究資料館　日本古典文学索引データベース

成稿一覧

序章

一〜二（新稿）

三「御霊会成立の前提条件―疫病観の変容―」を改稿、改題
大山喬平教授退官記念会編『日本社会の史的構造　古代・中世』思文閣出版、一九九七年

四（新稿）

五「院政期の怨霊・天狗―崇徳院怨霊との関係から―」を改稿、改題
『神道史研究』四八巻二号、二〇〇〇年

第一章

一・二「讃岐配流中の崇徳院の実像―『保元物語』の虚構―」を改稿、改題
上田正昭編『古代の日本と渡来の文化』学生社、一九九七年

三「『保元物語』崇徳院自筆五部大乗経の検討」を改稿、改題
『日本語と日本文学』二五号、一九九七年

第二章

一「『保元物語』崇徳院自筆五部大乗経の検討」を改稿、改題
『日本語と日本文学』二五号、一九九七年

二「讃岐配流中の崇徳院の実像―『保元物語』の虚構―」を改稿、改題
上田正昭編『古代の日本と渡来の文化』学生社、一九九七年

三〜六「『保元物語』崇徳院自筆五部大乗経の検討」を改稿、改題
『日本語と日本文学』二五号、一九九七年

第三章
一〜三「崇徳院怨霊の発動」を改稿、改題　『神道史研究』四六巻一号、一九九八年
四（新稿）

第四章（新稿）

第五章
一・二「院政期の怨霊・天狗─崇徳院怨霊との関係から─」を改稿、改題　『神道史研究』四八巻二号、二〇〇〇年
三「鎌倉時代の天皇陵─後鳥羽・土御門・順徳を中心に─」を改稿、改題　『季刊考古学』五八号、一九九七年
「崇徳院怨霊と後鳥羽院怨霊の交錯─『保元物語』崇徳院怨霊譚の形成─」を改稿、改題　『日本宗教文化史研究』三号、一九九八年
四・五「崇徳院怨霊と後鳥羽院怨霊の交錯─『保元物語』崇徳院怨霊譚の形成─」を改稿、改題　『日本宗教文化史研究』三号、一九九八年

終章（新稿）

あとがき

今回、『崇徳院怨霊の研究』として、学位請求論文をもとに私の最初の著書を刊行することができたのは、大きな喜びであるのとともに、屹立する峻岳の麓にたどり着いたにすぎないということも痛感している。本書を完成させるにあたっては、多くの方のご助力をいただいたことを、この場を借りて感謝申し上げたい。

思い起こせば、卒業論文において摩多羅神に関する研究を行って以来、これまで一貫して信仰の世界について探求してきた。そして、修士論文では、『諸職における祖神の形成』なる、和歌・猿楽・琵琶法師などの祖神について考察したものの、自分自身納得できるものではなかった。そうしたところ、一九九五年度筑波大学大学院での佐野賢治先生による民俗学演習で「御霊信仰」が取り扱われたことが大きな転機となった。自分は「御霊信仰の発生」と題して、疫神祭祀から貞観御霊会についての発表を行い、以降怨霊・御霊研究に精力を傾けていくきっかけとなった。その際の発表はさらに考察を重ねて、「御霊会成立の前提条件―疫病観の変容―」として、大山喬平教授退官記念会編『日本社会の史的構造　古代・中世』（思文閣出版、一九九七年）に掲載させていただく機会に恵まれた。

また、御霊信仰についてさまざま調べている過程で、崇徳院怨霊こそ日本史上最大の怨霊であったことに気づき、この怨霊について考察することが怨霊研究において最重要課題であることを痛感した。

しかし、戦前は別として、日本史からの研究は薄く断片的なものに終わってしまっている。目に見えない世界を探求していくことによって、より豊かな日本史像を構築していくことができるのではないだろうかということが、私を信仰研究に向かわせている動機となっている。

一方、国文学の方面からの研究は豊富であり、多くのことを学んだ。しかし、『保元物語』に記される崇徳院讃岐配流から怨霊となる話について、疑問が差し挟まれることはほとんどなく、崇徳院怨霊を歴史の中に位置づけることは行われてこなかった。崇徳院は実際は祟ろうとしていなかったのではないか、これは崇徳院に関連する和歌や記録類を読んでいるときに気づいたことであった。ちょうどこのとき、上田正昭先生編の『古代の日本と渡来の文化』（学生社、一九九七年）への寄稿を依頼されたことが、ぼんやりとした考えを確かなものにするよい機会となった。

以降、崇徳院怨霊についてまとめていくことを決心し、学位請求論文では、御霊信仰の発生を序章に、崇徳院怨霊の発生から鎮魂までを主にして述べ、終章の部分では幕末維新期の崇徳天皇神霊還遷について考察した。これは、崇徳院怨霊の登場が、政権の天皇から武士への移行と重ね合わされ、幕末には讃岐から京都に神霊を戻すことによって、怨恨を慰め、政権も再び武士から天皇へ戻ると考えられていた、という大きな歴史の流れを検証したかったからである。本書では、その部分は扱わず、かわりに『保元物語』が成立した時代背景について考え、院政期における崇徳院怨霊の占める位置について明らかにしていった。そうしたことで、後鳥羽院怨霊が崇徳院怨霊像の形成に果たした役割などについてより明確にできたと思う。

今、改めて振り返ってみると、大学入学以来、多くの学恩にあずかってきた。京都大学においては、日本史の「本流」をはずれたやっかいな学生ながら、温かい目で見守ってくださった、上田正昭、朝尾直弘、大山喬平、鎌田元一の各先生には大変お世話になった。そして筑波大学大学院では、大濱徹也、今井雅晴、山本隆志、犬井善壽の各先生に、日々の指導のほか学位審査をしていただき、歴史を見る目を養うことができた。また、宮田登、佐野賢治の両先生からは、民俗学の側面から助言をいただき、視野を広げることができた。しかし、宮田先生に本書を読んでいただけないのは、残念でならない。また、井上満郎、西山良平、元木泰雄の各氏からは、論文を通じて貴重な意見をいただいたほか、研究室の先輩・友人・後輩との日々の会話から、さまざまの発見をしていくことができた。さらには、現在の職場である三重大学人文学部の諸先生や学生諸君にも、種々の刺激をもらい、研究に集中する環境を与えてもらっていることについてもお礼申し上げたい。そして、渡辺康代氏には、本書掲載の各図のトレースをしてもらうのとともに、随所にわたって助言をしてもらった。本書をまとめることができたのも、妻である彼女の支援があったからにほかならない。

史料閲覧に際しては、京都大学総合博物館、宮内庁書陵部、国立公文書館、財団法人鎌田共済会郷土博物館、東京大学史料編纂所の各機関にお世話になった。

出版にあたっては、思文閣出版の林秀樹、中村美紀、原宏一の各氏には、いろいろ無理を言い、大変お世話になった。記してお礼申し上げたい。なお本書は平成十二年度科学研究費補助金（研究成果公開促進費）の交付を受けている。

二〇〇一年二月四日

山田雄司

索　　引

【人　名】

あ行

か行

さ行

た行

な行

は行

ま行

や行

ら行

【事　項】

あ行

か行

さ行

た行

な行

は行

ま行

や行

ら行

わ行

著者略歴

山田雄司（やまだ・ゆうじ）

1967年　静岡県生
1991年　京都大学文学部卒業
1998年　筑波大学大学院博士課程歴史・人類学研究科修了．博士(学術)
三重大学助教授
主要業績：「怪異と穢との間—寛喜二年石清水八幡宮落骨事件—」（東アジア恠異学会編『怪異学の技法』，臨川書店，2003年），「神祇信仰の重み—神社と寺院—」（今井雅晴編『日本の名僧11遊行の捨聖一遍』，吉川弘文館，2004年），「足利義持の伊勢参宮」（『皇學館大学神道研究所紀要』20，2004年）

崇徳院怨霊《すとくいんおんりょう》の研究《けんきゅう》

2001(平成13)年2月25日　発行
2005(平成17)年9月25日　2刷

著　者　山田雄司
発行者　田中周二
発行所　株式会社思文閣出版
〒606-8203　京都市左京区田中関田町2—7
電話　075-751-1781(代表)

印刷・製本　株式会社図書印刷同朋舎

ISBN4-7842-1060-1 C3021

山田雄司（やまだ　ゆうじ）…三重大学教授

崇《す》徳院《とくいん》怨霊《おんりょう》の研究《けんきゅう》（オンデマンド版）

Digital Publishing

2016年2月29日　発行

著　者　　山田　雄司
発行者　　田中　大
発行所　　株式会社 思文閣出版
〒605-0089　京都市東山区元町355
TEL　075-533-6860　FAX　075-531-0009
URL　http://www.shibunkaku.co.jp/

装　幀　　上野かおる（鷺草デザイン事務所）
印刷・製本　株式会社 デジタルパブリッシングサービス
URL　http://www.d-pub.co.jp/

AJ518

ISBN978-4-7842-7005-7　C3021　Printed in Japan